基本テキスト租税法

basic text of tax law

池上　健・大野雅人
橘　光伸・飯島信幸　[著]
鈴木孝直・袴田裕二

同文舘出版

はしがき

　私たちには，好き嫌いにかかわらず納税の義務があります。私たちが苦労して働いて得た収入から，税金を払わなければなりません。その意味で，納税について書かれた租税法は「侵害規定」といわれるのです。侵害規定であるからこそ，租税法ではすべての納税者が公平に扱われるように，誰が納税義務を負うのか，どのような場合に納税義務が生じるのか，税額の計算はどのように行うのか，納税義務を履行しない場合にはどうなるのか，誤った課税をされた場合の救済はどのように行われるのか，といった事柄がすべて詳細に規定されています。

　そのため，例えば「所得税法」は全体で243条から成り，「法人税法」は163条から成っています。その結果，「租税法は難解だ」，「何度読んでもわからない」と匙を投げられていますし，税理士という専門家の助けを借りなければ正しい申告もままならない，と思われているのも無理からぬことです。

　しかし，侵害規定であるからには，私たち自身のためにも租税法について学ぶ必要があります。ただし，すべての条文を理解しなければならないわけではありません。課税要件といわれる事柄を中心とした主要な考え方について，それがどのように条文として作られ，どのように適用されるのか，という基本を十分に理解することが大切です。

　また，租税法は私たちの経済生活全般の土台を成すものであり，社会生活にも大きな影響を及ぼすものですので，その基本の理解は円滑な経済・社会生活を送るためにも不可欠なものです。

　そこで本書は，主要な租税法について是非とも理解していただきたい事柄を中心に，基本から学ぶことを目的に執筆されました。

　本書は全体で8つの章から構成されています。租税法の基本原則に始まり主要な租税法を取り上げるのはもちろん，国際課税や権利救済手続き，さらには税務行政や税理士制度まで，租税法に関わる事柄全般について，この1冊で学べるようになっています。また，本書は6名の執筆者の分担により書

かれていますが，いずれの執筆者も国税庁や国税不服審判所といった税務の執行や権利救済の中心にいた者であり，奇をてらうことなく，核となる考え方についてオーソドックスに解説するように心がけました。また，執筆者により文体は異なりますが，内容については執筆者全員が相互に確認することにより，共通の考えに基づくものとなっています。さらには，本文の要所に「コラム」（column）を設け，個々の条文ではわかりにくい制度の背景や租税法を巡る考え方を述べて，租税法をさらに深く学ぶための道しるべとしています。

　本書が，必要があって租税法を学び始める皆さまのお役に少しでも立てることができるのであれば，執筆者一同にとっては望外の幸せです。

　最後になりますが，本書の完成までに，読者の立場に立った的確なアドバイスをはじめとして，原稿の校正，索引の作成等で多大なご尽力をいただいた同文舘出版株式会社専門書編集部の青柳裕之様，有村知記様に，深い感謝を申し上げます。

2022 年 8 月

執筆者を代表して　池上　健

シーン別 カンタン タイ語

※文末が男女によって異なる。（ ）内が女性。

Seane 1 あいさつ

こんにちは
สวัสดี ครับ (ค่ะ)
サワッディー カップ （カ）

ありがとう
ขอบคุณ ครับ (ค่ะ)
コープクン カップ （カ）

Seane 2 意思を伝える

はい
ครับ (ค่ะ)
カップ （カ）

いいえ
ไม่
マイ

わかりました
เข้าใจ ครับ (ค่ะ)
カウヂャイ カップ （カ）

わかりません
ไม่เข้าใจ ครับ (ค่ะ)
マイカウヂャイ カップ （カ）

結構です
ไม่ต้อง ก็ได้ ครับ (ค่ะ)
マイトン ゴダイ カップ （カ）

嫌です
ไม่ชอบ เลย ครับ (ค่ะ)
マイチョープ ルーイ カップ （カ）

Seane 3 観光スポットで

写真を撮ってもいいですか？
ถ่ายรูป ได้ไหม
ターイループ ダイマイ

トイレはどこですか？
ห้องน้ำ อยู่ ที่ไหน
ホンナーム ユー ティーナイ

Seane 4 レストランで

注文をお願いします
ขอ สั่งอาหาร
コー サンアーハーン

お会計をお願いします
คิดเงิน ด้วย
キットグン ドゥアイ

とてもおいしいです
อร่อย มาก
アロイ マーク

あまり辛くしないでください
ขอ ไม่เผ็ด นะ
コー マイペット ナ

Seane 5 ショップで

いくらですか？
ราคา เท่าไร
ラーカー タウライ

試着してもいいですか？
ขอ ลอง ใส่ ได้ไหม
コー ローン サイ ダイマイ

これをください
ขอ อันนี้
コー アンニー

別々に包んでください
ช่วย ห่อ แยกกัน
チュアイ ホー イェークガン

Seane 6 タクシーで

この住所に行ってください
ไป ที่ บ้านเลขที่ นี้
パイ ティー バーンレークティー ニー

急いでいます
ผม (ฉัน) รีบ
ポム （チャン） リープ

ここで止めてください
จอด ที่นี่
ヂョート ティーニー

料金がメーターと違います
ราคา ไม่ตรง กับ มิเตอร์นี่
ラーカー マイトロン ガップ ミトゥーニー

よく使うからまとめました♪ 数字

0	ศูนย์ スーン	1	หนึ่ง ヌン	2	สอง ソーン	3	สาม サーム	4	สี่ シー
5	ห้า ハー	6	หก ホック	7	เจ็ด チェット	8	แปด ペート	9	เก้า ガーウ
10	สิบ シップ	100	ร้อย ローイ	1000	พัน パン				

バラエティに富んだメニューが揃うタイ料理。
気になる料理は事前にチェック！

ガイ・ホー・バイトーイ
ไก่ห่อใบเตย
 中部

タレに漬け込んだ鶏肉をトーイの葉（パンダン・リーフ）で包んで、蒸し焼きにしたもの。スモークしたような肉質で美味。

プー・パッ・ポンカリー
ปูผัดผงกะหรี่
 中部

カニを丸ごと使ったカニのカレー炒め。イエロー・カレーに玉子を混ぜたマイルドなソースは甘めの味。（→P34）

ホーモック・プラー
ห่อหมกปลา
 中部

魚のすり身蒸し。ハンペンのような食感に、各種スパイスの辛味とココナッツミルクが合わさる。

パッ・パックブン・ファイデーン
ผัดผักบุ้งไฟแดง
 全国

空芯菜のニンニク炒め。シャキシャキとした歯ごたえと、ややピリ辛な味付けが特徴。空芯菜はタイではポピュラーな野菜。

パッタイ
ผัดไทย
全国

米粉で作られたクイティオを、玉子やモヤシ、野菜、エビなどと一緒に炒めた焼きそば。甘めの味で食べやすく、人気のメニュー。（→P41）

カオソーイ
ข้าวซอย
北部

チェンマイ名物のカレー・スープ麺。平らな玉子麺と揚げた麺の2種類が入っていて、香辛料をたっぷり使ったスープで味わう。（→P40）

カオマンガイ
ข้าวมันไก่
全国

蒸し鶏のせご飯（チキン・ライス）。鶏のスープで炊いたご飯と、ジューシーな鶏肉がベストマッチ。（→P36）

カオニヤオ・マムアン
ข้าวเหนียวมะม่วง
全国

フレッシュマンゴーに、ココナッツミルクで炊いた甘いもち米を添えたタイ伝統のデザート。マンゴーはとろけるような甘さ。

サリム・タプティム
สลิ่มทับทิม
中部〜南部

「タイ風かき氷」ともいえる冷たいデザート。赤い部分は寒天でコーティングしたクワイの実で、ツルン＆シャキシャキの食感。

ミネラルウォーター
ナームレー / น้ำแร่

水道水は飲めないので、店ではミネラルウォーターを注文しよう。ペットボトルの水は屋台やコンビニなどで買える。

ココナッツ・ジュース
ナームマプラーウ / น้ำมะพร้าว

ココナッツの実の中に詰まっている天然の果汁。さっぱり、ほのかな甘さがあり、タイでは水代わりに飲む人も。

ビール
ビア / เบียร์

タイのビールでは、軽い飲み口のシンハーやチャーンなどが定番。タイで醸造されているハイネケンやアサヒのビールもある。

目　次

第1章　租税法の基本原則

Ⅰ　租税とは ……………………………………………………………………… 1
1. 租税とは何か　1
2. 租税の役割　3
3. 租税の種類　4

Ⅱ　租税法の基本原則 ………………………………………………………… 8
1. 租税法律主義　8
2. 租税公平主義　10
3. その他の原則　11

Ⅲ　租税法の解釈と適用 ……………………………………………………… 12
1. 租税法の法源　12
2. 文理解釈と目的解釈　16
3. 固有概念と借用概念　17
4. 解釈は納税者の有利に行うべきか　18
5. 信義則　18

Ⅳ　わが国の租税法の概観 …………………………………………………… 19

Ⅴ　脱税と租税回避 …………………………………………………………… 20

第2章　所得税

Ⅰ　所得税の特徴と所得概念 ………………………………………………… 23
1. 所得税の特徴　23
2. 所得概念　23
3. 帰属所得と未実現の利得　24
4. 非課税所得　25

Ⅱ　課税単位 …………………………………………………………………… 28

Ⅲ　所得税計算の基本的な仕組み …………………………………………… 28
1. 所得税額計算の単位　29

2. 所得税額計算手順の概観　29

3. 所得区分　31

Ⅳ 各種所得の所得金額の計算 ……………………………………………………… 32

1. 利子所得　32

2. 配当所得　33

3. 事業所得　34

4. 不動産所得　37

5. 給与所得　38

6. 退職所得　41

7. 譲渡所得　42

8. 山林所得　45

9. 一時所得　46

10. 雑所得　47

Ⅴ 収入金額 ……………………………………………………………………………… 48

1. 収入金額の意義　48

2. 収入金額の計上時期（各論）　49

Ⅵ 必要経費 ……………………………………………………………………………… 50

1. 必要経費の範囲　50

2. 必要経費に関する別段の定め　51

Ⅶ 所得の人的帰属 ……………………………………………………………………… 53

1. 実質所得者課税の原則　53

2. 事業から得られる所得の帰属　54

Ⅷ 損失の取扱い ………………………………………………………………………… 55

1. 損益通算　55

2. 純損失の繰越控除と繰戻し還付　56

Ⅸ 所得控除 ……………………………………………………………………………… 57

1. 雑損控除　57

2. 医療費控除　59

3. 寄附金控除　60

4. 寡婦控除　61

5. ひとり親控除　61

6. 配偶者控除　62

7. 配偶者特別控除　63

8. 扶養控除　63

9. 基礎控除　64

Ⅹ 税額の計算 ……………………………………………………………………… 64

1. 税率の適用　64

2. 変動所得および臨時所得の平均課税　66

3. 税額控除　67

ⅩⅠ 申告と納付 …………………………………………………………………… 68

1. 確定申告　68

2. 予定納税　69

第3章　法人税

Ⅰ 法人税の原則 ………………………………………………………………… 71

1. 法人税とは　71

2. 納税義務者　72

3. 事業年度　74

4. 納税地　75

5. 実質所得者課税の原則　75

6. 同族会社　75

Ⅱ 法人税の課税標準 …………………………………………………………… 76

1. 課税物件　76

2. 課税標準　77

Ⅲ 内国法人の課税標準の計算 …………………………………………… 77

1. 原則　77

2. 益金とは　78

3. 損金とは　79

4. 公正妥当な会計処理の基準　79

5. 資本等取引　80

Ⅳ 収益と費用・損失の計上基準 …………………………………………… 80

1. 原則　80

2. 収益の計上時期　80

3. 費用・損失の計上時期　81

Ⅴ 益金の額と損金の額に関する個別の定め ………………………… 82

Ⅵ 益金の額の計算 ……………………………………………………… 83

1. 受取配当等　83

2. みなし配当等　87

3. 資産の評価益　87

4. 還付金等　88

Ⅶ 原価に係る損金の額の計算—棚卸資産の売上原価等の計算— ……… 89

1. 趣旨　89

2. 棚卸資産の定義　89

3. 棚卸資産の評価　90

4. 棚卸資産の取得価額　90

Ⅷ 費用に係る損金の額の計算（1） ………………………………… 91

1. 減価償却費の計算　91

2. 償却限度額　96

3. 繰延資産の償却費の計算　98

4. 特別償却　99

Ⅸ 費用に係る損金の額の計算（2） ………………………………… 100

1. 役員給与　100

2. 寄附金　105

3. 交際費等　108

4. 租税公課　111

5. 不正行為等に係る費用等　111

Ⅹ 損失 …………………………………………………………………… 112

1. 資産の評価損　112

2. 貸倒れ　114

Ⅺ その他の損金の額の計算 ………………………………………… 117

1. 圧縮記帳　117

2. 引当金　119

3. 欠損金とその繰越し　120

XII 税額の計算と法人税の申告 ･･･････････････････････････････････････ 122

1. 税額の計算 122

2. 法人税の申告 125

3. 法人税の納付 127

XIII 法人の組織再編に係る制度 ･･ 127

1. 趣旨 127

2. 制度の考え方 128

3. 欠損金額の引継ぎ 130

第4章 相続税・贈与税

I 相続税 ･･･ 133

1. 相続税とは 133

2. 納税義務者 135

3. 課税物件 137

4. 課税価格と税額の計算 138

5. 申告と納付 143

II 贈与税 ･･･ 145

1. 贈与税とは 145

2. 納税義務者 146

3. 課税物件 146

4. 課税価格と税額の計算 147

5. 相続時精算課税制度 147

6. 申告と納付 147

III 財産評価 ･･･ 150

1. 土地 151

2. 借地権等 151

3. 家屋 152

4. 株式 152

第5章 消費税

Ⅰ 消費税とは ··· 157
  1. 消費税の創設　157
  2. 消費税の基本的な仕組み　157
  3. 「消費税」の用語について　159
Ⅱ 課税の対象 ··· 160
  1. 課税の対象　160
  2. 課税の対象の例外　164
Ⅲ 納税義務者 ··· 166
  1. 納税義務者についての原則　166
  2. 事業者免税点制度　166
Ⅳ 課税標準と税率 ··· 170
  1. 課税標準　170
  2. 税率　170
Ⅴ 仕入税額控除 ·· 171
  1. 基本的な仕組み　171
  2. 仕入税額控除の金額の計算　172
  3. 簡易課税制度　176
  4. 帳簿等の保存　177
Ⅵ 申告と納付 ··· 178
  1. 課税期間　178
  2. 確定申告および納付　179
  3. 中間申告　179

第6章 国際課税

Ⅰ 国際課税の仕組み ······································ 185
  1. 国際課税の仕組みの概要　185
  2. わが国の国際課税ルール　187
Ⅱ 非居住者・外国法人に対する課税 ················ 188
  1. 国内源泉所得　188
  2. 課税方式　191

3. 一般の事業所得　191

4. その他の事業所得　194

5. 利子・配当・使用料　194

6. 不動産の譲渡所得　195

7. 人的役務の提供　195

Ⅲ 外国税額控除 ･･ 196

1. 概説　196

2. 資本輸出の中立性（CEN）と資本輸入の中立性（CIN）　197

3. わが国の外国税額控除制度の概要　197

4. わが国の外国税額控除制度の特徴　199

Ⅳ 外国子会社からの受取配当の益金不算入 ･･････････････････ 200

Ⅴ 過少資本税制と過大支払利子税制 ････････････････････････ 200

1. 過少資本税制　201

2. 過大支払利子税制　201

Ⅵ 外国子会社合算税制 ･･ 203

1. 概論　203

2. 合算される所得　204

3. 外国子会社配当益金不算入制度創設後の外国子会社合算税制　206

4. 租税条約との関係　207

5. 外国子会社合算税制の改正経緯　207

Ⅶ 移転価格税制 ･･ 208

1. 概論　208

2. 独立企業間価格の算定方法　209

3. 文書化　213

4. 同業他社に対する課税当局の調査権限と推定課税　214

5. 評価困難無形資産の取扱い　214

6. 事前確認　215

7. 二重課税排除のための相互協議と仲裁　216

Ⅷ 外国事業体の取扱い ･･ 217

Ⅸ 租税条約 ･･ 218

1. 二国間租税条約　218

2. 多国間租税条約　220

第7章　租税手続法～納税義務の確定，徴収，税務調査，権利救済～

Ⅰ　総論（国税通則法と国税徴収法） ……………………………………… 223

Ⅱ　納税義務の確定 ……………………………………………………………… 224

　1.　納税義務の成立と確定　224

　2.　申告納税方式　225

　3.　賦課課税方式　228

　4.　加算税　228

Ⅲ　国税の納付と徴収 …………………………………………………………… 230

　1.　国税の納付　230

　2.　源泉徴収等　233

　3.　国税の徴収　233

Ⅳ　国税の調査（税務調査） …………………………………………………… 235

　1.　質問検査権　235

　2.　税務調査の事前手続（事前通知の手続）　237

　3.　税務調査の終了手続　237

Ⅴ　権利救済～不服審査と租税訴訟～ ………………………………………… 238

　1.　不服審査　238

　2.　租税訴訟～租税訴訟の流れと留意点～　240

第8章　税務行政・税理士制度

Ⅰ　税務行政 ……………………………………………………………………… 243

　1.　国税の執行と国税庁の役割　243

　2.　国税庁の組織と具体的な仕事　243

Ⅱ　税理士制度 …………………………………………………………………… 246

　1.　税理士の役割と業務　246

　2.　税理士の義務　247

参考文献　249

索　　引　250

判例索引　256

column 一覧

1　政策と税制　4

2　直間比率　7

3　憲法と租税法　15

4　「不当性」の判断基準と包括的租税回避否認規定（GAAR）について　21

5　違法な行為から得られた所得に対する課税　27

6　「青色の申告書」の意義　70

7　減価償却資産の単位　94

8　損金経理と課税の原則　97

9　事業承継と相続税・贈与税　148

10　低額譲渡と相続税・贈与税　155

11　総額表示　180

12　国境を越えた役務の提供　181

13　OECD/G20 による BEPS（税源浸食と利益移転）対抗プロジェクト　202

14　デジタル課税の議論　221

15　国税庁の最近の取組み　245

16　税理士を取り巻く環境の変化と対応　247

凡 例

1 法令，通達等の略語

通法	国税通則法	最大判	最高裁判所（大法廷）判決
徴法	国税徴収法	最三判	最高裁判所（第三小法廷）判決
所法	所得税法	最二判	最高裁判所（第二小法廷）判決
法法	法人税法	最一判	最高裁判所（第一小法廷）判決
相法	相続税法	高判	高等裁判所判決
消法	消費税法	地判	地方裁判所判決
措法	租税特別措置法	民集	最高裁判所民事判例集
実特法	租税条約等の実施に伴う所得税法，法人税法及び地方税法の特例等に関する法律	刑集	最高裁判所刑事判例集
		行集	行政事件裁判例集
		訟月	訟務月報
所令	所得税法施行令	税資	税務訴訟資料
法令	法人税法施行令	判時	判例時報
消令	消費税法施行令	判タ	判例タイムズ
措令	租税特別措置法施行令		
通規	国税通則法施行規則		

所基通	所得税基本通達
法基通	法人税基本通達
評基通	財産評価基本通達
消基通	消費税法基本通達

2 条文の符号

1，2　＝　条を示す。

①，②　＝　項を示す。

一，二　＝　号を示す。

〈例〉

所法5②一　＝　所得税法第5条第2項第1号

基本テキスト租税法

第1章

租税法の基本原則

Ⅰ 租税とは

1. 租税とは何か

　租税というと，何か漠然と悪い印象を持っている人が多いのではないでしょうか。会社勤めの人であれば，給与明細をみると，国税である「所得税」や地方税である「住民税」が源泉徴収されていて，ため息が出ます（これに加えて，税ではありませんが，社会保険料も源泉徴収されています）。個人事業者であれば，毎年3月15日が期限の所得税確定申告の時期には，各種帳簿書類から確定申告書を作成しなければなりませんし，それが終わると3月31日が期限の消費税の確定申告が待っています。企業の経理・税務部門に勤務する方々は，企業の決算時期に応じて法人税・消費税の中間申告書や確定申告書を作成・提出しなければなりません。時折やってくる国税局・税務署の調査官と厳しいやりとりをした経験を持つ方もいるでしょう。

　何となく「無理やりとられている」という感じのする租税ですが，租税収入がなければ国も地方公共団体も活動することはできません。租税は，国・地方公共団体の歳入の源であり，防衛・警察・教育・社会福祉・国土整備等のさまざまな活動のための財源です。租税に関する最も重要な最高裁判決の

1つである「大嶋訴訟」（最大判昭和60年3月27日民集39巻2号247頁）は，「租税は，国家が，その課税権に基づき，特別の給付に対する反対給付としてではなく，その経費に充てるための資金を調達する目的をもって，一定の要件に該当するすべての者に課する金銭給付である」としています。

直接の反対給付がないことが，租税について「無理やりとられている」感が強い理由の1つでしょう。憲法は，「財産権は，これを侵してはならない」（憲法29①），「私有財産は，正当な補償の下に，これを公共のために用ひることができる」（憲法29③）と規定しますが，続いて「国民は，法律の定めるところにより，納税の義務を負ふ」と規定しており（憲法30），納税の義務は，国民の数少ない憲法上の義務の1つです（このほかに，保護する子女に教育を受けさせる義務と，勤労の義務があります。憲法26②，27①）。憲法に「国民の義務」として規定しなければならないほど，租税（そして教育と勤労）は，国家の根幹を支えるものであり，かつ，その重要性が忘れられがちになるものです。

租税は，国家がその経費に充てるために，直接の対価なく，国民から金銭的給付を求めるものです。国家は，租税を財源としてさまざまな施策・活動を行っており，その施策・活動の効果は，国土の防衛，治安の維持，教育や社会保障，道路や河川の維持管理等を通じて，間接的に国民すべてに及んでいます。

そして，これらの施策・活動は，対価を支払った人々にだけサービスを提供するという（例えば，乗車賃を支払う人々だけが改札口を通って電車に乗れるというような）システムになじみません。このため，国家は，国民全体から，何らかの基準に基づいて費用を徴収せざるを得ません。

しかし，国民としては大事な財産の一部を無償で取り上げられることになりますから，租税に関する手続を定める租税法は，国民の権利を侵害する「侵害規範」でもあります。そして，侵害規範であるからこそ，憲法は，国民の代表で構成される国会が制定する「法律」によってのみ国民に租税を課すことができるとしており（憲法84），国会によって制定された租税法（国税通則法，所得税法，法人税法，相続税法，消費税法，地方税法等）が，所得

や税額の計算，申告・納付の手続等についての詳細な規定を定めています。

　他方，租税の負担を免れたい，あるいはできるだけ軽減したいというのが納税者としての心情でもあり，不正の手段（隠蔽・仮装等）により税を違法に免れようとする人たちや，法令の隙間をかいくぐって租税を回避しようとする人たちもいることから，租税法はそのような人たちに対抗するための規定（税務職員の調査権限，脱税に対する刑事罰，過少申告・無申告・源泉不徴収等に対する行政罰，各種の租税回避行為に対する対抗策）を備え，納税者間の負担の公平を図っています。

2. 租税の役割

　租税の本来の役割は，前述のとおり，国家の財源の調達です。しかし，例えば所得税では超過累進課税制度がとられており，高額所得者ほど納税額が多くなるだけでなく税率も高くなりますから，納付された所得税が教育や社会福祉の財源として使われることを考えると，租税は**所得再分配機能**を持っているといえます（同じことは相続税についてもいえます）。また，景気がよくなり個人・法人の所得が増えれば税負担が上昇して経済の過熱にブレーキがかかり，他方，景気が悪くなり個人・法人の所得が減れば税負担も減って経済活性化の効果が生じるので，租税は**景気調整機能**を有しているともいわれます。ただし，景気が悪いときは政治的には減税すべきとの声が高まりますが，景気が回復しても政治的には増税は難しいことが多いですし，租税の増税・減税は景気以外のさまざまな要因によって行われています。最近では，国際的競争力の確保の観点から法人税率の引下げが行われ（法人実効税率[1]は平成 27（2015）年度改正前の 32.11％から平成 30（2018）年度改正後の29.74％まで，徐々に引き下げられました），また，平成 25（2013）年度改正では，土地の価格の下落等を理由として相続税の基礎控除額が引き下げられました。

[1) 法人実効税率とは，法人の所得金額に対する法人税，地方法人税，住民税，事業税の額の合計額の割合をいいます。

　租税の本来の目的は国・地方公共団体の財源の確保ですが，国民に一定の行動をとるような動機付けを与えるために租税を用いることもしばしば行われます。

　例えば，法人税における交際費の損金算入限度制限（措法61の4）は，法人の冗費・濫費を抑制して資本蓄積を促すという目的で設けられました。試験研究費の特別控除（措法10，42の4）は，企業の試験研究を促し，技術水準を向上させるために設けられています。また，企業による賃上げを促すために，賃金の引上げをした企業の負担を軽減する措置が設けられています（措法10の5の4，42の12の5）。

　地球環境の保護のために税制が使われることもあります。ヨーロッパ諸国には，石油，石炭，天然ガス等の化石燃料に含まれる炭素の量を課税ベースとして税を賦課し，化石燃料の消費を抑制する炭素税の仕組みがあります。わが国でも，地球温暖化対策を推進する観点から，石油石炭税の上乗せを行う措置が設けられています（措法90の3の2）。

　さらに，たばこの消費を抑制し消費者の健康増進を図るために，たばこ税を増税すべきとの主張もあります。国民の間の所得再分配を進める観点から，富裕層に対する相続税を大幅に増税すべきとの主張もあります。

3. 租税の種類

　租税の種類については，いくつかの分け方があります。

(1) 国税と地方税

　国が賦課・徴収する租税が**国税**で，地方公共団体（都道府県・市区町村等）が賦課・徴収する租税が**地方税**です。ただし，地方税である地方消費税については，国が，国税である消費税（一般税率7.8％）とともに徴収したうえで（地方消費税の一般税率は国税である消費税の78分の22ですので，税率の合計は10％となります），一定の基準に基づき地方公共団体に配分しています。

(2) 直接税と間接税

納税者がその租税の負担者でもある租税を**直接税**といい，納税者がその租税を第三者に転嫁することを予定されている租税を**間接税**といいます。所得税，法人税，相続税，贈与税等は直接税に分類されます。消費税，酒税，たばこ税等は，取引の次の段階の当事者に（そして最終的には消費者に）転嫁されることが予定されているため，間接税に分類されます。ただし，経済学的には，法人税は商品の価額などを通じて消費者に転嫁されるかもしれませんし，賃金の抑制を通じて従業員に転嫁されるかもしれません（同じことは事業所得に係る所得税についてもいえます）。このため，所得や財産など納税者の担税力（租税を負担できる力）の直接の指標となるものを課税標準とする租税を直接税とし，消費や取引など担税力の間接的な指標となるものを課税標準とする租税を間接税とする分類もあります。

(3) 収得税，消費税，財産税，流通税

何を課税の対象とするかによる区分です。所得を課税対象とする所得税，法人税，住民税等は**収得税**に分類されます。消費を課税対象とする消費税，地方消費税，酒税，たばこ税，揮発油税，ゴルフ場利用税等は，**消費税**に分類されます。特定の財産の所有を課税対象とする固定資産税，自動車税等は，**財産税**に分類されます。財産が流通する際に課される登録免許税，印紙税，不動産取得税，自動車取得税等は，**流通税**に分類されます。

なお，相続税・贈与税については，相続・贈与によって相続人・受贈者が財産を取得したことによって課される税として収得税に分類する考え方と，蓄積された財産の一部を国が徴収して富の集中を抑制し，社会へ一部還元する効果を担うものとして財産税に分類する考え方があります。また，財産が被相続人・贈与者から相続人・受贈者に移転する際に課される税として流通税に分類する考え方もあります。

(4) その他の分類

税の使い道に着目して，**普通税**と**目的税**という分け方があります。普通税

とは，広く一般の財源を調達するために課される税をいい，現在のわが国の
ほとんどの税が該当します。目的税とは，特定の経費に充てる目的で課され
る税で，電源開発促進税，都市計画税等が該当します。

　また，賦課・徴収を担当する組織に着目して，**内国税**と**関税等**という分け
方もあります。内国税とは，国税のうち，主として国税庁・国税局・税務署
がその賦課・徴収を担当する税（所得税，法人税，消費税等）であり，関税
等とは，財務省関税局・税関がその賦課・徴収を担当する税（関税，とん税，
特別とん税）です。

　次の**図表1-1**は，財務省HPによる分類です。この図表は，国税と地方税
をそれぞれ，所得課税，資産課税等，消費課税の3つに分類しています。

図表1-1　国税・地方税の税目

	国税	地方税
所得課税	所得税 法人税 地方法人税 特別法人事業税 復興特別所得税	住民税 事業税
資産課税等	相続税・贈与税 登録免許税 印紙税	不動産取得税 固定資産税 特別土地保有税 法定外普通税 事業所税 都市計画税 水利地益税 宅地開発税 国民健康保険税 法定外目的税

	国税	地方税
消費課税	消費税 酒税 たばこ税 たばこ特別税 揮発油税 地方揮発油税 石油ガス税 航空機燃料税 石油石炭税 電源開発促進税 自動車重量税 国際観光旅客税 関税 とん税 特別とん税	地方消費税 地方たばこ税 ゴルフ場利用税 軽油取引税 自動車税 軽自動車税 鉱区税 狩猟税 鉱産税 入湯税

出所：財務省HP「国税・地方税の税目」。

　令和4（2022）年度の国の一般歳入に占める各国税の割合は次のようになっ
ています。

図表 1-2　国の一般歳入に占める租税の割合

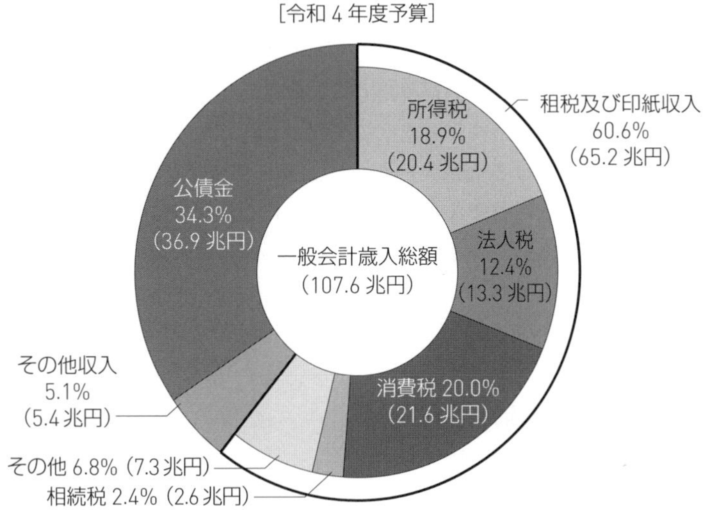

[令和 4 年度予算]

出所：財務省 HP「令和 4 年度一般会計歳出・歳入の構成」をもとに筆者作成。

---

column 2　直間比率

　税の分類には，前述のように直接税と間接税という分け方がありますが，国の税体系の中で直接税と間接税がそれぞれ占める割合のことを直間比率といいます。主要国の直間比率を比較すると，次のとおりです。

	日本	アメリカ	イギリス	ドイツ	フランス
2018 年	68：32	76：24	57：43	55：45	55：45

出所：財務省 HP

　昭和 60（1985）年のわが国の直間比率は，国税・地方税合計で 78：22 でしたが，昭和 63（1988）年の消費税の創設によって直間比率が大きく変わりました。また，アメリカは，連邦税としての消費税（付加価値税）や売上税を持っていないため，他の国と比較して直接税の割合が高くなっています。

直接税と間接税をどのような割合にするべきかは，難しい問題です。所得が個人の担税力の指標として最も適切であると考えるのであれば，所得税（そしてその前取りとしての法人税）を中心として税収を確保することが好ましいといえるでしょう。しかし，所得税のうちの申告所得に係る部分は，源泉徴収の対象になっている給与所得等と比べて捕捉率が低くなっているといわれています。また，社会における高齢者の割合の上昇に伴って増加する社会保障費を，所得を有する就労者だけでなく，仕事から引退したために所得を有さないが消費を行う高齢者も負担すべきとの考えから，消費に広く薄く課税する消費税が創設されました。

Ⅱ 租税法の基本原則

　租税法には，租税法律主義と租税公平主義という，基本となる2つの原則があります。

1. 租税法律主義

　憲法84条は，「あらたに租税を課し，又は現行の租税を変更するには，法律又は法律の定める条件によることを必要とする」と規定しています。納税は国民の義務であるとはいえ（憲法30条），国民にとっては直接の対価なく金銭的負担を負うものですから，租税を課すには，国民の代表によって構成される国会が制定する法律か，法律の委任を受けた政令・省令等によらなければなりません（憲法84）。これが，租税法律主義と呼ばれる原則です。そして，法律によって課税要件（それが充足されることによって納税義務が成立する要件）が明らかにされることによって，国民の経済生活に法的安定性と予測可能性が与えられます。

　租税法律主義のより具体的な内容として，次のようなことがあげられます。

(1) 課税要件法定主義

　課税要件法定主義とは，課税要件のすべてと租税の賦課・徴収の手続は法律または法律の委任を受けた政省令等によって規定されなければならないとする原則です。法律の根拠なしに内閣や各省庁が政省令で新たに課税要件に関することを定めることはできず（**法律の留保の原則**），また，法律の規定に反する政省令は効力を有しません（**法律の優位の原則**）。

　ただし，課税要件や手続の詳細すべてを法律に書くことはできません。このため，法律には，「政令で定めるところにより」，「必要な事項は政令で定める」などの規定が多くみられます。関係する政令と一緒に読まなければ詳細はわからないのですが，このことは，課税要件法定主義と，次に説明する課税要件明確主義の関係で，やむを得ないことと思われます（法律に課税要件のすべてを書くとすると，法律の分量が増え過ぎて，かえってわかりにくくなるでしょう）。ただし，わが国の税法の規定を読みやすくしていくための技術的な改善の努力（例えば，条文における二重括弧書きや三重括弧書きの解消等）も必要であろうと思われます。

(2) 課税要件明確主義

　課税要件明確主義とは，租税に関する法律や政省令の定めは，なるべく一義的で明確でなければならないとする原則です。課税要件が法律で規定されても，その内容や，法律の委任を受けた政省令の内容が意味不明瞭であれば，納税者にとっての法的安定性と予測可能性は確保できません。しかし，法律や政省令ですべてのことを明確に書き切ることも不可能です。このため，法令の規定の文言の中に，ある程度の不確定概念を用いることを避けることはできません。例えば，所得税法には「所得」の定義規定はありませんし，「不当に」「不相当に」「正当な理由」などの言葉も税法のさまざまな条文で用いられています。また，不確定概念の使用を絶対に避けなければならないとすると，税法の規定は杓子定規になりすぎ，合理的な規定とはならない懸念があります。この問題については，立法段階で，明確性と合理性のバランスが求められます。

(3) 合法性原則

合法性原則とは，課税要件が充足されている限り，税務当局には租税の減免の自由はなく，租税を徴収しない自由もなく，法律で定められたとおりの税額を徴収しなければならないという原則です。例えば，税務署長が，自分の知り合いだからといって特定の納税者について調査の中止を命じたり，滞納処分の執行停止を命じたりすれば，課税の公平性・公正性は失われます。

しかし他方で，さまざまな事情により，法令の規定どおりに課税・徴収すると納税者にとって酷なことになってしまう場合もあります。そのような事例に対処するために，「やむを得ない事情があると認めるときは」「特別の事情がある場合は」「相当の理由があるときは」などの規定が置かれることがあります。

(4) 手続的保障原則

手続的保障原則とは，租税の賦課・徴収は適正な手続で行われなければならず，また，それに対する争訟は公正な手続で解決されなければならないという原則です。青色申告の納税者に対する更正処分の理由付記（所法155②，法法130②），国税不服審判所の国税局・税務署からの分離（通法78），平成23（2011）年度改正で国税関係手続にも適用されることになった許認可等拒否処分や不利益処分に対する理由の提示（通法74の14①，行手法8，14）などが，この原則の具体化です。違法に租税を賦課・徴収された納税者が，不服申立てや訴訟を提起した場合に，納税者の主張が公正な手続で審理され，違法な課税処分や徴収処分が取り消されることにより，租税法令が正しく適用され，納税者の権利が保護されることになります。

2. 租税公平主義

租税公平主義とは，租税は国民の間でその担税力に応じて公平に負担されなければならず，各種の租税法律関係において国民は平等に取り扱われなければならない，という原則です。この原則は，憲法14条1項の「平等取扱原則」に由来するものとされ，同様の状況にあるものは同様に（水平的公平），

異なる状況にあるものは異なって（**垂直的公平**）取り扱われるべきとする原則です。当然の原則とも思えますが，しかし，その具体的な適用は意外と難しいものです。例えば，所得の金額が 500 万円である納税者が 2 人いる場合に，その 2 人は同じ額の所得税を払うべきとも思えますが，一方の所得が所有株式から得られた配当所得で，他方の所得が勤労から得られた給与所得の場合，所得税は同じ額でよいのでしょうか。あるいは，ひとり暮らしの者と家族を扶養している者の場合はどうでしょうか。また，所得の金額が 500 万円である者と 5 億円である者にはそれぞれどのような割合の負担を求めるべきなのでしょうか。租税公平主義は，多くの問題を私たちに投げかけます。現実には，国会が，さまざまな意見を調整しながら法律を制定していくこととなります。

▌3. その他の原則

租税法律主義と租税公平主義のほかにも，いくつかの租税法の原則が講学上あげられます。その 1 つは，**自主財政主義**です。これは，地方公共団体は憲法上の自治権の一環として課税権（課税自主権）を持ち，それによって自主的にその財源を調達することができるという原則です。憲法 84 条（租税法律主義）との関係では，同条にいう租税は地方税を含まないと解するか，同条にいう法律は条例を含むと解することになります。ただし，わが国の法制上は，法律である地方税法の定めるところによって，地方公共団体は地方税を賦課徴収できるものとされています（地方税法 2 条）。

また，**遡及立法の禁止**の原則があります。これは，租税に関する，納税者に不利益となる法令は，その法令がつくられた時から遡って適用されてはならないという原則です。納税者は現在の税法の規定を前提に経済活動を行っていますから，新たな税法が遡及適用されると納税者にとって不意打ちとなるからです。この問題について，平成 16（2004）年 3 月の税制改正で，改正前は可能であった長期譲渡所得の金額の計算上生じた損失の他の各種所得との損益通算が，同年 1 月に遡って制限されたことの違憲性が争われた事案があります（最一判平成 23 年 9 月 22 日民集 65 巻 6 号 2756 頁）。最高裁は，問

題とされた条文は憲法84条等に違反しないと判断しました。

Ⅲ 租税法の解釈と適用

▎1. 租税法の法源

納税義務が成立するための要件を**課税要件**といいます。具体的に，ある納税者にどれだけの額の納税義務が生じるのかを判断するに当たっては，租税に関する法律や政省令等の規定に具体的事実を当てはめていき，課税要件を満たすかどうかを判断することが必要となります。

納税者による経済活動等が，各税法に定める課税要件を満たすかどうかについては，法の解釈の問題になりますから，納税者と税務当局との間で見解が異なることがあり得ます。そのような場合に，法の解釈と適用について最終的な判断を下すことは，最高裁判所を頂点とする裁判所の役割です。

裁判所は，租税に関する法律や政省令の規定等（大前提）に具体的な事実関係（小前提）を当てはめて結論を導きます。このような思考過程を**法的三段論法**といいます。その場合に，裁判所が判断の根拠とする「法」（大前提）となり得るものを**法源**といいます。では，何が法源となるのでしょうか。

(1) 憲　法

憲法は「国の最高法規」であり，憲法の規定に反する法律，命令等はその効力を有しません（憲法98①）。法律，命令等が憲法の規定に反するかどうかは，最終的に最高裁判所が判断します（憲法81）。

(2) 法　律

法律は，選挙によって選ばれた国民の代表によって構成される国会が制定する，憲法に次ぐ重要性を持つ国の法規です（憲法41，59）。新たに租税を課し，または現行の租税を変更するためには，法律または法律の定める条件によることが必要とされています（憲法84）。この憲法の規定に基づき，租

税に関する一連の法律が制定されています（「Ⅳ」参照）。

(3) 政令・省令

　政令は内閣が制定する規範，省令は各省庁が制定する規範です。政令と省令を合わせて政省令ともいいます。税法に関する政省令は，法律の委任を受け，法律に書き切れない細則を定めます。例えば，法律である所得税法については，政令である所得税法施行令と，省令である所得税法施行規則があります。政省令は，法律の委任の範囲を逸脱している場合などを除き，法源となります。

(4) 告　示

　法律や政省令が，一定の事項につき，大臣等の告示に委ねることがあります。例えば，所得税法は，特定寄附金の範囲について，一定の要件を満たすものとして財務大臣が指定したものとし（所法78②二），その指定は告示で行われることとされています（所令216②）。このように，法律・政省令の規定に基づき告示がされている場合は，告示は法源となります。

(5) 条例・規則

　条例は地方公共団体の議会が制定する法規で，規則は地方公共団体の長が制定する法規です。地方公共団体は，国の法律である地方税法が定める枠内で，条例と規則により，その団体の地方税に関するルールを定めます（地方税法2，3）。条例・規則も，地方税法に違反しない限りにおいて法源となります。

(6) 条　約

　条約は，わが国と外国の間との取決めで，国会の承認を受けたものです（憲法61，73三）。憲法は，「日本国が締結した条約及び確立した国際法規は，これを誠実に遵守することを必要とする」と規定しており（憲法98②）この規定は法律に対する条約の優位性を定めたものと解されています。した

がって，条約は法源であるとともに，条約が法律の規定と異なるときは，条約の規定が優先適用されることとなります。

租税法の分野において，わが国は多くの**二国間租税条約**といくつかの**多国間租税条約**を締結していますが，条約の規定がわが国の租税法（所得税法，法人税法等）の規定と異なるときは，条約の規定が優先するように法律で定められています（所法2①八の四，162，法法2十二の十九，139，実特法3の2①②等）。

(7) 判 例

裁判所（特に最高裁判所）が個々の事件を裁判で解決するに当たり，その判決理由中に法の解釈を示しますが，そこで示された法の解釈のうち，合理的であるとして一般に承認されたものを**判例**といいます。判例は，法源となります。類似の事件につき地方裁判所や高等裁判所で法の解釈が異なった場合には，最高裁判所が統一的な解釈を示すことになります。

なお，最高裁判所では，通常はそれぞれ5人の裁判官で構成される3つの小法廷が裁判を行いますが，重要な事件を審理する場合や過去の判例を変更する場合には，15人全員の裁判官で構成される大法廷が裁判を行います。

(8) 通達は法源となるか

通達は，行政組織の長がその職員に対して与える指示です。国税については，国税庁長官が定める所得税基本通達，法人税基本通達などがこれに当たります。国税庁（国税局・税務署）の職員は，この指示に従わなければなりません。また，国税庁の職員が通達に従うことにより，全国で統一された事務処理が行われることとなります。

しかし，通達は政省令ではありませんから，法源とはなりません。裁判所はあくまで，憲法・法律・政省令の規定に依拠して，その条項を解釈します。通達も，税務当局の担当者が十分に検討して発出していますから，通達によって示された解釈が裁判所の解釈と異なることは多くはありませんが，裁判所は通達の規定には拘束されません（最三判令和2年3月24日裁判所ウェ

ブサイト〔タキゲン事件〕参照）。したがって，納税者としては，課税処分の根拠とされた通達の規定が租税法の解釈として間違っていると考えるときは，訴訟を提起すれば課税処分が取り消される可能性があります（ただし，あくまでも可能性です）。他方で，通達の規定に従って申告・納付を行っていれば，税務当局から課税処分を受けることはないことになります。ただし，通達には，財産評価通達の総則 6 項のように，特別の事情がある場合の例外規定があり，その適用が争われることもあります（最三判令和 4 年 4 月 19 日民集 76 巻 4 号 411 頁）。

column 3 憲法と租税法

　前述のように，憲法は国の最高法規ですから，憲法違反の租税法の規定はその効力を有しません（憲法 98 ①）。このため，これまでに，租税法の規定が憲法違反であると主張する数多くの訴訟が提起されました。

　租税法の規定についての裁判所の違憲立法審査件について判断を下したのは，前にも述べた「大嶋訴訟」（最大判昭和 60 年 3 月 27 日民集 39 巻 2 号 247 頁）です。同判決は，憲法 30 条（納税の義務）と 84 条（租税法律主義）を引用しつつ，「課税要件及び租税の賦課徴収の手続は，法律で明確に定めることが必要であるが，憲法自体は，その内容について特に定めることをせず，これを法律の定めるところにゆだねているのである。思うに，租税は，今日では，国家の財政需要を充足するという本来の機能に加え，所得の再分配，資源の適正配分，景気の調整等の諸機能をも有しており，国民の租税負担を定めるについて，財政・経済・社会政策等の国政全般からの総合的な政策判断を必要とするばかりでなく，課税要件等を定めるについて，極めて専門技術的な判断を必要とすることも明らかである。したがって，租税法の定立については，国家財政，社会経済，国民所得，国民生活等の実態についての正確な資料を基礎とする立法府の政策的，技術的な判断にゆだねるほかはなく，裁判所は，基本的にはその裁量的判断を尊重せざるを得ないものというべきである。…租税法の分野における所得の性質の違い等を理由とする取扱いの区別は，その立法目的が正当なものであり，かつ，当該立法において具体的に採用された区別の態様が右目

的との関係で著しく不合理であることが明らかでない限り，その合理性を否定
することができ（ない）」と判示して，給与所得に対する課税は憲法 14 条（法
の下の平等）に違反するとの上告人の主張を斥けました。この最高裁判決は，
租税法の違憲性の判断基準として，現在に至るまで多くの裁判例で引用されて
います。

　ほかに租税法の規定の違憲性が争われたものとしては，夫名義で取得される
財産の全額を夫のみに帰属するとして課税することの憲法 24 条（両性の平等）
適合性が争われた事件（最大判昭和 36 年 9 月 6 日民集 15 巻 8 号 2047 頁），奈
良県文化観光税条例の憲法 20 条（信教の自由）適合性が争われた事件（奈良地
判昭和 43 年 7 月 17 日行集 19 巻 7 号 1221 頁），ゴルフ場に対する娯楽施設利用
税の課税についての憲法 14 条（法の下の平等）・21 条（集会の自由）適合性が
争われた事件（最一判昭和 50 年 2 月 6 日判時 766 号 30 頁），酒類販売免許制度
の憲法 22 条 1 項（職業選択の自由）適合性が争われた事件（最三判平成 4 年
12 月 15 日民集 46 巻 9 号 2829 頁）などがありますが，いずれも納税者が敗訴
しています。

2. 文理解釈と目的解釈

　租税法の法源が上記のようなものであるとして，次に，そこに何が規定され
ているのかを読み取る必要があります。規定の文言は，常に一義的とは限
らず，また，「言葉」には常に何らかの解釈の余地が残ります。解釈の余地を
狭めるために，所得税法や法人税法にはその第 2 条に定義規定が置かれ，さ
まざまな語が定義されていますが，それでも言葉である限り解釈の余地を零
にすることはできません。このため，どのような原則で租税法の規定を解釈
するかが問題となります。

　租税法は侵害規範ですから，その解釈は税務当局の恣意的な課税を許さな
いために，できるだけその文言に沿って解釈される必要があります。これが
文理解釈と呼ばれる解釈態度です。これによって，納税者の法的安定性と予
測可能性が確保されます。他方で，文理解釈により，税務当局にとっても，
統一的で公平な課税を行うことができます。租税法については，できるだけ

その文言に沿った解釈が行われるべきこと（したがって，類推解釈や拡張解釈は原則として行われるべきでないこと）は，わが国で一般的に受け入れられている原則です。

しかし，文言どおりに解釈したのでは妥当な結論が得られないような場合には，租税法の趣旨・目的を考慮する**目的解釈**が行われることがあります。例えば，重加算税について，「納税者が…事実の全部又は一部を隠蔽し，又は仮装し，…」という規定がありますが（通法 68 条），この「納税者が」という文言を厳格に文字どおり解釈すれば，所得税であれば納税者本人，法人税であれば法人（または法人の代表者）が事実を隠蔽または仮装した場合に限られます。しかし，実際には，個人事業者の場合であればその家族や使用人が，また，法人の場合であれば代表権のない役員やその他の使用人が，それぞれ隠蔽・仮装行為を行うこともしばしばあります。この問題について判例は，「納税者以外の者が隠ぺい仮装行為を行った場合であっても，それが納税者本人の行為と同視することができるときには，形式的にはそれが納税者自身の行為でないというだけで重加算税の賦課が許されないとすると，重加算税制度の趣旨及び目的を没却することになる」と判示して（最一判平成 18 年 4 月 20 日民集 60 巻 4 号 1611 頁），納税者以外の者が行った隠蔽仮装行為についても重加算税の賦課を認めています。

また，「不当に」，「不相当に」などの文言の適用に当たっては，制度の趣旨・目的を考慮しての解釈を行う必要があります（column 4 参照）。

▌ 3. 固有概念と借用概念

租税法の規定の中には，「所得」「恒久的施設」などの租税法独特の言葉がある一方で，「住所」「配偶者」などの民法や商法で用いられている言葉もあります。前者を**固有概念**といい，後者を**借用概念**といいます。納税者の予測可能性と法的安定性を確保するために，借用概念については，その言葉がもともと用いられている民法や商法における意味と同じ意味に解すべきであると考えられています。このような解釈態度によって，税務当局が課税の範囲を納税者の予期しない方向に拡大することを避けることができます。他方で，

このような解釈態度によって，民法上で配偶者とされない事実婚の妻（夫）は所得税法でも配偶者とは認められず，配偶者控除の対象とはならないことになります。

なお，借用概念については民法・商法等で理解されているものと同じように理解すべきとしても，民法・商法等において，諸般の事情を勘案して総合的に判断すべきものとされている概念（例えば「住所」）については，答えを簡単に導くことはできません（最二判平成23年2月18日訟月59巻3号864頁〔武富士事件〕）。借用概念は，租税法の適用において税務当局が特定の言葉の意義を恣意的に狭く解したり広く解したりすることのないように論じられるものであって，機械的な結論を導くものではありません。

▎4. 解釈は納税者の有利に行うべきか

刑事訴訟法の原則の1つに，「疑わしきは被告人の利益に」という法諺があります。罪状について証拠に基づいて十分な証明ができない場合には，被告人は無罪とされるべきであるという原則です。これによって，冤罪が防止されます。

同様に，「疑わしきは納税者の利益に」と主張されることがあります。税務当局が訴訟において課税処分の適法性について証明すべきこと（例えば，納税者に簿外の売上げがあったこと）を証明できなかった場合には，課税処分は取り消されますが，これは訴訟法における証明責任の問題です。しかし，税法の解釈を行う場合に，複数の解釈があり得るときは常に納税者に有利な解釈を行うとすることは，証明責任とは別の問題であり，公正な解釈態度ではないと思われます。

▎5. 信 義 則

納税者がある取引を行うに際して税務当局に租税法の解釈について相談をし，それに対して税務当局が誤った回答（特に「課税されない」とする回答）をし，納税者がその誤った回答を信じて取引を行った場合に，納税者はどのような立場に置かれることになるのでしょうか。租税法律主義から導かれる

合法性の原則からは，租税法の正しい適用が求められますが，そうすると税務当局の誤った回答を信じた納税者は救われません。これは，相手方の誤った言動を信じて行動した者の期待や信頼は保護されなければならないという，**信義則**（信義誠実の原則），あるいは**禁反言**（estoppel）の法理の適用の問題です。

　この問題につき最高裁は，租税法の分野においても信義則は適用され得るとし，その考慮要素として，（ⅰ）税務官庁が納税者に対し信頼の対象となる公的見解を表示したことにより，納税者がその表示を信頼しその信頼に基づいて行動したところ，のちにその表示に反する課税処分が行われ，納税者が経済的不利益を受けることになったこと，（ⅱ）納税者が税務官庁の表示を信頼しその信頼に基づいて行動したことについて納税者の責めに帰すべき事由がないこと，をあげています（最三判昭和 62 年 10 月 30 日訟月 34 巻 4 号 853 頁〔酒類販売業者青色申告事件〕）。

Ⅳ わが国の租税法の概観

　わが国の租税に関する法律にはどのようなものがあるでしょうか。

　まず，国税に関する法律については，その基本となるのは**国税通則法**です。この法律は，納税義務の成立，税額の確定・変更の手続（更正・決定・更正の請求），税の納付・徴収等についての原則を定めています。調査手続や犯則調査手続，附帯税（利子税・延滞税・過少申告加算税・無申告加算税・不納付加算税・重加算税），不服申立手続についてもこの法律が規定しています。「特別法は一般法に優先する」という法の適用の原則についていえば，国税通則法は，行政手続法，行政不服審査法，民事訴訟法・行政事件訴訟法との関係では，国税に関する特別法に当たり，国税通則法の規定が優先適用されます。他方，他の個別の税法（所得税法，法人税法，国税徴収法等）との関係では，国税通則法は国税に関する一般法であり，個別の税法に国税通則法と異なる規定があればその規定が国税通則法に優先して適用されます。

　国税の徴収の手続については，**国税徴収法**が規定します。国税徴収法は，

納税者が租税を納付しない場合における納税者（滞納者）の財産の差押手続，納税者に私債権者がいる場合の国税債権と私債権との優劣の関係，滞納者と特別の関係にある者としての第二次納税義務者からの徴収手続等について規定しています。

　個別の税の税額の計算や納付手続については，**所得税法**，**法人税法**，**消費税法**，**相続税法**等の個々の法律が規定しています。また，これらの法律の特別措置として，**租税特別措置法**が定められています。

　次に，地方税については，**地方税法**が定められています。地方税法には，地方税である多くの税目（道府県民税，市町村民税，事業税，地方消費税，固定資産税等）がまとめて規定されています。

　また，それぞれの租税に関する法律について，法律の委任を受けて，政令である**施行令**（所得税法施行令，法人税法施行令等）が，また，法律または政令の委任を受けて，省令である**施行規則**等（所得税法施行規則，法人税法施行規則，減価償却資産の耐用年数等に関する省令等）が定められています。

Ⅴ 脱税と租税回避

　脱税は，課税要件となる事実の一部を隠匿して課税を免れようとする行為です。例えば，売上げを意図的に除外したり，架空の外注費を計上するなどにより所得税を免れる行為がこれに当たります。所得税法は，「**偽りその他不正の行為**」により所得税を免れ，または所得税の還付を受けた者は，10年以下の懲役もしくは罰金刑に処すると規定しています（所法238①）。その他の税目にも同様の規定があります（法法159①，相法68①，消法64①等）。脱税はこのように刑事罰の対象になり，国税局査察部が調査（犯則調査）を行います（通法131〜154）。なお，納税者が「隠蔽または仮装」を行った場合には重加算税が賦課されますが（通法68），「偽りその他不正の行為」と「隠蔽または仮装」とは，大部分が重なり合うものと考えられ，重加算税の賦課要件を満たす行為のうち特に悪質と認められるものが刑事罰の対象とされるものと考えられます。

　脱税に対して，課税要件となる事実の隠匿は行っていないが，租税法の規定を巧みに利用して，法の趣旨・目的に反して租税負担の軽減を図る行為が，**租税回避**と呼ばれます。これに対し，租税法が予定している方法で（したがって法の趣旨・目的に反することなく）租税負担の軽減を図る行為は**節税**と呼ばれます。ただし，租税回避と節税の線引きには難しいものがあります。

　租税回避も節税も，刑事罰の対象とされたり重加算税の対象とされることはありませんが，租税回避に対しては，国はさまざまな租税回避対抗措置を法律によって制定しています。また，所得税法，法人税法，相続税法には，**同族会社の行為計算否認規定**と呼ばれる規定が置かれており，「不当に所得税（又は法人税，相続税・贈与税）の負担を減少させる結果となると認められるもの」について行為または計算が否認され，課税されることとなります（所法 157，法法 132，相法 64。なお，消費税法には行為計算否認規定は置かれていません）。

　ここにいう「不当に」がどのようなことを指すのか，さまざまな議論が行われてきましたが，見解の一致がみられないまま，「不当に…税の負担を減少させる」との規定が，組織再編税制（法法 132 の 2），グループ通算税制（法法 132 の 3），恒久的施設（所法 168 の 2，法法 147 の 2）等にも置かれています（column 4 参照）。

---

column 4 「不当性」の判断基準と
包括的租税回避否認規定（GAAR）について

　最高裁は，組織再編税制における行為計算の否認規定（法法 132 の 2）の適用が問題とされた事案で，「同条にいう『法人税の負担を不当に減少させる結果となると認められるもの』とは，法人の行為又は計算が組織再編成に関する税制…に係る各規定を租税回避の手段として濫用することにより法人税の負担を減少させるものであることをいうと解すべきであり，その濫用の有無の判断に当たっては，①当該法人の行為又は計算が，通常は想定されない組織再編成の手順や方法に基づいたり，実態とは乖離した形式を作出したりするなど，不自

然なものであるかどうか，②税負担の減少以外にそのような行為又は計算を行うことの合理的な理由となる事業目的その他の事由が存在するかどうか等の事情を考慮したうえで，当該行為又は計算が，組織再編成を利用して税負担を減少させることを意図したものであって，組織再編税制に係る各規定の本来の趣旨及び目的から逸脱する態様でその適用を受けるもの又は免れるものと認められるか否かという観点から判断するのが相当である」と判示しました（最一判平成 28 年 2 月 29 日民集 70 巻 2 号 242 頁〔ヤフー事件〕，最二判平成 28 年 2 月 29 日民集 70 巻 2 号 470 頁〔ヤフー・IDCF 事件〕）。

　また，最高裁は，同族会社の行為計算の否認規定（法法 132）の適用が問題とされた事例では，「同項にいう『これを容認した場合には法人税の負担を不当に減少させる結果となると認められるもの』とは，同族会社等の行為又は計算のうち，経済的かつ実質的な見地において不自然，不合理なもの，すなわち経済的合理性を欠くものであって，法人税の負担を減少させる結果となるものをいう」と判示しました（最一判令和 4 年 4 月 21 日裁判所ウェブサイト〔ユニバーサル・ミュージック事件〕）。

　ところで，わが国の租税回避否認規定は，同族会社，組織再編税制，グループ通算制度，恒久的施設の所得計算というさまざまな分野にばらばらに置かれていますが，包括的（または一般的）租税回避否認規定（GAAR：General Anti-Abuse Rule）を持つ国も多数あります（米国，英国，ドイツ，カナダ，オーストラリア等）。わが国では，昭和 37（1962）年の国税通則法制定時に包括的租税回避否認規定の導入の議論がありましたが，強い反対論があり，見送られたまま今日に至っています。導入に消極的な意見は，①包括的租税回避否認規定は，その性質上適用要件の規定が曖昧にならざるを得ないため，租税法律主義（特に課税要件明確主義）の観点から望ましくないこと，②新たな租税回避行為がみつかった際にはその都度個別の租税回避否認規定を制定すれば足りることなどをあげます。他方，導入に積極的な意見は，①どのような租税回避が行われるかを事前に予想して対抗装置を講じることは難しいこと，②新たな租税回避行為がみつかるごとに個別の租税回避否認規定を制定することでは，制定前の租税回避行為には対抗できず，法令の規定も複雑化することなどを指摘しています。

第**2**章

所 得 税

I 所得税の特徴と所得概念

1. 所得税の特徴

　所得税は，基本的には個人の「所得」に対して課される国税です。所得税の税収は，国の令和4（2022）年度当初予算で租税印紙収入の31.2％となっており，消費税に次ぐ大きなウェイトを占めています。また，納税者数も国税の中で最大であり，国の基幹的な税ということができます。

　所得税は，所得という納税者の担税力（税を負担する能力）を端的に示すものを課税対象としています。各種の所得控除（後述）を適用することにより納税者の個人的事情を反映しやすく，税率に所得が高いほど高い税率となる超過累進税率を採用していることと相まって，担税力に応じた課税が行われるような仕組みがとられています。

2. 所得概念

　前述のように所得税の課税物件は「所得」ですが，どのようなものを課税対象となる「所得」と捉えるかについては，制限的所得概念と包括的所得概念の2つの考え方があります。

制限的所得概念は，地代・家賃，給与，配当，事業からの収入など一定の所得源泉から継続的に発生する収入のみを所得と考え，一時的・偶発的に得られる収入は所得から除外する考え方です。わが国でも戦前の所得税法はこのような考えによっていました。

一方，包括的所得概念は，一時的・偶発的な収入であっても，人が収入等の形で新たに得た経済的利得をすべて所得と考えるものです。言い換えると，個人の純資産を増加させるあらゆる収入に所得を見出すものであることから，純資産増加説と呼ばれることもあります。

わが国の所得税制は戦後に総合所得税制度に移行し，現行の所得税法は，所得が生じる原因を限定しないで所得を捉えていることから，包括的所得概念の考え方を採用しているといえます。具体的にいうと，後で所得区分のところで説明するように，①一時所得のように一時的・偶発的に生じる収入も所得として捉えていること，②他の所得のどれにも当てはまらない所得も雑所得として課税対象としていることなどは，現行の所得税法が包括的所得概念を採用していることを示すものと考えられます。

3. 帰属所得と未実現の利得

包括的所得概念の下では経済的利得であり，所得を構成すると考えられるものであっても，現実には課税されないものがあります。

1つは，自分で自宅の清掃をしたり自己の持ち家を利用することによりサービス料や家賃分の利益を受ける場合のように，自己の労働や所有資産の利用から生じ，市場を経ないで自己に直接帰属する所得で，帰属所得と呼ばれるものです。

もう1つは，所有資産が値上がりしたことによる資産の価値の増加益で，その資産を売らずに保有し続けていて，ただ資産の価値が上がっただけというような場合で，未実現の利得と呼ばれるものです。

これらものは，経済的利得ではあっても，まだ「収入」という形になっていません。所得税法は「収入」を所得計算の基礎としており，収入があって初めて所得の計算が可能となることから，帰属所得や未実現の利得について

は原則として課税対象としていません。例外的に課税対象とするものについ
ては，所得税法は個別に規定を置いています（所法 39 のたな卸資産等の自家
消費の場合の総収入金額算入の規定や所法 41 の農産物の収穫の場合の総収
入金額算入規定など）。

4. 非課税所得

　所得税は，原則として個人のすべての所得に対して課税することとされて
います（包括的所得概念による）が，特定の所得については，社会政策その
他の見地から，個別に規定を設けて所得税を課さないこととしています。こ
れらのものを非課税所得といいます。

　非課税所得については，原則として何らの手続を要することなく課税対象
から除外され，所得計算上初めからなかったものとして扱われます。逆に，
非課税所得について損失が生じた場合でも，その損失はなかったものとみな
されます（所法 9 ②）。

　非課税所得の根拠規定については，基本的なものは所得税法に規定を置い
ていますが，その他に租税特別措置法で定めたり，個別の法令で非課税規定
を設けているものもあります。

　非課税所得をその趣旨別に主なものを概観すると以下のようなものがあり
ます。

（1）　障害者等の税負担の軽減および貯蓄奨励策に基づくもの
- 障害者等の少額預金の利子所得等（所法 10）
- 勤労者財産形成住宅（または年金）貯蓄の利子所得等で元本 560 万円ま
  でのもの（措法 4 の 2，4 の 3）

（2）　実費弁償的性格に基づくもの
- 給与所得者の出張旅費，転勤旅費等（所法 9 ①四）
- 給与所得者の通勤手当（所法 9 ①五，所令 20 の 2）
  最高で月額 15 万円までで，それを超える金額は給与所得として課税さ

れます。

- 給与所得者が受ける職務上必要な給付（所法9①六）

（3） 社会政策的配慮（担税力）に基づくもの

- 傷病者や遺族などが受ける恩給，年金，特別給付金等（所法9①三）
- 家具，じゅう器，衣服等生活に通常必要な動産の譲渡による所得（所法9①九）

  生活に通常必要な動産であっても，宝石，書画，こっとう等で1個または1組の価額が30万円を超えるものの譲渡による所得は課税されます（所令25）。
- 学資金および扶養義務を履行するために給付する金品（所法9①十五）
- 心身に加えられた損害または突発的な事故により資産に加えられた損害に基因して受ける損害保険金，損害賠償金，見舞金等（所法9①十八，所令30）

（4） 公益的な目的に基づくもの

- 文化功労者年金，学術または芸術奨励として交付される金品，ノーベル賞として交付される金品（所法9①十三）

（5） 二重課税の防止に基づくもの

- 相続，遺贈または個人からの贈与により取得するもの（所法9①十七）

  相続等によって財産を取得した個人は，相続税法により，その取得した財産について相続税または贈与税が課せられるので，所得税との二重課税を避けるために非課税とされています。

  これに関しては，年金払特約付きの生命保険契約に基づく年金受給権を相続し（相続税が課税される），その後その年金受給権に基づいて支払を受けた年金が所得税の課税対象となるか争いがありました。裁判所（最三判平成22年7月6日民集64巻5号1277頁）は，毎年支払われる年金のうち年金受給権という形で相続税が課税済みである部分について

は，所得税法の規定により所得税は非課税となると判断しています。

（6）その他

- オリンピック競技大会またはパラリンピック競技大会における成績優秀者を表彰するものとして交付される金品（所法 9 ①十四）
- 非課税口座内の少額上場株式等に係る配当所得・譲渡所得等（措法 9 の 8，措法 37 の 14）
- 宝くじの当せん金（当せん金付証票法 13）

---

column 5 ■ 違法な行為から得られた所得に対する課税

　課税対象となる所得の範囲の議論と関連して，違法とされる行為から得られた利得が所得税の課税対象となるかについては，課否両方の考え方があります。

　「違法な所得」は課税すべきでないとする立場からは，①課税をすることは国がその違法行為にお墨付きを与えているととられかねない，②違法な行為による利得はいずれ返還されるべきものである，といったことが理由としてあげられそうです。

　一方，包括的所得概念の考え方からすれば，個人が収入等の形で得た経済的利得はすべて課税対象とすべきであり，利得を得るための行為の善悪は課税とは無関係であるということになります。

　判例は，利息制限法の制限利率を超える高い利率で融資を行っていた事案（利息制限法違反利息事件）において，「課税の対象となるべき所得を構成するか否かは，必ずしも，その法律的性質のいかんによって決せられるものではない」とし，「制限超過部分を含めて，現実に収受された約定の利息・損害金の全部が貸主の所得として課税の対象となる」と判示しています（最三判昭和 46 年 11 月 9 日民集 25 巻 8 号 1120 頁）。

　税務当局の通達が，所法 36 条の「収入金額」について，「その収入の基因となった行為が適法であるかどうかを問わない」（所基通 36-1）としているのも，同様の考え方に立つものといえるでしょう。

II 課税単位

　個人の「所得」に課税するに当たっては，どの範囲の人の所得を1つとみて所得の大きさを計るかが問題となります。所得額を計算するときに1つとして扱うこととされた個人の範囲を**課税単位**といいます。

　学説上，課税単位は，個人を単位とする個人単位主義の考え方と，消費を共通に行う個人の集団（夫婦や家族など）を単位とする消費単位主義の考え方に大別されます。所得が多くなるほど高い税率が適用される累進税率の下では，課税単位の決め方によって納税者の税負担が異なってくるので，さまざまな納税者にどのように所得税の負担を負わせるのが公平かという問題にかかわってきます。

　個人単位主義と夫婦単位主義あるいは家族単位主義とでは，それぞれ利点と問題点があります。個人単位主義は，所得分割の問題が起こりやすいという面がありますが，結婚しているかどうかで所得税額に変化はなく，婚姻中立性に優れているといえます。一方，夫婦単位主義や家族単位主義では，既婚者と独身者の公平や共稼ぎ夫婦と片稼ぎ夫婦の公平の問題があるとされています。

　課税単位の決め方は，国や時代によっても異なります。わが国では，戦前の所得税法は，家族の所得を合算して課税する家族単位主義をとっていましたが，戦後，シャウプ勧告に基づく税制改正により昭和25（1950）年からは，家族の各個人の所得は別々に課税する個人単位主義がとられるようになり，今日に至っています。

III 所得税計算の基本的な仕組み

　所得税額算出のための詳しい手順を説明する前に，ここでは所得税計算の基本的な仕組みについて概観することにします。

1. 所得税額計算の単位

わが国の所得税は，①個人ごとに，②暦年を単位として課税されることになっています。

所得税の納税義務は暦年の終了時に成立します（通法15②）。1年分の所得を合計して，暦年ごとに毎年1回課税が行われます。

所得税の納税義務者は原則として個人ですが，その居住の態様に応じて居住者，非居住者に区分され（所法5①②），課税される所得の範囲が異なります。また，法人も，利子，配当，報酬および料金等の特定の所得については所得税の納税義務者となり（所法5③④），源泉徴収が行われます。

個人納税者の区分と課税される所得の範囲

居住者：日本国内に住所がある個人，または現在まで引き続いて1年以上居所を有する個人を居住者といいます（所法2①三）。

非永住者：居住者のうち，日本国籍を有しておらず，かつ，過去10年以内において国内に住所または居所を有していた期間の合計が5年以下である個人を非永住者といいます（所法2①四）。

非居住者：居住者以外の個人，すなわち日本国内に住所も1年以上の居所もない個人を非居住者といいます（所法2①五）。

非永住者以外の居住者には，日本国内で生ずる所得だけでなく，外国で生ずる所得についても所得税がかかります。非永住者には，日本国内で生ずる所得の全部と外国で生ずる所得のうち日本国内で支払われ，または国外から日本国内に送金された所得について所得税がかかります。非居住者は，日本国内で生ずる所得（国内源泉所得）についてのみ所得税がかかります（所法7①一～三）。

2. 所得税額計算手順の概観

所得税においては，所得を包括的に構成し，原則として，非課税所得を除き，個人が1年間に得たすべての所得を総合して課税することとしています。所得税額の計算の順序については，所得税法21条に規定されています（**図表**

居住者の一年間の所得

非課税所得

課税所得

利子所得の金額
配当所得の金額
不動産所得の金額
事業所得の金額
給与所得の金額
短期譲渡所得の金額
雑所得の金額
長期譲渡所得の金額
一時所得の金額
退職所得の金額
山林所得の金額

損益通算

1／2

損失の繰越控除

〔課税標準〕

総所得金額

退職所得金額

山林所得金額

所得控除

課税総所得金額

課税退職所得金額

課税山林所得金額

税率適用　※

※ ── 算出税額 ── 税額控除 ── 年税額 ┈┈ 源泉徴収税額　予定納税額（確定申告による精算）

出所：税務大学校『税法入門（令和 4 年度版）』29 頁（国税庁 HP）より抜粋。

2-1 参照）。

　所得の金額を計算するに当たっては，所得を 10 種類の所得分類（詳しくは後述）に区分し，まずこれらの所得区分ごとに「所得の金額」を計算します。次に，その計算の結果得られた各「所得の金額」を合算するのですが，その際に一定の種類（不動産所得，事業所得，山林所得，譲渡所得）の所得金額に損失額があれば，他の所得と損失の差引き計算を行います（損益通算等）。

　損益通算等を経て，図表のように，退職所得と山林所得以外の 8 種類の所得を合計して**総所得金額**とし，総所得金額，**退職所得金額**，**山林所得金額**の 3 つに大きくまとめます。

　そうやって得られた総所得金額，退職所得金額，山林所得金額から，課税対象としない部分を所得控除としてさらに差し引き，所得控除後の残額である**課税総所得金額**，**課税退職所得金額**，**課税山林所得金額**をベースとして，累進税率を適用して所得税額（算出税額）を計算します。すなわち，10 種類の

所得区分のうち 8 種類の所得（利子, 配当, 不動産, 事業, 給与, 譲渡, 一時, 雑）は合算され課税総所得金額として累進税率を適用し, 他の 2 種類の所得（課税退職所得金額, 課税山林所得金額）はそれぞれに累進税率を適用することになります。

そこから, 税額控除の対象となるものがあれば税額控除額を差し引いた金額がその年分の所得税額（年税額）となります。

所得税法 21 条に定めるこのような計算の手順に従った所得税額の算出構造を総合課税といいます。

3. 所得区分

現行の日本の所得税法では, 所得をその発生原因や性質に応じて 10 種類の所得区分に分類し, その所得区分ごとに所得金額を計算することにしています。

最終的には所得を総合して課税することになるにもかかわらず, 所得を区分する理由や意義については, 所得の性質により担税力が異なると考えられることがあげられます。各種所得の性質（担税力）に応じた所得金額の計算方法を定めておく必要があるわけです。

講学上, 10 種類の所得はその性質により次の 4 つのグループに大別して考えることができます。

- 勤労性所得…給与所得, 退職所得
- 資産勤労結合所得…事業所得
- 資産性所得…利子所得, 配当所得, 不動産所得, 山林所得, 譲渡所得
- その他の所得…一時所得, 雑所得

一般に, 人の勤労から得られる所得（勤労性所得）と人の資産から得られる所得（資産性所得）を比べると, 生身の人の労働力を基としている勤労性所得の方が不安定であり, 資産性所得より担税力が小さいと考えられています。資産勤労結合所得は両者の性質を併せ持ち, 担税力もその中間と考えられます。

Ⅳ 各種所得の所得金額の計算

1. 利子所得

（1） 利子所得の意義

　利子所得とは，①公社債の利子，②預貯金の利子，③合同運用信託の収益の分配，④公社債投資信託の収益の分配，⑤公募公社債等運用投資信託の収益の分配に係る所得をいいます（所法 23 ①）。

　銀行その他の金融機関に対する預貯金の利子が典型例ですが，利子所得の範囲は法令で限定列挙されたものであり，利子に類似したものや一般には「利子」といわれているものであっても，上記に該当しなければ利子所得にはなりません（例えば個人への貸付金に利子を付けて返済を受けた場合には，利子所得以外の所得区分になります）。

　この点について裁判例は，所得税法にいう預金は民法 666 条の消費寄託の性質を有する金銭であり，金銭消費貸借契約に基づき受け入れた金銭に対して支払われるものは利子所得に当たらない，と判断しています（東京高判昭和 39 年 12 月 9 日行集 15 巻 12 号 2307 頁）。通説も，利子所得は定期に定率で多数の者に同じ条件で支払われる点に特色があると説明しています。

（2） 利子所得の計算と課税方法

　利子所得の金額は，その年中の利子等の収入金額とするとされています（所法 23 ②）。すなわち，利子等の収入金額がそのまま所得金額となり，仮に経費がかかったとしても，それを控除することはできません。

　所得税法では，利子所得は他の所得と合計して総所得金額として課税される（総合課税）ことになっています（所法 22 ②）。しかし現在は，租税特別措置法 3 条に特別の定めを設け，国内で支払われるものについては，他の所得と区分して金融機関等が支払う利子等からその 15％を源泉徴収し（ほかに復興特別所得税 0.315％，住民税 5％が源泉徴収されます），それによって課

税が完結する（一律源泉分離課税制度）ことになっています（措法 3 ①）。

なお，平成 28（2016）年 1 月 1 日以後に支払われる特定公社債等[1]の利子等については，支払時に上記の税率で源泉徴収したうえで申告分離課税の対象となります（源泉徴収税額は申告時に控除）（措法 8 の 4）が，確定申告しない選択も認められています（措法 8 の 5）。

2. 配当所得

(1) 配当所得の意義と範囲

配当所得とは，法人から受ける剰余金の配当，利益の配当，剰余金の分配，基金利息ならびに投資信託（公社債投資信託および公募公社債等運用投資信託を除く）の収益の分配および特定受益証券発行信託の収益の分配をいいます（所法 24 ①）。出資者が法人から受け取る利益の配当，剰余金の配当や分配（出資の返還部分を除く）と，これらと同様の性質を持つ一定の投資信託などの収益の分配を指すものといえます。

判例は，商法上不適法な配当（蛸配当等）も所得税法上の利益配当に含まれ得るが，損益計算上利益の有無にかかわらず支払われる株主優待金は利益配当に当たらないとしています（最二判昭和 35 年 10 月 7 日民集 14 巻 12 号 2420 頁〔鈴や金融株式会社事件〕）。

なお，本来の配当ではないが税法上は配当とみなされる所得があり，株主が，法人の合併，資本の払戻しまたは解散による残余財産の分配などにより支払いを受ける額が法人の「資本等の金額」を超える場合のその超える金額が配当とみなされます（所法 25）。

(2) 配当所得の計算と課税方法

配当所得の金額は，その年中の配当等の収入金額から株式等の配当所得を生じる元本を取得するために要した負債の利子（借入金の支払利息）を控除

---

[1] 特定公社債等とは，公社債のうち国債，地方債，外国国債，公募公社債，上場公社債，国際機関が発行する公社債などをいいます（措法 3 ①）。

した金額です（所法 24 ②）。

配当所得の金額＝収入金額－元本取得に要した負債の利子の金額

配当所得の課税方法は，所得税法の原則は，支払時に 20％の税率で源泉徴収（所法 181, 182）されたうえで，他の所得と合わせて総合課税を行い，その算出税額から配当控除の規定（所法 92）による税額控除を行うことになっています。

しかしながら，配当所得に対する課税の簡素化，利子所得課税との中立性の確保，有価証券への投資の推進等の目的から，租税特別措置法で以下のように大幅な例外が設けられていることに注意する必要があります。

（イ）いわゆる少額配当（1 つの法人から年間 10 万円以下），上場株式等の配当[2]については源泉徴収のうえで申告不要を選択できる（配当控除なし）（措法 8 の 5）。

（ロ）上場株式等の配当については申告分離課税を選択することもできる（配当控除なし）（措法 8 の 4）

これらの上場株式等の特例（上記の（イ），（ロ））については，発行済株式の 3％以上を保有する大株主には適用されず，原則どおりの課税となります。

（イ）の例外規定の結果，源泉徴収の税率で源泉分離課税されるのと同じ効果を持つことになり，上場株式等については源泉徴収税率が 15％となりますから，利子所得と同様の課税を受けることになります。なお，（ロ）で申告分離課税を選択可能としているのは，上場株式等について，その譲渡により損失が生じた場合に配当所得から控除できることにする点に意味があります。

▍3. 事業所得

(1) 事業所得の意義

事業所得とは，農業，漁業，製造業，卸売業，小売業，サービス業その他

---

[2] 上場株式等の配当に係る源泉徴収税率は 15％とされています（措法 9 の 3）。

の事業で政令で定めるものから生ずる所得をいいます（所法27①）。政令では，事業の範囲として農業以下11種類の事業を列挙したうえで，前掲のほか「対価を得て継続的に行う事業」としています（所令63）。結局，法令では事業所得の内容を例示的に示しているだけで，事業の範囲は明示されていません。

　そこで，事業所得の意義については，所得区分について争われた裁判例の判断等を参考に理解する必要があります。リーディングケースとされているのは，弁護士の顧問料収入が事業所得か給与所得かが争われた事件で，判例は判断の一応の基準として，「事業所得とは，自己の計算と危険において独立して営まれ，営利性，有償性を有し，かつ反覆継続して遂行する意思と社会的地位とが客観的に認められる業務から生ずる所得」をいうとしています（最二判昭和56年4月24日民集35巻3号672頁〔弁護士顧問料事件〕）。給与所得との区分においてポイントとなる属性は「独立性」であり，自己の危険と計算によって独立して対価を得ることから，損失の危険を負うものといえるでしょう。

　また，事業所得か雑所得かの区分が問題になることもあります。その所得の発生の原因となった経済活動が「社会通念上事業と言えるか」によって判断することになります（福岡高判昭和54年7月17日訟月25巻11号2888頁〔会社取締役商品先物取引事件〕）。事業所得と雑所得の区分は，損失が発生した場合に後述する損益通算が可能かどうかにかかわる（雑所得なら損失を他の所得から引けない）ので，実務上は重要な問題となります。

(2)　事業所得の計算

　事業所得の金額は，その年中の事業所得に係る総収入金額から必要経費を控除した金額です（所法27②）。

　　事業所得の金額＝総収入金額－必要経費

　総収入金額と必要経費の内容については，別項で詳しく説明します。
　現行税法上では原則として収入とは考えられていない未実現の利得のうち，

一定のものについては特定の時点を捉えて総収入金額に算入する特例規定があります。たな卸資産等の自家消費（所法39），たな卸資産等の贈与・低額譲渡（所法40），農産物の収穫（所法41）といった場合です。

また，損失については，所得税法には損失を一般的に控除する規定はありませんが，事業所得に関連した一定の損失（事業用固定資産に生じた資産損失，貸倒損失）は必要経費に算入し，その損失の生じた日の属する年分に計上されます（所法51①②）。

(3) 青色申告制度

事業所得に関連する事柄として，ここで青色申告制度について概説しておきます。

青色申告制度とは，一定の帳簿書類を備え付け，それに基づいて正確に所得を計算する納税者について税法上の特典を与えることを内容とする制度です。申告納税制度が円滑に実施されるためには，納税者が自ら正しい記帳に基づく適正な申告と納税を行うことを推進する必要があります。そこで，シャウプ勧告に基づく昭和25（1950）年の税制改革で青色申告制度が設けられ，この制度の普及を図るための施策として，青色申告者に種々の税法上の特典を与えているものです。

青色申告をすることのできる納税者は，事業所得のほか不動産所得または山林所得を生ずべき業務を行う者です。これらの者が，一定の帳簿書類を備え付けて記帳を行い，税務署長へ青色申告の承認申請書を提出して，あらかじめ承認を受けることにより，青色申告が可能となります（所法143，144）。

青色申告者にはさまざまな税制上の特典が与えられていますが，所得計算上重要なものとしては次のようなものがあります。

①適正な青色事業専従者給与額の必要経費算入（所法57①）（必要経費のところで後述します）

②**青色申告特別控除**（措法25の2）

帳簿の電子保存，電子申告等を要件として最大で65万円を差し引くことができます。

4. 不動産所得

(1) 不動産所得の意義

　不動産所得とは，不動産，不動産の上に存する権利（地上権，借地権など），船舶または航空機の貸付けによる所得をいいます（所法 26 ①）。事業的規模で行っている場合でも事業的規模に至らない場合でも，不動産等の貸付けからの収入なら不動産所得となります。

　事業所得または譲渡所得に該当するものは不動産所得から除かれています（所法 26 ①括弧書き）ので，これらの所得との区分が問題となります。

　事業所得との区分については，事業所得は資産勤労結合所得であることから，不動産等の貸付けとともに人的役務の提供と一体になっている場合は事業所得となります（ホテル，食事を供する下宿など）。一方，不動産所得は資産性所得であることから，専ら不動産等の貸付けによって生じたものか，人的役務の提供を伴うとしてもきわめて限られたものである場合は不動産所得となります（アパート，マンションの貸付けなど）。

　譲渡所得との関係については，不動産等の貸付けおよび地上権・借地権の設定に係る所得は原則として不動産所得に当たりますが，建物等の所有を目的とする借地権または地役権の設定に伴う権利金等の対価の額が，その土地の価額の 2 分の 1 を超える場合には，譲渡所得となるとされています（所法 33 ①，所令 79）。

(2) 不動産所得の計算

　不動産所得の金額は，その年中の不動産所得に係る総収入金額から必要経費を控除した金額です（所法 26 ②）。

　　不動産所得の金額＝総収入金額－必要経費

　前述のように不動産等の貸付けについては，事業的規模で行っているか否かにかかわらず不動産所得になるのですが，不動産等の貸付けが事業的規模か事業的規模に至らない業務的規模かによって，必要経費等の取扱いが異なるものがあります。例えば，資産損失（所法 51）や青色事業従者給与のよう

に「事業」が条件とされているものは「業務」には適用がありません。

　事業か業務かの判定は，社会通念上，事業と称するに至る程度の規模で不動産等の貸付けを行っているかにより判定することになりますが，課税実務上は，建物の貸付けが5棟10室以上である場合は通達で原則として事業として扱うこととされています（所基通 26-9）。

┃ 5. 給与所得

(1) 給与所得の意義

　給与所得とは，俸給，給料，賃金，歳費および賞与ならびにこれらの性質を有する給与に係る所得をいいます（所法28①）。

　給与所得は勤労性所得のグループの代表的なものですが，法令上，給料・賃金等の性質を有する給与の内容が明確に定義されているわけではありません。したがって，やはり給与所得の意義については，所得区分について争われた裁判例の判断等を参考に理解する必要があります。

　ここでもリーディングケースとされているのは，事業所得のところで引用した弁護士顧問料事件（最二判昭和56年4月24日）で，判例は判断の一応の基準として，「給与所得とは雇用契約又はこれに類する原因に基づき使用者の指揮命令に服して提供した労務の対価として使用者から受ける給付をいう」としています。

　また，通説は給与所得を「非独立的労働ないし従属的労働の対価と観念することもできる」と説明しています[3]。

　給与所得に当たるかどうかは，形式的・一般的にではなく，実質的・個別具体的に，労務の提供態様や対価の支払態様から判断されます。判断に当たっては，上記から「従属性」と「非独立性」が重要な判断要素となるといえます。

---

[3] 金子宏（2021）『租税法　第二十四版』（弘文堂）246頁。

給与所得の範囲

給与所得の範囲について，判例は，勤労者が勤労者としての地位に基づいて使用者から支払いを受けるものは給与所得に含まれるとしています（最二判昭和 37 年 8 月 10 日民集 16 巻 8 号 1749 頁〔通勤定期券課税事件〕）。

給与所得者が会社から与えられたストックオプション[4]の権利行使益が給与所得になるか一時所得になるかが争われた事例があります。

判例は，親会社が子会社の役員に付与したストックオプションに係る権利行使益の所得区分について，本件権利行使益は職務遂行の対価としての性質を有する経済的利益であり，非独立的な労務の対価として給付されたものとして給与所得に当たる，と判示しています（最三判平成 17 年 1 月 25 日民集 59 巻 1 号 64 頁）。

また，従業員が本来の給与に加えて受ける金銭以外の追加的給付（フリンジベネフィット）については，包括的所得概念の下では理論的には所得に当たりますが，課税実務ではかなり広範囲に課税しない取扱いとなっています。例えば，一定の通勤手当や職務遂行上必要なため給付されるもののように法令で非課税とされているもののほか，一定のレクリエーション費用の使用者負担など通達で課税しないこととされているものもあります。

(2) 給与所得の計算と課税方法

給与所得の金額は，その年中の給与等の収入金額から**給与所得控除額**を控除した残額です（所法 28 ②）。

給与所得の金額＝収入金額－給与所得控除額

事業所得のように必要経費を控除するのではなく，法律で定める一定額の給与所得控除額を控除する点が大きな特徴です。給与所得控除は，勤務費用の概算控除と他の所得との負担調整のための特別控除の 2 つの要素を含むも

---

[4] ストックオプションとは，あらかじめ定められた価格（権利行使価格）で，一定数の一定の株式を売ってもらう権利のことをいいます。

のと考えられています。

　給与所得控除額は，所得税法の規定に基づき給与収入金額に応じて所定の計算により求められる額であり，令和2（2020）年分以降は最低で55万円，最高で195万円となっています（所法28③）（給与収入が850万円を超えると控除額が195万円で上限となります）。

特定支出控除

　給与所得について実額での必要経費控除を認めないのは憲法14条（法の下の平等）違反だと主張して争った訴訟[5]が契機となり，昭和62（1987）年の税制改正で特定支出控除の制度が設けられました。

　現行の特定支出控除制度（所法57の2）では，その年中の特定支出（通勤費，転勤費用，研修費，資格取得費用など法律で列挙されたもの）の合計額が給与所得控除額の2分の1を超えるときに，その超える部分を給与所得控除額に追加して控除することができるとされています。

源泉徴収と年末調整

　給与所得の課税方法のもう1つの大きな特徴として，源泉徴収と年末調整があります。

　給与の支払いをする者は，給与の支払いのつど所得税の源泉徴収を行い国に納付することになっています（所法183）。いわゆる給与の天引きです。そして，年間の給与額が2,000万円以下である者に対しては，その年最後に給与の支払いをする際に，その年分の給与所得について納付すべき所得税額との過不足を調整する年末調整を行います（所法190）。

　これにより，年間の給与金額が2,000万円を超える者や年末調整の対象とならない所得控除（医療費控除など）がある場合等を除き，原則として給与所得者は確定申告をする必要がないこととされています（所法121①）。

5）いわゆる大嶋訴訟（最大判昭和60年3月27日民集39巻2号247頁）で，最高裁は現行の給与所得控除制度は憲法14条違反ではないと判断しました。

6. 退職所得

(1) 退職所得の意義

　退職所得とは，退職手当，一時恩給その他の退職により一時に受ける給与およびこれらの性質を有する給与に係る所得をいいます（所法 30 ①）。退職所得は，勤労に対する報酬である点では給与所得と類似しますが，退職に際して一時に支給される点や，通常退職後の生活保障のための最後の報酬であり担税力が弱いことから，給与所得と区分して計算し優遇した課税がなされます。

　退職所得の範囲については，勤続 5 年ごとに退職金名目で支給される金員が退職所得に当たるか争われた事件があります。判例は，退職所得というためには，①退職すなわち勤務関係の終了という事実によって初めて給付されること，②従来の継続的な勤務に対する報償ないしその間の労務の対価の一部の後払いの性質を有すること，③一時金として支払われること，の要件を備えることが必要であるとしています（最二判昭和 58 年 9 月 9 日民集 37 巻 7 号 962 頁〔5 年退職事件〕）。

　また，法律で「これらの性質を有する給与」も退職給与に含めており，例えば，形式的には「退職」といえない場合であっても，使用人から役員になった者に対して使用人であった勤続期間について支払われる手当（いわゆる打切り支給）などは通達で退職手当に当たるとされています。

(2) 退職所得の計算と課税方法

　退職所得の金額は，その年中の退職手当等の収入金額から**退職所得控除額**を控除した残額の 2 分の 1 に相当する金額です（所法 30 ②）。

　　退職所得の金額 ＝（収入金額 － 退職所得控除額）$\times \dfrac{1}{2}$

退職所得控除額は，所得者の勤続年数に応じて，

（イ）勤続年数が 20 年以下の場合は，40 万円 × 勤続年数

（ロ）勤続年数が 20 年を超える場合は，800 万円 ＋ 70 万円 ×（勤続年数 － 20 年）

とされています（所法30③）。

　ただし，上記の2分の1課税の例外として，退職手当等が特定役員退職手当等（勤続年数が5年以下の役員等に支給される退職手当等）である場合には，2分の1課税の適用はなく，退職手当等の収入金額から退職所得控除額を控除した残額が退職所得の金額になります（所法30②⑤）。

　また，令和3（2021）年度税制改正により，令和4（2022）年分以後，特定役員退職手当等に当たらなくても，勤続年数5年以下の場合の退職手当等を短期退職手当等と呼び，収入金額から退職所得控除額を控除した残額のうち300万円を超える部分については2分の1課税を適用しないこととなりました（所法30②④）。

　退職所得については，他の所得と合計することなく，分離して課税退職所得金額に税率をかけて税額を計算します。通常の場合は，支払者（会社）が受給者の提出する退職所得の受給に関する申告書に基づき，所得税額を計算し源泉徴収することによって課税関係は終了します。

7．譲渡所得

(1)　譲渡所得の意義

　譲渡所得とは，資産の譲渡による所得をいいます（所法33①）。資産の譲渡には，建物または構築物の所有を目的とする地上権・賃借権（いわゆる借地権）の設定等で対価が時価の2分の1を超えるもの（所令79）を含みます。

　通説・判例は，譲渡所得の本質は所有資産の価値の増加益（キャピタル・ゲイン）であり，資産が譲渡された機会に所有期間中のその資産に生じた価値の増加益を清算して課税するものであるとしています（清算課税説）（判例として最一判昭和43年10月31日訟月14巻12号1442頁）。

　譲渡所得を発生させる「資産」は，経済的な価値があって他人に移転可能なものすべてと考えられます。ただし，現金，金銭債権は値上がりや値下がりを考えることができないため除きます。

　また，「譲渡」の意義については，有償無償を問わず資産を移転させる一切の行為と考えられており，売買，交換のほか代物弁済，現物出資，公売や無

償による譲渡も含まれます（無償譲渡については後述）。判例は，離婚による財産分与についても，財産分与義務の消滅という経済的利益を得ており，分与者にとって資産の譲渡に当たると判断しています（最三判昭和50年5月27日民集29巻5号641頁）。

　一方，資産の譲渡であっても，たな卸資産の譲渡その他営利を目的として継続的に行われる資産の譲渡は事業所得となるため除かれます（所法33②）。

(2) 譲渡所得の計算と課税方法

　譲渡所得の課税方法は，所得税法の原則は総合課税ですが，重要な資産の譲渡について租税特別措置法の特例で分離課税とされているものがあるので注意が必要です。以下，原則から順にみていくことにします。

譲渡所得の金額（原則）

　譲渡所得は，**短期譲渡所得**（資産の取得後5年以内にされた譲渡による所得）と**長期譲渡所得**（資産の取得後5年を超えて保有した後に譲渡した場合の所得）の2グループに区分して，次により所得金額を計算します（所法33③）。

　　　譲渡所得の金額＝譲渡益－特別控除額（最高50万円）
　　　譲渡益＝［短期譲渡所得の総収入金額－（資産の取得費＋譲渡費用）］
　　　　　　＋［長期譲渡所得の総収入金額－（資産の取得費＋譲渡費用）］

　譲渡所得を長期と短期に分けるのは，資産の保有期間中に溜まった増加益が一挙に課税対象となるため，平準化措置により高い累進税率を緩和する必要があるためです。長期譲渡所得の金額は，平準化措置としてその2分の1のみを総所得金額に算入します（所法22②）。

　ここで資産の**取得費**とは，資産の取得に要した金額ならびに設備費および改良費の額の合計額とされています（所法38①）。その資産が家屋その他減価償却資産である場合には，取得費はもともとの取得に要した費用から減価

償却費の合計額を控除した金額とされます（所法38②）。

（3）贈与等の場合の特例

　贈与などの無償譲渡（著しく低い価額による譲渡を含む）の場合には，贈与等が行われた際に時価で譲渡されたものとみて課税を行うみなし譲渡課税か，取得費の引継ぎよる課税繰延かのどちらかが行われます。現行法では，その時点では資産の増加益が具体的に顕在化しないことも考慮し，資産移転の原因，相手方（個人か法人か）等により以下のように課税処理を使い分けています。

　（イ）法人に対する贈与・遺贈，法人にする著しく低い価額（時価の2分の1未満）での譲渡，個人に対する限定承認に係る相続・包括遺贈の場合は，みなし譲渡課税（時価で譲渡されたものとみなされる）（所法59①）

　（ロ）個人に対する贈与，限定承認以外の相続・遺贈，個人にする著しく低い価額での譲渡の場合は，課税繰延べ（取得費を引き継ぎ保有期間も通算される）（所法60①）

（4）分離課税の特例

　譲渡所得の対象となる主要な資産である土地・建物と株式については，租税特別措置法により総合課税でなく分離課税とする特例制度が設けられています。

イ　土地・建物等に関する特別措置

　土地・建物等の譲渡所得は，土地政策の観点から長期と短期とを分けて申告分離課税とされ，長期譲渡所得については15％，短期譲渡所得については30％の比例税率で課税されます（措法31，32）。

　長期と短期の区分は，譲渡した年の1月1日において所有期間が5年を超えているかどうかで判定します。また，分離課税の場合，50万円の特別控除額は適用されません。

□　株式に関する特別措置

株式の譲渡所得については，現行制度の原則は申告分離課税です（所得税
15％，ほかに住民税 5％）（措法 37 の 10，37 の 11）。

このうち，上場株式等についてはさらに選択肢があり，

①特定口座内保管上場株式等について，源泉徴収のみで確定申告不要にで
　きる

②上場株式等の譲渡損失について，（申告分離課税を選択した）配当所得
　との損益通算，3 年間繰り越しての控除が可能

といった特例制度が利用可能です。

8. 山林所得

(1) 山林所得の意義

山林所得とは，山林（取得後 5 年を超えて保有したもの）の伐採または譲
渡による所得をいいます（所法 32 ①②）。ここで「山林」とは木材にするた
めの樹木のことをいい，山林を伐採して譲渡することによる所得，または山
林を伐採しないで立木のまま譲渡することによる所得が対象となります。

山林所得の性質は，山林を 5 年超の長期間にわたり管理・育成し，その結
果として蓄積された増加益が伐採または譲渡により実現するのを機会に，こ
れを清算して課税する趣旨のものといえます。

(2) 山林所得の計算と課税方法

山林所得の金額は，その年中の山林所得に係る総収入金額から必要経費を
控除し，その残額から特別控除額（最高 50 万円）を控除した金額です（所法
32 ③④）。

山林所得の金額＝総収入金額－必要経費－特別控除額（最高 50 万円）

(注) 山林の経営には長期間を要し必要経費の正確な把握には困難を伴うこと等を考慮
し，長期にわたり所有していた山林の必要経費については，簡便計算（所法 61 ①）
や概算経費率（収入金額の 50％）（措法 30）の規定が設けられています。

山林所得は長期間にわたり蓄積した増加益が一時に実現するものであり，税負担を平準化するために，他の所得と分離して（課税山林所得金額として）課税され，税率の適用についても，いわゆる**五分五乗方式**で税額を計算する（所得金額の5分の1に累進税率表を適用し得られた税額を5倍する）ことにより，累進税率の緩和が図られています（所法89①）。

9. 一時所得

(1) 一時所得の意義

一時所得とは，利子所得，配当所得，不動産所得，事業所得，給与所得，退職所得，山林所得，譲渡所得以外の所得のうち，営利を目的とする継続的行為から生じた所得以外の一時の所得で，労務その他の役務の提供または資産の譲渡の対価としての性質を有しないものをいいます（所法34①）。

具体例としては，懸賞の賞金品，競馬の馬券の払戻金（一般的なもの），生命保険の満期保険金，法人からの贈与，借家の立退料などがあげられます（所基通34-1）。

競馬の当たり馬券の払戻金については，従来は一時所得と考えられてきましたが，近年，インターネットを利用して機械的網羅的に馬券を大量購入することを反覆継続して多額の利益を上げた場合の所得区分が争われた事例が現れました。判例は，営利を目的とする継続的行為から生じた所得であるか否かは，行為の期間，回数，頻度その他の態様，利益発生の規模，期間その他の状況等の事情を総合勘案して判断するとし，このような場合は一時所得でなく雑所得に当たり，外れ馬券の購入費用を必要経費として認める判断を示しています（最三判平成27年3月10日刑集69巻2号434頁）。

(2) 一時所得の金額の計算

一時所得の金額は，その年中の一時所得に係る総収入金額からその収入を得るために支出した金額を控除し，その残額から一時所得の特別控除額（最高50万円）を控除した金額です（所法34②③）。

$$一時所得の金額 = 総収入金額 - その収入を得るために支出した金額$$
$$- 特別控除額(最高 50 万円)$$

　一時所得の金額はその 2 分の 1 の額が総所得金額に算入されます（所法 22 ②）。このように，特別控除や 2 分の 1 課税を行うのは，少額不追及の考慮，および一時的・偶発的な所得の担税力が小さいことの考慮によるものと考えられます。

10. 雑 所 得

（1） 雑所得の意義

　雑所得とは，利子所得，配当所得，不動産所得，事業所得，給与所得，退職所得，山林所得，譲渡所得および一時所得のいずれにも該当しない所得をいいます（所法 35 ①）。すなわち，利子所得から譲渡所得までの 8 種類の所得以外の所得のうち一定のものがまず一時所得とされ，それ以外のものはすべて雑所得となります。

　現行法上，雑所得は①公的年金等に係る雑所得と②その他の雑所得の 2 つに分類されます。

　②のその他の雑所得を統一的・積極的に定義することはできず，営利を目的として継続的に行った行為の成果だが事業とはいえない程度のもの，趣味の活動などに関連した一時的・偶発的労務提供の対価などが含まれます。

（2） 雑所得の金額の計算等

　雑所得の金額は，上記の①と②の分類に応じ，①その年中の公的年金等の収入金額から公的年金等控除額を控除した金額，および②その他の雑所得に係る総収入金額から必要経費を控除した金額を合計したものとされています（所法 35 ②）。

　公的年金等控除額は，公的年金等の収入金額を基準として算出されますが，年齢（65 歳以上か），公的年金等以外の所得の額に応じて計算方法が異なり

ます（所法 35 ④，措法 41 の 15 の 3 ①）[6]。

　雑所得については，後述するように損益通算の対象外とされているため，雑所得の計算上損失が生じてもそれを他の所得から差し引くことはできません（所法 69 ①）。

　なお，公的年金等については，源泉徴収の対象とされており（所法 203 の 2），公的年金等の収入金額が 400 万円以下の場合は原則として確定申告は必要ありません（所法 121 ③）。

収入金額

1. 収入金額の意義

　各種所得の所得金額計算においては，前節で説明したように，総収入金額または収入金額から必要経費または特定の控除額を控除して計算します。

　収入金額について，所得税法は 36 条に通則的規定を置いており，そこでは，収入金額とすべき金額または総収入金額に算入すべき金額を，原則として「その年において収入すべき金額」と規定しています（所法 36 ①）。

　収入すべき金額とは，まだ現実の収入がなくても収入する権利の確定した金額のことであり，判例・通説は，**権利確定主義**を採用したものと解しています（最二判昭和 49 年 3 月 8 日民集 28 巻 2 号 186 頁）。例えば，所有権が移転し，または役務の提供等があったこと等により代金債権が確定した時には，まだ現実の収入が入っていなくても収入金額となります。

　収入すべき金額には，金銭以外の物または権利その他経済的な利益をもって収入する場合もこれに含まれます。また，その収入の基因となった行為が適法であるかどうかを問いません。

---

[6] 65 歳以上の者は，租税特別措置法で公的年金等控除額が増額されています。

▌2. 収入金額の計上時期（各論）

　所得税法は「収入すべき金額」について権利確定主義を採用していると考えられていますが，その例外として，収入を受け取る権利が法的に確定していなくても，現実にその所得を自分の所得として自由に支配し処分できるような場合には，「収入すべき金額」と判断する（管理支配主義）ことがあります。

　判例も，裁判でまだ争われている増額賃料債権について，係争中であっても，これに関しすでに金員を収受し，所得の実現があったとみることができる状態が生じたときには，その時期の属する年分の収入金額として所得を計算すべきとしています（最二判昭和 53 年 2 月 24 日民集 32 巻 1 号 43 頁）。

課税実務での取扱い

　課税実務では，税務当局が統一的に執行を行うため，所得区分と取引の類型ごとに基本通達で収入金額の計上時期を示しています。典型的なものの概要は以下のとおりです。

- ● 利子所得　　　　　定期預金は契約期間の満了日
- ● 配当所得　　　　　株主総会のあった日
- ● 不動産所得　　　　契約または慣習による支払日
- ● 事業所得　　　　　たな卸資産の引渡しのあった日，役務の提供を完了した日
- ● 給与所得　　　　　契約または慣習による支給日
- ● 退職所得　　　　　退職の日
- ● 山林所得・譲渡所得　資産の引渡しのあった日
- ● 一時所得　　　　　支払を受けた日

Ⅵ 必要経費

1. 必要経費の範囲

　不動産所得，事業所得，山林所得，雑所得の各所得の金額は，総収入金額から必要経費を控除して計算します。必要経費は収入を得るために支出した金額であり，投下資本の回収部分を収入から控除するもので，企業会計における費用に相当するものといえます。

　所得税法は37条に必要経費についての通則的規定を置いており，そこでは，「その年分の……必要経費に算入すべき金額は，別段の定めのあるものを除き，これらの所得の総収入金額に係る売上原価その他総収入金額を得るため直接に要した費用の額及びその年における販売費，一般管理費その他これらの所得を生ずべき業務について生じた費用（償却費以外の費用でその年において債務の確定しないものを除く。）の額とする。」と規定しています（所法37 ①）。

　この規定から，必要経費には大別して次の2種類のものが含まれることがわかります。

　①総収入金額に係る売上原価，総収入金額を得るため直接に要した費用

　これは，売上原価や工事原価等のように収入と直接対応させることができる費用で，個別対応の必要経費と説明されるものです。

　②その年における販売費，一般管理費その他業務について生じた費用

　これらは，特定の収入と対応しないものであるため，期間対応としてそれが生じた年の必要経費とするもので，期間対応（一般対応）の必要経費と説明されます。

　期間対応の必要経費については，償却費以外はその年において債務が確定していることが必要とされています。

　債務の確定については，次の3つの要件を満たすものと理解されています（所基通37-2）。

- 年末までにその費用に関する債務が成立していること
- 年末までにその債務に基づいて具体的な給付をすべき原因となる事実が発生していること
- 年末までにその金額を合理的に算定できること

なお，所得税法においては，法人税と異なり，「損失」は一般的には必要経費には含まれず，別段の定めとして個別に必要経費に算入するものを規定しています（例えば後述する資産損失）。

2. 必要経費に関する別段の定め

(1) 家事費および家事関連費

所得税は個人の経済活動を対象としているため，個人の生活上（家事上）の経費と事業等の費用が混在していることが多く，両者の区分が問題となります。そのため，所得税法は「家事上の経費及びこれに関連する経費で政令で定めるもの」を必要経費に算入しないこととしています（所法45①一）。

家事上の経費のことを**家事費**といい，これは各個人の消費のための支出に当たりますので，必要経費不算入とするのは確認的な規定であると理解されます。

家事関連費は，家事費（消費）と必要経費の両方の性格を持つ支出のことです。例えば，店舗兼住宅における電気代・水道代，建物の維持費などがあげられます。家事関連費については，①主たる部分[7]が業務の遂行上必要であり，かつ，その必要である部分を明らかに区分することができる場合の当該部分，②青色申告者の家事関連費のうち取引の記録等に基づいて業務の遂行上直接必要であったことが明らかにされる部分，に限り必要経費に算入す

---

[7]「主たる部分」については，通達では，支出のうち業務に必要な部分が50％以下であっても，必要である部分を明らかに区分することができる場合には，その必要な部分を必要経費に算入して差し支えないとしています（所基通45-2）。したがって，課税実務上は，白色申告者を含め，金額の大小にかかわらず，業務の遂行上必要な部分を明らかに区分することができる場合には，必要経費算入が認められることになります。

ることができるとされています（所令96）。

(2) 租税公課, 罰課金等

　租税については税金の種類によって取扱いが異なり, 所得税と住民税は必要経費に算入されません（所法45①二, 四）。

　また, 罰金・科料などの金銭的制裁も必要経費に算入されません（所法45①七）。

(3) 親族が事業から受ける対価

　事業主と生計を一にする配偶者その他の親族が, 事業に従事したことその他の事由によりその事業から対価の支払を受けた場合, その対価の金額は事業主の必要経費に算入されません。また, その親族が, その対価に係る各種所得の計算上, ほかに支払った必要経費とされるものがある場合には, その金額は（当該親族ではなく）事業主の必要経費に算入されます（所法56）。

　日本の所得税法は原則として個人単位主義を課税単位として採用しているのですが, 個人単位主義の下では, 家族間で対価の額を操作することによって, 所得分割が行われる可能性があります。所法56条は, このような所得分割を防ぐための規定と考えられます。

　判例は, 弁護士である夫が独立して弁護士業を営む妻に対して労務の対価を支払った弁護士夫婦事件において, 納税者と配偶者がそれぞれ別に事業を営んでいる場合であっても, 生計を一にする配偶者に対する支払には所法56条の適用があると判断しています（最三判平成16年11月2日訟月51巻10号2615頁）。

　なお, 所法56条の制限には, 事業専従者について次の重要な例外規定があります。

①青色事業専従者給与

　事業主が青色申告者の場合, その事業に専従する親族に対して支払った給与で, 労務の対価として相当なものである場合には, その給与は事業の必要

経費に算入できます（所法57 ①）。

②白色事業専従者控除

事業主が白色申告の場合は，①の適用はできませんが，各事業専従者について所定の金額を必要経費とみなします（所法57 ③）。

(4) 資産損失，貸倒損失

事業用の固定資産に損失が生じた場合には，損失の生じた年分の必要経費に算入されます（所法51 ①）。

また，事業の遂行上生じた売掛金等の債権の貸倒れによる損失は，損失の生じた年分の必要経費に算入されます（所法51 ②）。

VII 所得の人的帰属

1. 実質所得者課税の原則

所得の帰属とは，ある所得があった場合にそれを誰に課税すべきかという問題です。所得税は個人の所得に対して課税するものであるため，形式と実質が一致しない場合に，所得が誰に帰属するかは大事な問題です。

所得税における所得の帰属について，所法12条は実質所得者課税の原則と呼ばれる規定を置いており，「資産又は事業から生ずる収益の法律上帰属するとみられる者が単なる名義人であって，その収益を享受せず，その者以外の者がその収益を享受する場合には，その収益は，これを享受する者に帰属するものとして，この法律の規定を適用する」としています。

この規定の理解の仕方（解釈）については2つの見解があります。

1つは法律的帰属説と呼ばれ，課税物件の法律上（私法上）の帰属につき，その形式と実質が相違している場合には，実質に即して帰属を判定すべきである，と理解するものです。もう1つは経済的帰属説と呼ばれ，課税物件の法律上（私法上）の帰属と経済上の帰属が相違している場合には，経済上の

帰属に即して課税物件の帰属を判定すべきである，と理解するものです。

　規定の文理上はどちらの解釈も可能ですが，経済的帰属によって人的帰属を判断しようとすると租税法律関係がきわめて不明確になること，私法上の法律関係に応じて課税関係が決まる方が納税者の予測可能性が高まること等から，法律的帰属説が通説となっています。

2. 事業から得られる所得の帰属

　事業から得られる収益は，基本的にはその事業の事業主（事業を経営している者）に帰属すると考えられます（所基通12-2も同旨です）。法律的帰属説の立場からは，「事業主」とは，法律的な意味でその事業を実質的に経営している者（経営主体）だということになります。

　とはいっても，事業主が誰かの判断は必ずしも容易ではなく，特に親族による家族経営の場合の事業主の判定には困難が伴います。そのため，課税実務においては，通達でいくつかの判断基準を規定しています（所基通12-5）。

　上記の通達によると，生計を一にする親族間における事業主の判定は，

①まず，事業の経営方針の決定につき支配的影響力を持つ者を事業主と推定します。

②誰が経営方針決定に支配的影響力を持つ者か明らかでないときは，「生計を主催している者」が事業主だと推定します。

　判例としては，歯科医師の親子が親の歯科医院でともに診療に従事していた場合の事業主の判断が争われた事案（親子歯科医師事件）において，裁判所は，ある事業による収入はその経営主体であるものに帰したと解すべきとしたうえで，医院の経営に支配的影響力を有しているのは父であり，その経営による本件収入は経営主体である父に帰する，と判断しています（東京高判平成3年6月6日訟月38巻5号878頁）。この判決も上記と同様の考え方に立つものと考えられます。

Ⅷ 損失の取扱い

　前述したように，所得税法では10種類の所得区分のうち，退職所得と山林所得を除く8つは原則として合算して総所得金額となり，合算されない退職所得金額，山林所得金額と3つに大きくまとめられます。

　その際に，各種所得金額の計算上生じた損失がある場合やその損失を他の各種所得から控除しても控除しきれない損失が残る場合等の損失の取扱いが本節で説明するテーマとなります。

1. 損益通算

(1) 損益通算の意義と範囲

　各種所得金額の計算上生じた損失がある場合は，一定のものについては総所得金額等を計算する際に他の各種所得の金額から控除することとしています（所法69①）。これを**損益通算**といいます。

　しかしながら，所得の性質上，損失を生じないものや損失を他から控除するのが適当でないものもあるので，損益通算の対象となる損失を発生させる所得区分は不動産所得，事業所得，山林所得，譲渡所得の4つに限定されています。したがって，これ以外の所得（雑所得など）の所得計算上，もし損失が生じても，他の所得から控除することはできません。

　また，もう1つ損益通算の対象とならない損失として，「生活に通常必要でない資産」に係る所得の金額計算上生じた損失が規定されています（所法69②）。例えば，生活に通常必要でない資産を売却したり，貸し付けたことにより損失が生じたとしても，その損失は原則としてなかったものとみなされます。

　ここでいう「生活に通常必要でない資産」とは，政令で，①競走馬などの射幸的行為の手段となる動産，②通常は居住していない主として趣味・娯楽・保養のための家屋（別荘など），③主として趣味・娯楽・保養のためまたは鑑賞目的のための資産，④生活用動産のうち「生活に通常必要であるとされる

もの（所令25）」以外の動産（30万円超の貴宝石，書画・骨董など）とされています（所令178①）。

(2) 損益通算の順序

どの所得から生じた損失をどの所得から控除するかの順序は政令（所令198）に規定があります。大まかにいうと，各所得を経常所得のグループと臨時所得のグループに分けて，まず同じグループの中で控除を行い，そこで控除しきれない損失を他の所得から順次控除し，最後は山林所得，退職所得から順に控除するようになっています。

2. 純損失の繰越控除と繰戻し還付

損益通算をしても損失の額の方が大きく，なお引ききれない損失の金額があるとき，それを「純損失の金額」といいます（所法2①二十五）。

所得税の計算は1暦年ごとに行うのが原則ですが，青色申告で純損失が生じた場合や雑損控除（後述）により雑損失が生じた場合には，損失の発生による担税力の減少等を考慮して，暦年の期間計算の壁を越えて損失の計算を行う例外的な制度が設けられています。純損失については，次の2つの制度があります。

①純損失の繰越控除（所法70①）

純損失の生じた年が青色申告でその年以降連続して確定申告をしている場合には，その年の翌年以降3年間繰り越してその純損失の金額を総所得金額などから控除することができます。

②純損失の繰戻し還付（所法140）

純損失が生じた年とその前年がともに青色申告をしている場合には，前年分の所得から控除して還付を請求することもできます。

この規定の適用を受けるためには，損失が生じた年分の確定申告書を期限内に提出すると同時に，前年分に係る還付請求書を提出することが必要です

（所法 140 ①④，所法 142 ①）。

Ⅸ 所得控除

　所得税の税額は，課税標準としての総所得金額，退職所得金額および山林所得金額から各種の**所得控除**をした後の課税総所得金額，課税退職所得金額，課税山林所得金額に税率を乗じて計算されます。各種の所得控除（現在，15 種類あります）の意義を分類すると①担税力への影響（減少）があったときへの考慮（雑損控除，医療費控除），②社会政策上の要請（社会保障制度のため，地震という強いリスクに備えるため，公益上の寄附を奨励するため）に応えるもの（社会保険料控除，小規模企業共済等掛金控除，生命保険料控除，地震保険料控除，寄附金控除），③担税力を減殺するような個人的事情への配慮（障害者控除，寡婦控除，ひとり親控除，勤労学生控除），④課税最低限を確保するためのもの（配偶者控除，配偶者特別控除，扶養控除，基礎控除）に分けられます（所法 72 ～ 86）。以下，主なもの，最近大きな改正がされたものについて説明していきます。

1. 雑損控除

　雑損控除とは，居住者またはその者と生計を一にする配偶者その他の親族（総所得金額等[8]が 48 万円以下の者）の有する資産で，災害，盗難，横領による損失が生じた場合や災害等に関連してやむを得ない支出（**災害関連支出**）をした場合に控除されるものです（所法 72）。

　対象となる資産は，原則，生活に通常必要な資産（生活に通常必要でない資産（所令 178 ①に規定するもの）および事業用の資産（所法 70 ③に規定するもの）を除いたもの）です。対象となる資産に係る損失発生原因は，「災害」，「盗難」，「横領」に限定されています。また，具体的な災害関連支出と

---

[8] 総所得金額等とは，総所得金額に措法等による特例額を加減したものと退職所得金額，山林所得金額の合計額です。

は，災害等により損壊した住宅，家財などの取壊し・除去費用など災害等に関連してやむを得ず支出した金額から損害保険等で補てんされる金額を除いたものです（所令206①②）。

対象となる「損失の金額」の計算方法としては，

「資産について受けた損失の額」＋「災害関連支出」－「保険金等」

となります（所法72①，所令206）。

「損失の金額」算出後，控除対象額を計算します。計算方法は以下のとおりです。

- 損失の金額のうちに災害関連支出がない場合（災害関連支出が5万円以下の場合を含む）

  「損失の金額」－総所得金額等$\times \dfrac{1}{10}$

- 損失の金額のうちに5万円を超える災害関連支出がある場合

  「損失の金額」－以下の①，②いずれか低い金額

  ①「損失の金額」－（災害関連支出の金額－5万円）

  ②総所得金額等$\times \dfrac{1}{10}$

- 「損失の金額」がすべて災害関連支出である場合

  「損失の金額」－以下の①，②いずれか低い金額

  ①5万円

  ②総所得金額等$\times \dfrac{1}{10}$

なお，簡便法として，以下の①，②のいずれか多い金額を控除額とできます。

① 「損失の金額」－総所得金額等$\times \dfrac{1}{10}$

② 「損失の金額」のうち災害関連支出の金額－5万円

▌2. 医療費控除

医療費控除とは，居住者が自己または自己と生計を一にする配偶者その他の親族に係る医療費を支払った場合に控除されるものです（所法73）。

具体的な医療費の内容としては以下のとおりで（所法73②，所令207），以下のものに係る対価のうち通常必要であると認められるものとして（所法73②），病状に応じて一般的に支出される水準を著しく超えない部分とされています（所令207）。

- 医師または歯科医師による診療または治療
- 治療または療養に必要な医薬品の購入
- 病院，診療所または助産所へ収容されるための人的役務の提供
- あん摩マッサージ指圧師，はり師，きゅう師等または柔道整復師による施術
- 保健師，看護師または准看護師による療養上の世話
- 助産師による分べんの介助
- 介護福祉士による喀痰吸引等または認定特定行為業務従事者による特定行為

控除額の計算は以下のとおりです。

医療費の総額−保険金等で補てんされる額

−10万円か総所得金額等の5％のいずれか低い金額

＝医療費控除額（上限200万円）（所法73①）。

なお，医療費控除には特例（**セルフメディケーション税制**）があります（措法41の17）。

医師によって処方される医薬品との代替性の高い一般用医薬品等の使用を推進する観点から，健康の保持増進および疾病の予防への取組みとして一定の取組み（人間ドック等の受診，予防接種等）を行っていることを条件に，平成29（2017）年1月1日から令和8（2026）年12月31日までの間に，自己または自己と生計を一にする配偶者その他の親族のために特定一般用医薬品等購入費を支払った場合には，一定の金額の所得控除を受けることができ

ます（医療費控除の特例でセルフメディケーション税制といい，通常の医療費控除との重複適用不可です）。

　対象となる特定一般用医薬品等は，医療用医薬品からドラッグストアで購入できる OTC 医薬品に転用された医薬品（スイッチ OTC 医薬品）で，セルフメディケーション税制の対象となる商品には，購入の際領収書等にセルフメディケーション税制の対象商品である旨が表示されています。スイッチ OTC 医薬品の具体的な品目一覧は，厚生労働省 HP に掲載の「対象品目一覧」で確認できます。控除額の計算は次のとおりです。

　　特定一般用医薬品等購入費 − 保険金等補てん額 − 1.2 万円 = 医療費控除額（最高 8.8 万円）（措法 41 の 17 ①）。

3. 寄附金控除

　寄附金控除とは，居住者が**特定寄附金**を支出した場合に控除されるものです（所法 78）。

　特定寄附金は，以下のとおりです。

- 国または地方公共団体に対する寄附金（いわゆる「ふるさと納税」もこれに該当）（所法 78 ②一）
- 公益社団法人等公益を目的とする事業を行う法人または団体に対する寄附金のうち一定の要件を満たすものとして財務大臣が指定したもの（所法 78 ②二）
- 特定公益増進法人（日本赤十字社や学校法人など所令 217 に定めるもの）に対するその法人の主たる目的である業務に関連する寄附金（所法 78 ②三）
- 特定公益信託の信託財産とするために支出した金銭（所法 78 ③）
- 政党等あるいは公職の候補者等に対する寄附金（措法 41 の 18 ①）
- 認定特定非営利活動法人（認定 NPO 法人）に対する寄附金（措法 41 の 18 の 2）

　控除額の計算は，①特定寄附金の合計額と②総所得金額等の 40％のいずれか低い金額から，2,000 円を差し引いた額です。算式としては，以下のとおり

です。

　　①と②の低い方の金額 − 2,000 円 = 寄附金控除の金額（所法 78 ①）。

4. 寡婦控除

　寡婦控除と後述の「ひとり親控除」については，令和2（2020）年度税制
改正において，「全てのひとり親家庭に対して公平な税制を実現する観点か
ら，『婚姻歴の有無による不公平』と『男性のひとり親と女性のひとり親の
間の不公平』を同時に解消するため」（「令和2年度税制改正の解説」財務省
HP より）として，現行の制度となりました。

　寡婦控除とは，居住者が，寡婦である場合に控除されるものです（所法
80）。

　寡婦とは，「ひとり親」に該当しないもので，次の要件を満たす者です（所
法2①三十，所令11）。

- 次の①，②いずれかに該当すること
  ①夫と離婚した後婚姻をしていない者で扶養親族を有する者
  ②夫と死別した後婚姻をしていない者または夫が生死不明などの者であ
  ること
- 合計所得金額[9]が 500 万円以下であること
- 事実上婚姻関係と同様の事情があると認められる者がいないこと

寡婦控除額は，27 万円です（所法 80 ①）。

5. ひとり親控除

　ひとり親控除とは，居住者が，ひとり親である場合に控除されるものです
（所法 81）。

　ひとり親とは，現に婚姻していない者または配偶者が生死不明な者で，次
の要件を満たす者をいいます（所法2①三十一，所令 11 の 2）。

---

[9] 合計所得金額とは，総所得金額に措法等による特例額を加減したものと退職所得金額，山林所得金
　額の合計額（各所得について純損失等の繰越控除前）です。

- その年分の総所得金額等が 48 万円以下の生計を一にする子を有すること
- 合計所得金額が 500 万円以下であること
- 事実上婚姻関係と同様の事情があると認められる者がいないこと

ひとり親控除額は，35 万円です（所法 81 ①）。

6. 配偶者控除

配偶者控除とは，居住者が控除対象配偶者を有する場合に，その年分の合計所得金額の区分に応じ定められた額が所得控除されるものです（所法 83）。

控除対象配偶者とは，居住者の合計所得金額が 1,000 万円以下である場合において，居住者と生計を一にしている配偶者（青色専従者給与の支払を受けるものおよび（白色の）事業専従者に該当する者は除かれます）のうち合計所得金額が 48 万円以下である者（同一生計配偶者といいます。所法 2 ①三十三）をいいます（所法 2 ①三十三の二）。なお，控除対象配偶者で，年齢 70 歳以上の者は老人控除対象配偶者といいます（所法 2 ①三十三の三）。

配偶者控除額は，控除が適用される居住者の合計所得金額により以下のとおりに区分されています（所法 83 ①）。

合計所得金額が 900 万円以下	38 万円（老人控除対象配偶者 48 万円）
合計所得金額が 900 万円超 950 万円以下	26 万円（老人控除対象配偶者 32 万円）
合計所得金額が 950 万円超 1,000 万円以下	13 万円（老人控除対象配偶者 16 万円）
合計所得金額が 1,000 万円超	適用なし

仮に，居住者の合計所得金額が 900 万円以下で配偶者が給与所得者の場合，給与所得控除の最低保障は 55 万円ですから，配偶者の給与収入が 103 万円までは配偶者控除が受けられます。給与収入が 103 万円を超えると配偶者特別控除を利用することができますので配偶者の収入が増えるにつれ控除額は，38 万円からなだらかに減少していくこととなります。

なお，所得税法上の「配偶者」は，民法上の「配偶者」をいうものとされ，

内縁の関係は「配偶者」に当たらないとされています（最三判平成 9 年 9 月 9 日訟月 44 巻 6 号 1009 頁）。

7. 配偶者特別控除

配偶者特別控除とは，居住者が生計を一にする配偶者（他の者の扶養親族とされる者，青色専従者給与の支払を受けている者および（白色の）事業専従者に該当する者を除き，合計所得金額が 133 万円以下の者に限る）で配偶者控除に係る控除対象配偶者に該当しない者（適用される居住者の合計所得金額が 1000 万円以下の者に限る）を有する場合に一定の金額を控除するものです（所法 83 の 2）。夫婦相互間で同時に配偶者特別控除の適用を受けることはできません（所法 83 の 2②）。

配偶者控除と同様適用を受ける居住者とその配偶者の合計所得金額に応じて，38 万円から 1 万円と控除額が逓減することになっており（所法 83 の 2①），税引き後の世帯の手取り収入が逆転しないようになっています。

8. 扶養控除

扶養控除とは，居住者が**控除対象扶養親族**を有する場合に控除されるものです（所法 84）。

控除対象扶養親族とは，16 歳以上の**扶養親族**をいいます（所法 2①三十四の二）。

扶養親族とは，居住者の親族等でその居住者と生計を一にしており，合計所得金額が 48 万円以下である者をいいます。ただし，青色専従者給与の支払を受ける者および（白色の）事業専従者に該当する者は除かれます（所法 2①三十四）。

特定扶養親族とは，19 歳以上 23 歳未満の控除対象扶養親族をいいます（所法 2①三十四の三）。

老人扶養親族とは，70 歳以上の控除対象扶養親族をいいます（所法 2①三十四の四）。

老人扶養親族のうち**同居老親等**とは，居住者またはその配偶者の直系尊属

で，かつ，いずれかと同居を常況としている者をいいます（措法41の16）。

　控除額は，控除対象扶養親族1人につき38万円（その者が特定扶養親族である場合には，63万円，老人扶養親族である場合には，48万円，同居老親等である場合には，58万円）です（所法84①，措法41の16①）。

　所得控除から給付へとの考え方から平成22（2010）年度の子ども手当の創設も踏まえ，平成23（2011）年分から16歳未満の者に対する扶養控除が廃止されています。

　なお，所得税法上の「親族」は，民法上の「親族」をいい，未認知の子は，「親族」に当たらないとされています（最一判平成3年10月17日訟月38巻5号911頁）。

9. 基礎控除

　基礎控除とは，居住者の合計所得金額の区分に応じ定められた金額が控除されるものです（所法86）。控除額は，次のとおりです（所法86①）。

合計所得金額が 2,400 万円以下	48 万円
合計所得金額が 2,400 万円超 2,450 万円以下	32 万円
合計所得金額が 2,450 万円超 2,500 万円以下	16 万円
合計所得金額が 2,500 万円超	適用なし

　基礎控除は，配偶者控除，扶養控除と合わせて，最低生活費の保障という意味で憲法25条にいう国民の生存権の現れであると考えられています。

税額の計算

1. 税率の適用

(1) 所得税法の原則的な税率適用

　総所得金額，退職所得金額，山林所得金額から前節で述べた所得控除を

行った残額が課税総所得金額，課税退職所得金額，課税山林所得金額となります（所法 89 ②）。そして，これら課税総所得金額，課税退職所得金額，課税山林所得金額にそれぞれ税率を適用して計算した金額を合計して所得税の額（算出税額）を求めます（所法 89 ①）。課税山林所得金額については，所得区分で述べたように五分五乗方式で計算します。

日本の所得税法は，課税標準である所得の額が多くなるほど，区切った所得段階ごとに段々と高い税率を適用していく**超過累進税率**を採用しています[10]が，実務ではあらかじめ用意された所得税額の速算表を使って税額を計算します（**図表 2-2** 参照）。

図表 2-2　所得税の速算表（平成 27 年分以降）

課税される所得金額	税率	控除額
1,000 円 から 1,949,000 円 まで	5%	0 円
1,950,000 円 から 3,299,000 円 まで	10%	97,500 円
3,300,000 円 から 6,949,000 円 まで	20%	427,500 円
6,950,000 円 から 8,999,000 円 まで	23%	636,000 円
9,000,000 円 から 17,999,000 円 まで	33%	1,536,000 円
18,000,000 円 から 39,999,000 円 まで	40%	2,796,000 円
40,000,000 円以上	45%	4,796,000 円

(注)　1. 例えば「課税される所得金額」が 7,000,000 円の場合には，求める税額は次のようになります。
　　　　7,000,000 円× 0.23-636,000 円＝ 974,000 円
　　　2. 課税山林所得金額については課税山林所得金額用の別の速算表で計算します。
出所：国税庁「タックスアンサー No.2260」を基に筆者加筆。

なお，東日本大震災からの復興財源を確保するため，平成 25（2013）年から令和 19（2037）年までの各年分の所得税について，基準所得税額の 2.1％の**復興特別所得税**が課されています（復興財確法 12，13）。

---

[10] 現行所得税法では，5％から 7 段階で最高 45％の税率となっています。

$$復興特別所得税額 = 基準所得税額 \times 2.1\%$$

（2） 措置法による分離課税と比例税率

　所得税法の原則では，各種所得を総合して累進税率を適用することになっていますが，所得区分のところで説明したように，特定の所得については租税特別措置法により，総合課税の所得とは分離して比例税率で税額を計算することとされています。

　租税特別措置法で申告分離課税とされている所得とその税率には，次のようなものがあります。

- 申告分離課税を選択した上場株式等の配当所得の金額（15％）
- 土地建物等の譲渡（所有期間 5 年以下）による短期譲渡所得の金額（30％）
- 土地建物等の譲渡（所有期間 5 年超）による長期譲渡所得の金額（15％）
- 株式等の譲渡による譲渡所得の金額（15％）
- 先物取引による雑所得等の金額（15％）

2. 変動所得および臨時所得の平均課税

　所得によっては，年によって変動が著しかったり，その年だけ高額な所得となるものがあり，このような所得については，高い累進税率を緩和するため平均課税という特別な税額計算方法をとることができます（所法 90）。

　平均課税の対象となるのは次の 2 種類です。

①変動所得：漁獲から生ずる所得や作家の原稿料，著作権の使用料などの所得です（所法 2 ①二十三）

②臨時所得：プロ野球選手の契約金などの所得です（所法 2 ①二十四）

　その年分の変動所得と臨時所得の合計額がその年分の総所得金額の20％以上となる場合に平均課税の適用があります[11]。

---

[11] 変動所得と臨時所得の合計額の 5 分の 1 だけをその他の所得と合算して累進税率を適用し，そこから得られる平均税率を残りの 5 分の 4 の部分にも適用して税額を計算します。

3. 税額控除

　課税総所得金額などの各課税所得の金額に税率を適用して得られた所得税額（算出税額）から，さらに控除できる**税額控除**がある場合には，税額控除を差し引いて所得税額（年税額）を求めます（所法 21 ①五）。

　税額控除には，所得税法で規定するものと租税特別措置法で規定するものがあります。所得税法に規定がある主なものは，配当控除（所法 92）と外国税額控除（所法 95）の 2 種類です。

イ　配当控除（所法 92）

　配当控除は，納税者が内国法人から受ける配当所得を有する場合に，法人が負担した法人税の税額と株主が負担する配当所得の税額との二重課税の調整を行うためのものです。課税総所得金額に応じて，配当所得の金額の 10％または 5％の額が控除できます。

ロ　外国税額控除（所法 95）

　外国税額控除は，居住者が，外国にその源泉がある所得について，その外国の法令により所得税に相当する税金を課せられたときに，国際的二重課税を防止する目的から，一定の金額を限度として，その者の所得税額から控除するものです。

ハ　租税特別措置法で定める税額控除

　イ，ロ以外にも，租税特別措置法で規定するさまざまな税額控除がありますが，目にする機会が多いのは，**住宅借入金等特別控除**（措法 41）（いわゆる住宅ローン控除）です。これは，住宅ローン等を利用して，マイホームを新築・購入したり増改築をしたときに，一定の要件に当てはまれば，居住した年から原則として 10 年間（一定の場合は 13 年間）にわたり，所得税額からローンの年末残高の一定割合を控除できるとするものです。

　適用のための要件や控除率，控除期間は年によって異なります。

XI 申告と納付

1. 確定申告

(1) 確定申告と納付

　所得税は，納税者の行う申告によって税額を確定することを原則とする申告納税方式をとっています。所得税の納税義務は暦年の終了の時に成立するとされています（通法15②一）が，その時点ではまだ納付すべき税額が明確になっていないため，納税者は**確定申告**を行うことにより税額を確定させる必要があります。

　所得税法は120条に確定申告に関する規定を置いており，それによると，納税者は，課税対象となる年の翌年2月16日から3月15日までの期間（これを第三期といいます）において，納税地（原則として住所地）の所轄税務署長に対し，確定申告書を提出しなければならないとされています（所法120①）。

　また，確定申告した税額は，申告期限までに国に納付しなければなりません（所法128）。

(2) 確定申告を要する者・要しない者

　居住者は，その年の所得の合計額が所得控除の合計額を超えていて，算出した税額が配当控除の額を上回るときには，確定申告書を提出しなければなりません（所法120①）。

　なお，会社員などの給与所得の受給者は，給与支払いの際に源泉徴収され年末に年末調整を受けるので，大部分の給与所得者は確定申告をする必要がありませんが，次のような場合には確定申告をしなければなりません（所法121①）。

　①給与の収入金額が2,000万円を超える者

　②1か所から給与を受けている者で，給与所得や退職所得以外の所得の合

計額が 20 万円を超える者

③ 2 か所以上から給与を受けている者で，主たる給与以外の従たる給与の収入金額と給与所得や退職所得以外の所得の合計額が 20 万円を超える者

など[12]

2. 予定納税

確定申告時に多額の税額を一時に納付することは，納税者にとっても負担であり，また，国も歳入の平準化を図る必要があるなどのため，前年の実績により，あらかじめ見積りを行い 3 分の 1 ずつ分割して納付する**予定納税制度**が設けられています（所法 104）。

予定納税の対象となるのは，5 月 15 日の現況で予定納税基準額が 15 万円以上である者であり，予定納税基準額の 3 分の 1 ずつを 7 月（第 1 期）と 11 月（第 2 期）に納付することとされています。

予定納税基準額とは，前年の課税総所得金額（臨時的所得を除いたもの）に係る所得税の額から，そのうちの源泉徴収された所得税の額を減算した金額です。

税務署長は，5 月 15 日の現況で予定納税基準額を計算し，該当する者に予定納税基準額と予定納税額を通知することになっています（所法 106）。

予定納税額の通知を受けた者は，その年の申告納税の見積額が少なくなると見込まれるときは，税務署長に対し予定納税額の減額承認の申請を行うことができます（所法 111 ①）。

---

12) 年末調整の対象とならない所得控除（医療費控除など）を受ける場合にも確定申告が必要となります。

column 6 「青色の申告書」の意義

　所得税法において「青色申告制度」の言葉の基になっているのは，所法143条の規定「所轄税務署長の承認を受けた場合には……青色の申告書により提出することができる」ですが，この「青色の申告書」の意味はどう理解すればよいのでしょうか。言葉どおりの意味によるのでしょうか。

　青色申告制度導入後しばらくの間は，国税庁が文字どおり青色の申告書用紙をつくってそれが使われていましたが，申告書を機械で処理するようになった今日では，白色の用紙の「青色」の文字をマルで囲んで種類を表示するだけです。そもそも，所得税法上は，確定申告すべき事項を規定しているだけで（所法120），所得税の申告書の様式等については法令上何の規定もありません。それなのに電子申告が広く行われている現代にあって，申告書の色だけ指定するというのも妙な話です。

　そうだとすると，所法143条は，「青色の申告書」という種類の申告書による申告を承認された者をいわゆる青色申告者として税法上特別な地位を認め，さまざまな税制上の特典を与えるところに意味があるのであって，申告書の色自体に深い意味はないと考えるべきなのかもしれません。

第3章

法 人 税

Ⅰ 法人税の原則

1. 法人税とは

　法人税とは，法人を納税義務者とし，法人の所得に課する税金です。その根幹を成すのは，各事業年度の所得の金額を課税標準として課する税金です。

　法人の所得を課税対象とする点において，法人税も所得税と同様の所得課税です。また，わが国で法人税が独立の租税として規定されたのは昭和15（1940）年の法人税法の制定からであり，それより前は，明治32（1899）年になされた所得税法の改正の中で，法人に対する所得税として課税されてきたという沿革があります。

　こうしたことからも明らかなように，法人税と所得税とは密接な関係にあります。

　例えば両者の関係を表すものとして，法人税の性格についての2つの考え方をあげることができます。1つは法人税は所得税の前取りであるという考え方で，法人は出資をした個人株主の集合体であり，株主に配当として配分される利益を減らすという意味で，法人税は所得税の前取りであるとする考

え方です。もう1つは，法人を個人株主からは独立した経済主体として捉え，法人そのものに担税力を見いだす考え方です。

　法人税を所得税の前取りであると考えるならば，個人株主が法人から受け取る配当に所得税を課すことは，すでに法人税を課税された後の配当に再度所得税を課すという点から二重課税であると考えます。わが国の所得税法には配当控除制度がありますが，これは，その考え方によるものです。

　わが国の法人税法は，基本的には戦後のシャウプ勧告の考え方である法人は個人の集合体であるとの考え方を出発点としていますが，大法人の多くは所有と経営が分離し，個人株主の意思とは一応無関係に分割や合併が日常的に行われている現代社会を考えれば，法人税は，法人が経済活動により生み出した所得に担税力を見いだして課税する租税であると考える方が現実的かもしれません。

2. 納税義務者

(1) 納税義務者の分類

　法人税の納税義務者は法人であり，法人の各事業年度の所得について法人税を納める義務があります。しかしながら，法人税法には法人の定義が見当りませんので，法人税法における法人とは，民法やその他の法律の規定により成立したものと同義として考えることになります。

　法人税法は法人について2つの面から分類をし，それぞれの法人の性質に応じた課税をすることとしています。

　1つは，法人の所在する場所による分類です。日本の国内に本店または主たる事務所を有する法人を内国法人とし，それ以外の法人を外国法人とする分類です（法法2三，四）。

　もう1つの分類は，法人の法的根拠や性格による分類であり，次の4つに区分されます（法法2五～七，九）。

　第1は公共法人です。公共的な業務を行い，その財産や利益が特定の個人や法人に帰属せず，国または地方公共団体の拠出した資金で運営されている法人です。国立大学法人など，法人税法の別表第1に列挙されている法人の

ことです。

第2は**公益法人等**です。公益的な事業を行うことを目的とする法人で，学校法人や宗教法人など，特定の法律に基づいて設立された法人のことです。非営利型に分類される一般財団法人や一般社団法人，公益財団法人や公益社団法人も含まれ，法人税法の別表第2に列挙されている法人のことです。

第3は**協同組合等**です。商工組合や信用金庫など，特別の法律によって設立された法人です。農業協同組合や信用金庫など，法人税法の別表第3に列挙される組合等です。

第4は**普通法人**であり，上記以外の法人をいうとされています。

また，法人ではないものの，法人税法では法人とみなして納税義務を課しているものがあります。**人格のない社団等**（法法2八）であり，学校のPTAやマンションの管理組合などが該当します。これは，権利能力のない社団や財団は法人とはいえませんが，規約等に基づいて多数の者が一定の目的のために結合した団体であることから，法人に類するものとして法人税の納税義務者に取り込んでいるのです。

(2) 課税対象所得の範囲

法人税の納税義務者の分類に応じて課税対象となる所得の範囲も異なっており，これにより，法人税法はそれぞれの法人の性質に応じた課税をすることとしています。

まずは，法人の所在する場所による分類についてですが，内国法人は**無制限納税義務者**として，日本の内外にかかわらずその稼得した所得のすべてについて納税義務があります（法法4①，法5）。外国法人は**制限納税義務者**として，日本国内で行った事業など日本国内に源泉のある所得についてのみ納税義務があります（法法4③，法9①）。国内に源泉のある所得の内容については法法138条に列挙されており，法法141条で示されている外国法人の区分に応じて課税される所得が決まります。

次に，法人の法的根拠や性格による分類についてですが，その分類に応じて，課税対象となる所得の範囲が異なります。

第1の公共法人については納税義務がありません（法法4②）。第2の公益法人等については，**収益事業を行う場合にのみ納税義務があります**（法法4①ただし書き）。第4の普通法人については，すべての所得について納税義務があります（法法4①）。ただし，外国法人である普通法人については，日本国内で稼得した所得に限られます。第3の協同組合等の納税義務の範囲は普通法人と同じですが，適用される税率が異なっています。

　さらに，人格のない社団等については，公益法人等と同様に収益事業を行う場合にのみ納税義務があります（法法4①ただし書き）。外国法人である場合も同様です（法法9②）。

(3) 収益事業

　公益法人等は収益事業を行う場合にのみ納税義務がありますが，収益事業とは，販売業や製造業等の法人税法施行令に列挙する34の事業について，継続して事業場を設けて行われるものをいうとされています（法法2⑬，法令5）。神社が結婚披露宴などの会場として境内の会館を提供したり，私立学校が駐車場を運営して一般の用に供したりした場合などが該当します。

　公益を目的とする法人が行う事業であっても，その内容や形態が普通法人の事業と競合すると認められるような場合には，普通法人との間での課税の公平を保つため，法令で列挙するものを収益事業と規定して課税対象としているのです。公益法人が行う事業が「収益事業」に該当して課税対象となるかについては多くの訴訟が提起されています（著名なものとして，いわゆる「ペット葬祭業事件」（最二判平成20年9月12日集民228号617頁）があります）。

3. 事業年度

　納税義務者は，各事業年度の所得について納税義務があります。この**事業年度**とは，法人の損益の計算の単位となる期間のことで，法人の定款や法令で定められている期間であり，会計年度や会計期間と同義です（法法13①）。また，事業年度について法人の定款等に定めのない場合には，会計の期間に

ついて所轄の税務署長に届け出る必要があります（法法13 ②）。

　この事業年度とは大変重要なものです。なぜなら，法人税は事業年度ごとの所得に対して課されるので，ある所得がどの事業年度に属するかを判断することは，各事業年度の法人税額を計算するうえでの基本となるからです。

▌4. 納　税　地

　納税地とは租税を納付すべき場所です。内国法人の納税地は本店または主たる事務所の所在地（法法16）であり，外国法人の場合は支店や営業所などの恒久的施設の所在地など（法法17）になります。

▌5. 実質所得者課税の原則

　実質所得者課税の原則とは，収益の帰属する者が単なる名義人であり，実際に収益を得る者が異なる場合には，名義人にではなく，実際に収益を得る者に課税するという租税法の原則のことです。所得税法にも規定がありますが，法人税法にも同様に，実質所得者課税の原則が規定されています（法法11）。

▌6. 同族会社

（1）　同族会社

　同族会社とは，少数の株主グループで経営方針の決定がされるような会社のことをいいます。具体的には，会社の株主等の3人以下ならびにこれらと特殊の関係のある個人および法人が，その会社の発行済株式等の50％超の株式等を有する場合の会社とされています（法法2十，法令4）。

　すなわち，株主と経営者が分離していないような法人では，利害を同一にするような経営陣のみの判断で恣意的な計算や取引を行い，その結果として法人または株主の税負担を軽減することが可能ですので，そのような法人を他の法人と区別して扱うことができるように設けられた考え方です。

(2) 特定同族会社

　特定同族会社とは，同族会社のうちで，なお少数の株主グループで経営方針の決定がされるような会社のことです。具体的には，会社の株主等の上位1株主グループが，その会社の発行済株式等の50％超の株式等を有する場合の会社とされています（法法67②）。

(3) 同族会社に対する行為計算の否認（法法132）

　同族会社についての特例的な扱いの1つに，同族会社に対する行為計算の否認があります。

　同族会社は，少数の株主やその親族等によって株式の過半が所有され，結果的に会社経営も支配することが可能なことから，経営者の指示で恣意的な経理操作が行われる可能性が大きくなります。

　そのため，同族会社が法人税の負担を不当に減少させるような結果となる行為や所得等の計算を行った場合には，所轄の税務署長はこうした行為や計算を否認し，経済的な合理性に基づいて行動する会社であれば通常とったであろうと認められる行為や計算に引き直して課税できるとする定めを置いています（法法132①）。なお，この規定は，同族会社を課税上不利に扱うものではなく，株主と経営者が分離して経済合理的な判断に従って行動する法人との間の課税の公平を図ることを目的とするものとされています。

Ⅱ 法人税の課税標準

1. 課税物件

　課税物件とは，課税の対象とされる物や行為または事実のことで，Ⅰ.2.(2)で記載した課税対象となる所得と同意です。これを法人税についてみると，内国法人の課税物件は各事業年度の所得であり（法法5），外国法人の課税物件は各事業年度の国内源泉所得（法法138）に係る所得になります（法法9①）。

　ここでいう所得とは，法人が得るすべての利得であり，純資産を増加させるすべての経済的な利得であるとされています。このため，資産を獲得しなくとも，支払いを免除された場合であっても所得を得たと理解されます。

┃ 2. 課税標準

　法人の課税物件は各事業年度の所得ですが，租税とは金銭で納付することが原則ですので，貨幣価値として具体的な金額や数量で表現されていなければなりません。

　すなわち，課税物件である物や行為または事実を具体的な貨幣価値に換算したものが課税標準であり，課税標準に税率を乗じて算出された金額が税額となります。

　そして，内国法人に課する法人税の課税標準は各事業年度の所得の金額であり（法法21），外国法人に課する法人税の課税標準は各事業年度の所得のうち国内源泉所得の金額とされています（法法141）。換言すれば，「所得を得た」ということで課税対象となる所得を得たことはわかりますが，「いくらの所得を得た」かがわからなければ税額が算出できないことになります。

Ⅲ 内国法人の課税標準の計算

┃ 1. 原　則

　内国法人の課税標準である各事業年度の所得の金額の計算について，法人税法では各事業年度の益金の額から損金の額を控除した金額であると定めています（法法22①）。算式で表わすと，「所得の金額＝益金の額－損金の額」となります。これは，企業会計における利益計算である収益の額から原価・費用・損失の額を控除する計算と対をなすものであり，このことから法人税は，各事業年度中の法人の損益取引を基に計算されることがわかります。

2. 益金とは

　課税標準の計算を行う際の益金とは，別段の定めがあるものを除き，資産の販売，有償または無償による資産の譲渡または役務の提供，無償による資産の譲受けなどの収益の額であるとされています。つまり，益金の額とは，資本等取引以外の各事業年度の取引に係る法人の純資産の増加の原因となる経済的価値の増加額のすべてとされています（法法22②）。継続的であるか臨時的であるかにかかわらず，経済的価値の増加をもたらすものはすべて益金とされます。純資産を増加させるすべての経済的な利得であるとされますので，利得の源泉が違法なものであっても益金となります。

　さらに，無償による資産の譲渡や役務の提供についても益金とされていますので，資産を無償で譲渡（贈与など）した場合には，譲渡された相手方だけでなく譲渡した法人にも益金が生じることになります。これは企業会計では収益とは認識しない取引を益金とする考え方ですが，法人税法は，こうした無償による資産の譲渡も益金として，各事業年度の所得の金額に加算するのです。

　これは，「法人が資産を他に譲渡する場合には，その譲渡が代金の受入れその他資産の増加を来すべき反対給付を伴わないものであっても，譲渡時における資産の適正な価額に相当する収益があると認識すべきものであることを明らかにしたものと解される」（最三判平成7年12月19日民集49巻10号3121頁）とされ，正常な対価で取引を行った者との間の負担の公平を維持し，法人間の競争中立性を確保するために無償取引からも収益が生じることを擬制したものと考えられています。

　また，法人が資産をいったん有償で第三者に譲渡し，そこで実現した収益分を相手方に贈与したのと経済的な効果は変わらないことから，取引方法の違いにより益金の額，すなわち所得の金額に差が生じることを避けようとしているものと解することも可能です。

　なお，資本等取引は益金からは除かれています。

3. 損金とは

法人税法は，次の 3 つについて，課税標準の計算を行う際の損金であるとしています。

①各事業年度の収益に係る売上原価，完成工事原価など

②各事業年度の販売費，一般管理費，その他の費用の額

③各事業年度の損失の額

つまり，損金の額とは，各事業年度の取引に係る法人の費用および損失のすべてであるとされています（法法 22 ③）。

損金についても，法人の支出が違法なものであっても，収益を得るために直接に要するものであれば損金となると考えられていますが，営業維持のための正当かつ相当な支払いとは認められないとして損金の額への算入を否定した判決もみられます（横浜地判平成元年 6 月 28 日月報 35 巻 11 号 2157 頁）。なお，架空の経費を計上するために領収証を購入する等，所得を秘匿するために要した支出は損金とはなりませんし，内外の公務員に対する賄賂も損金になりません（法法 55 ①⑤）。

また，資本等取引は損金からも除かれています。

4. 公正妥当な会計処理の基準

法人税の課税標準である所得の金額の計算は，企業が継続して適用する健全なる会計慣行，つまり，一般に公正妥当と認められる会計処理の基準に基づいて計算されることが求められています（法法 22 ④）。

この会計処理の基準に基づいた計算の要請は，税制の簡素化の一環として設けられたものであり，法人税の課税標準の計算は特別の計算原則によるものではなく，基本的には企業会計に準拠して行われるべきことを定め，企業会計の会計慣行を尊重しようとしているものです。

ただし，公正妥当な会計処理の基準とは，特定の基準が想定されているのではなく，ある会計処理がこの基準に従っているか否かについては，過去のさまざまな事例の積み重ねや裁判所の判決の集積等によって明確にされていくものであるとされています。また，「不動産流動化実務指針」の適用につい

て争われたビックカメラ事件判決（東京高判平成 25 年 7 月 19 日訟月 60 巻 5 号 1089 頁）では，法人税法は公平な所得計算を目的としていることから，この要請に合致する基準であることが求められています。

5. 資本等取引

　法人税法 22 条 2 項および 3 項では，その該当から資本等取引が除外されています。

　ここでいう**資本等取引**とは，一般の資本取引や利益・剰余金の分配および残余財産の分配・引渡しが該当します。すなわち，損益取引には該当しない資本等取引から生じる収益および損失の額は課税所得の計算上，益金の額および損金の額に算入されないこととなり，ある取引きが資本等取引であるとされると，その取引きは法人税の課税所得の計算から除外されることになります。

IV 収益と費用・損失の計上基準

1. 原　則

　課税標準である各事業年度の所得の金額の計算について，法人税法は，各事業年度の益金の額から損金の額を控除した金額であると定めています（法法 22 ①）。したがって，各事業年度の税額を正しく算出するためには，取引に係る収益または費用・損失をどの時点で計上するのかにつき，一定のルールを定めておく必要があります。さもないと，特に事業年度末の取引などの場合には，法人の意思で益金や損金の額へ計上するタイミングを変えることにより結果として事業年度の税額が変わり，課税の公平という原則が崩れるおそれがあるからです。

2. 収益の計上時期

　益金とは，法人の純資産の増加の原因となる経済的価値の増加額のすべて

とされていますので，そうした価値の増加をどの時点で収益として計上すべきかが問題となります。

収益の計上時期について，法人税法の考え方は，取引等によって具体的な所得が実現する時点であり，財貨の移転や役務の提供などに伴って権利が確定したときをもって収入に計上するものとして扱うこととされています。実際の取引等に際しては，この権利が確定したときを判断する必要があるため，法人税法 22 条の 2 では，資産の引き渡しや役務の提供の日の属する事業年度とすることを原則とし（法法 22 の 2 ①），公正妥当な会計処理の基準に従って収益として経理することを要件として，資産の販売等に係る契約の効力が生ずる日の属する事業年度にすることも認めています（法法 22 の 2 ②）。なお，この場合の引き渡しとは，「目的物が一方より他の一方の実力的支配に移行した事実」であるとされています（大判大正 9 年 12 月 27 日大審院民事判決録 26 輯 2087 頁）。

3. 費用・損失の計上時期

費用・損失の計上についても，公正妥当な会計処理の基準によって扱うことになります。企業会計では，費用の計上は発生主義によるとされており，費用収益対応の原則が採用されていますので，法人税法でも費用の計上時期について同様の扱いがなされます。Ⅲ.3. で述べた損金のうち，①と②がこれに当たります。

ただし，損金のうち①については費用と収益の対応関係が比較的明らかであり，計上すべき事業年度に争いが生じることは多くはないのに対し，②については期間対応の費用ですので，どの事業年度の費用に計上するかが問題となります。

そこで法人税法は，特に②の費用の計上時点について明確にルールを定めており，そのルールが**債務確定主義**と**損金経理要件**とされているものです。

すなわち，棚卸資産の販売や給与の支払いなど法人が行う外部との取引により生じる費用の有無については，当該事業年度内での債務の確定の有無により決するという債務確定主義によることとし，未だ債務が確定していない

費用については，その事業年度の損金の額に算入できないこととされており（法法22③二括弧書き），債務確定の要件について法人税基本通達では，事業年度終了の日までに当該費用に係る債務が成立し，原因となる事実が発生し，金額が具体的に算定できることを定めています（なお，法法22③一の原価の額にも債務確定主義が当てはまるかにつき争われた事例として，最二判平成16年10月29日刑集58巻7号697頁があります）。

また，減価償却費といった内部取引とされる費用などについては，費用として損金の額に算入できることが明らかではありますが，どの事業年度の費用とするかの計算を基本的に法人の意思に委ねているため，その意思の確認を，最終的な法人の意思決定機関（株主総会等）で承認され確定した決算で費用として経理することに求めるという，損金経理要件によることとしています（法法31①）。

なお，損失については，費用収益対応の原則は当てはまらないので，その発生の事実をもって損金の額に算入できることになります。

Ⅴ 益金の額と損金の額に関する個別の定め

法人税は，各事業年度中の法人の損益取引を基に計算されます。しかしながら，企業会計の損益計算が会計期間中の収益から費用や損失を控除することにより行われるのに対し，その課税標準は益金の額から損金の額を控除することにより求めることとされています（法法22①）。

Ⅲ.1. で述べたように，法人税の課税標準の計算は特別の計算原則によるのではなく，基本的には企業会計に準拠して行われることとされています。それにもかかわらず，なぜ法人税法では収益に代えて益金という文言を用い，費用や損失に代えて損金という文言を用いているのでしょうか。

それは，企業会計の目的と租税法の目的が異なるからに他なりません。すなわち，企業会計の主な目的が株主や債権者等の利害関係者間の利害調整を行うとともに，関係者に企業の財政状態と経営成績を開示する情報提供にあるのに対し，租税法の主な目的は，税負担の公平や税制の経済に対する中立

性の確保等を基本的な考え方とする適正な課税の実現にあり，両者の目指すところは異なっているからなのです。

そこで，法人税法は益金と損金という文言を用い，どのような収益が益金に該当し，どのような費用・損失が損金に該当するかについての基本的な考え方を述べ（法法22②③），その中で別段の定めがあるものを除くとして，別段の定めを課税標準の計算原則の例外として扱い，個別の条文で定めているのです。

したがって，別段の定めとして個別に規定されているものは，収益とされるものであっても益金とはならない場合があり，費用・損失であっても損金とはならない場合があることになります。また，逆に，収益ではなくとも益金となったり，費用・損失ではなくとも損金となる場合もあることになります。

換言すれば，法人税法は，上記のような租税法の目的に反しない限りにおいて企業会計に準拠して課税標準を計算することとし，併せて，租税法の目的に沿った課税標準の計算をするため，益金と損金に係る個別の定めを法人税法23条以下で規定しているのです（法人税法22条の2も別段の定めとされますが，収益認識に関する原則を規定したものですので，ここでは除きます）。

VI 益金の額の計算

1. 受取配当等

(1) 趣　旨

法人が受け取る配当等は，企業会計上は収益として扱われますが，法人税法では，配当等の一部または全部を益金の額に算入しません（法法23①）。

法人税は所得税の前取りであるという考え方によると，個人が法人から支払を受ける配当に所得税を課すことは，すでに法人税を課税された後の配当に再度所得税を課すという点から二重課税であると考え，こうした二重課

を排除するために，個人株主の受け取る配当について所得税法では配当控除制度が設けられています。ところが，個人株主からの出資を得て成立した法人が，さらに別の法人の株主となった場合には，複数段階に渡って課税が重複することになります。

そこで，個人株主に至る中間に位置する法人がある場合には，その法人が法人から受け取る配当について益金の額に算入しないことにより，その法人を経ることにより法人税額が累積することを排除したのです。

なお，この制度は昭和25（1950）年に創設されたものですが，創設当初は二重課税の排除という趣旨を踏まえて，受取配当の額から負債利子の額を控除した後の全額が益金の額に算入されないこととされていました。しかし，昭和63（1988）年以降の改正で，配当を受け取る法人と配当を支払う法人との関連により，益金の額に算入されない額に差が設けられるようになっており，現行の制度は，創設当初に比して二重課税排除の意味合いが薄らいできています。むしろ，出資した法人（親法人）と出資を受け入れた法人（子法人）との関係性に着目し，グループの形態で経済活動を行う法人が，法人税の課税で不利益な取扱いをされないための制度へと変遷しています。

(2) 受取配当等とは

受取配当等とは，株式および出資に係る剰余金の配当や出資に係る剰余金の分配の額等とされ（法法23①一〜三），例えば保険会社の契約者配当金などは，配当という名称ではありますが，ここでいう受取配当等には当たりません。

また，不適法とされる配当であっても，ここでいう受取配当等として取り扱われることになるでしょう。商法上は不適法な配当であっても，所得税法上は利益配当に含まれるとした判例があります（最二判昭和35年10月7日民集14巻12号2420頁）。

(3) 概　要

法人が受け取る配当等については，原則として当該事業年度の益金の額に

算入しないこととされます。ただし，益金の額に算入しない金額について，配当を受け取る先の法人との関係で差が設けられています。

　すなわち，受取配当について，①その法人と100％の資本関係のある法人の株式等（**完全子法人株式等**）に係るもの，②その法人と発行済株式または出資等の総数または総額の三分の一を超える株式を保有する関係にある法人の株式等（**関連法人株式等**）に係るもの，③その法人と発行済株式または出資の総数または総額の5％を超え3分の1以下の株式を保有する関係にある法人の株式等，④その法人と発行済株式または出資の総数または総額の5％以下の株式を保有する関係にある法人の株式等（**非支配目的株式等**）に係るものの4つに区分し，それらの区分に応じて益金の額に算入されない受取配当等の額に差を設けているのです。その概要は，次のとおりです。

　①完全子法人株式等に係る受取配当等については，その全額が益金の額に算入されません（法法23①）。なぜなら，100％の資本関係のある法人間の配当等は企業支配的な関係に基づいた同一企業内取引に類似するものであり，これらの配当等を益金の額に算入して法人税の課税対象とすることは，子会社形態で事業を営む法人と支店形態で事業を営む法人との間で課税上の差が生じることになるからです。

　②関連法人株式等に係る受取配当等については，その配当等の額から負債の利子の額（その配当等の元本である株式等の取得のために要した借入金の利子相当部分の金額）を控除した金額の全額が益金の額に算入されません（法法23①④）。ここで，負債利子の額を控除するのは，取得に要した借入金の利子は損金の額に算入されますので，負債利子相当額を控除しないと，その部分が二重に課税所得から控除されてしまうからです。

　③その法人と発行済株式または出資の総数または総額の5％を超え3分の1以下の株式を保有する関係にある法人の株式等に係る受取配当等については，その配当等の額の50％に相当する金額が益金の額に算入されません（法法23①括弧書き）。この場合においては，負債の利子の額の控除は必要ありません。

　④非支配目的株式等に係る受取配当等については，その配当等の額の20％

に相当する金額が益金の額に算入されません（法法23①括弧書き）。この場合にも，負債の利子の額の控除は必要ありません。これは，持ち株割合が5％以下である法人の株式から生じる配当等については，株式投資から生じる利益とも考えられ，他の投資から生じる利益が益金の額に算入されて課税対象となることとの関係で公平性に欠けることから，受取配当等の額の8割は課税対象とすることにしているのです。

（4）　益金の額に算入しないことの例外

　法人の受取配当等が次に該当する場合には，法人税法23条の規定が適用されず，法人税法22条2項の原則に立ち返って，その全額が益金の額に算入されることになっています。

①短期所有株式等に係る受取配当等（法法23②）

　配当等の支払基準日以前の1か月以内に取得し，かつ，その基準日後の2か月以内に譲渡した株式等に係る配当等が該当しますが，これは，租税回避を排除するために設けられたものです。すなわち，配当等の支払い基準日近くに配当期待で値上がりした株を個人が法人に譲渡し，その法人がその受取配当を益金の額に算入せず，配当権利落ち後の値下がり時点で法人が個人に売り戻して法人側に譲渡損も生じさせるという，租税回避を目的とした株式等の売買を排除するために設けられているものです。

②外国法人や公益法人等または人格のない社団等からの受取配当等（法法23①括弧書き）

　外国法人からの配当等は，外国で課税された後に受け取るものであるので日本国内では二重課税は生じず，また，公益法人等については課税が限度されていることから，この条文では除外されています。

　なお，外国で設立された子会社（内国法人がその発行済株式等の25％以上を有している子会社）からの配当等の額については，その額の95％が益金の額に算入されない規定があります（法法23の2①）。

2. みなし配当等

　法人が，剰余金の配当という形ではなく，合併や資本の払戻しまたは解散による残余財産の分配等として株主に金銭を交付した場合には，株主の出資に対応する資本金等の額を超える部分の金額は，法人税法では配当等と同様の性格を有するものとして配当等とみなし，受取配当等の益金不算入と同様の取扱いをすることとしています（法法 24 ①）。

　これは，過去における利益の留保額がある場合に，その払戻しを行うことは，各事業年度の決算に基づく剰余金の配当と経済的な効果は同じと考えられますので，利益の分配の形式にとらわれることなく剰余金の配当とみなして，受取配当等と同様に扱い，課税の公平を図ろうとしているのです。

3. 資産の評価益

（1）　趣　旨

　資産の評価益は未実現利益であり，企業会計においても損益計算への計上が禁じられています。

　法人税法も同様に，資産の評価益については原則として益金の額には算入しない，すなわち，評価替えを行って評価益を計上してもその評価益は益金の額に算入しないこととしています。

　これは，資本等取引以外の取引に係る収益について包括的に益金に算入すべきとしているので（法法 22 ②），その例外扱いをするために益金の額に算入しない旨を宣言しているのです。

（2）　概　要

　法人の有する資産の評価替えをしてその帳簿価額を増額しても，その増額した部分の金額は各事業年度の益金の額には算入しません（法法 25 ①）。

　仮に，法人が帳簿価額を増額した場合であっても，その資産については，評価換えをした事業年度以降の各事業年度の所得の金額の計算上，帳簿価額の増額がされなかったものとして取り扱われます（法法 25 ④）。

（3） 益金の額に算入される場合

　資産の評価益については，原則として益金の額に算入されませんが，次の
ような場合には，その評価益は益金に算入されることになっています。

①他の法律で評価替えを行うことが求められている場合

　会社更生法による更生計画認可や民事再生法による再生計画認可の決定が
あったことにより行う評価替え等は時価によることが求められていますので，
その評価替えにより生じる評価益については，それが実現されたものとして
益金の額に算入されます（法法25②③）。

②時価法による評価が法により求められている場合

　短期的な価格の変動を利用して利益を得る目的で取得した**短期売買商品**や，
短期的な価格の変動を利用して利益を得る目的で取得した**売買目的有価証券**
については，事業年度末に時価法により評価することが求められています（法
法61①一・②，61の3①②）ので，こうした評価替えにより生じる評価益
についても，それが実現されたものとして益金の額に算入されます。

4. 還付金等

　法人が納付する法人税等の額は各事業年度の損金の額に算入されません
（法法38①）ので，この損金の額に算入されなかった法人税額等の戻りであ
る還付金については，益金の額に算入されません（法法26①）。

　なお，この条文の適用があるのは条文中に列挙されている場合に限られま
すので，これらに該当しないものの還付金等については，収益として益金の
額に算入されることになります。

Ⅶ 原価に係る損金の額の計算—棚卸資産の売上原価等の計算—

1. 趣　旨

　法人の事業年度の損金に算入すべき金額について，当該事業年度の収益に係る原価の額が掲げられています（法法 22 ③一）。

　すなわち，棚卸資産について取り上げれば，その売り上げから得られるその事業年度の収益の額に対応する売上原価の額を算出し，これをその事業年度の損金の額としなければなりません。

　棚卸資産の売上原価の額の計算についても公正妥当な会計処理の基準に基づくことが原則ですので，企業会計における計算方法に則って算出されることになります。企業会計では売上原価の算出方法を「期首商品たな卸高に当期商品仕入高を加え，これから期末商品たな卸高を控除する（売上原価＝（期首商品棚卸高＋当期商品仕入れ高）－期末商品棚卸高）」等としていますので，法人税法においてもこの方法に従うことになります。

　また，この方法を用いるためには期末の棚卸資産の価額を明らかにする必要がありますが，この価額の算出について法人の任意に委ねていたのでは，各事業年度の所得の計算に当たって課税の公平が保たれないおそれがあります。そこで，期末における棚卸資産の価額の算出方法について法令で詳細に定め，それにより求められた価額により売上原価を算出することとしているのです（法法 29 ①）。

2. 棚卸資産の定義

　期末における棚卸資産の価額を求める第一歩として，法人税法は棚卸資産を定義することによって，その範囲を明らかにしています。

　棚卸資産について，法人税法は，商品，製品，半製品，仕掛品，原材料等と定義しています（法法 2 二十・法令 10）が，有価証券については，短期売買商品も含めて棚卸資産からは除かれています。これは，有価証券は株主の

権利等が化体したものであり，一般の商品や製品とは異なる評価方法を採用していることによります。

3. 棚卸資産の評価

　期末における棚卸資産の価額を求めるためには，次に，期末時点における棚卸資産の評価をしなければなりません。

　先にも述べたように，棚卸資産の評価額は課税所得金額の計算に大きな影響を与えますので，評価方法について法人税法や法人税法施行令は詳細に定めており，これらの方法の中から一定の方法を法人が選択すべきこととされています（法法29①・法令28）。

　併せて，法人が選択した評価の方法については，確定申告書の提出期限までに所轄の税務署長に届け出ることとされています（法令29②）。

　法人税法は，一般に妥当と認められている次の評価方法を提示しています。

- ●原価法：①個別法　②先入先出法　③総平均法　④移動平均法
　　　　　　⑤最終仕入原価法　⑥売価還元法
- ●低価法

　なお，法人が評価方法の届出をしなかった場合や届出た方法を実際は採用していなかった場合の評価方法は，最終仕入原価法によることとされています（法令31①）。

　また，法人は上記の評価方法以外の評価法を用いることもできますが，その場合には所轄税務署長の承認を得る必要があります（法令28の2①）。

　法人がいったん採用した評価方法を変更することは可能ですが，相当期間の経過後に所轄税務署長の承認を得る必要があります（法令30①③）。

4. 棚卸資産の取得価額

　棚卸資産の評価額を計算するためには，評価の方法とともに，その棚卸資産の取得価額の算出方法についても規定しておかなければ，評価方法を詳細

に定める意味がないことになります。

　そこで，棚卸資産の取得価額の算出方法についても，資産の取得方法に応じて次の３つの場合に分けたうえで，法人税法施行令で詳細に規定しています（法令32①）。

　①購入した棚卸資産の取得価額（法令32①一）

　②自ら製造・採掘・伐採等をした棚卸資産の取得価額（法令32①二）

　③上記以外の方法により取得した棚卸資産の取得価額（法令32①三）

Ⅷ 費用に係る損金の額の計算（1）

1. 減価償却費の計算

（1）意　義

　減価償却資産に係る減価償却費については，費用として各事業年度の損金の額に算入します（法法22③二）。

　各事業年度の損金の額に算入する減価償却費の計算については，基本的に企業会計と同様に行われることになりますが，この算出について法人の任意に委ねていたのでは，各事業年度の所得の計算に当たって課税の公平が保たれないおそれがあります。そこで法人税法は，減価償却資産の範囲，取得価額，耐用年数，償却方法など，各事業年度の償却費の計算に必要な事項はすべて法人税法と法人税法施行令で詳細に規定し，それに則って計算された償却費を限度として，各事業年度の損金の額に算入することとしています。

（2）減価償却資産の定義

　減価償却費の計算を行うための第一歩として，法人税法は減価償却資産を定義することによって，その範囲を明らかにしています。

　法人税法では，減価償却資産とは固定資産の１項目として規定されています（法法２二十二）。次いで，減価償却資産として具体的に，建物・構築物・機械および装置等の有形資産から，漁業権・特許権等の無形資産まで詳細に

列挙しています（法法2二十三，法令13）。

　一般的に，減価償却資産とは時の経過によって効用価値が漸次減耗するものとされていますが，法人税法でも同様に，時の経過により価値の減少しないものは減価償却資産から除かれています。また，事業の用に供していないものも除かれています（法令13括弧書き）。

(3) 少額の減価償却資産の特例

　減価償却資産のうち，その取得価額が少額のものについては，企業会計上の重要性の原則や事務手続の簡便性等に鑑み，その金額に応じて次のように取り扱うこととされています。

①取得価額が10万円未満のもの，または使用可能期間が1年未満のもの

　これに該当する場合には，事業の用に供した日の属する事業年度に消耗品費等として損金経理することで全額を損金の額に算入することができます（法令133）。

②取得価額が20万円未満のもの

　これに該当する場合には，一括償却資産として，取得価額の合計額について事業の用に供した日の属する事業年度以後の3年間で均等償却をし，損金の額に算入することができます（法令133の2）。

③取得価額が30万円未満のもの（原則として，常時使用する従業員数が500人以下の中小企業者に限ります）

　青色申告である中小企業者が，これに該当する資産を事業の用に供した場合には，同一事業年度内の同様の資産の取得価額の合計額が300万円以内である場合には，その年度に損金経理することで全額を損金の額に算入することができます（措法67の5）。

（4） 減価償却資産の取得価額

　減価償却資産の取得価額については，各事業年度の減価償却費の計算の基礎となるものですので，この計算方法等についても次の区分に従って詳細な規定がなされています。

　①購入した減価償却資産（法令54①一）

　②自己の建設，製作または製造に係る減価償却資産（法令54①二）

　③自己が成育させた生物（動植物）（法令54①三・四）

　④適格合併，適格分割，適格現物出資または適格現物分配により移転を受けた減価償却資産（法令54①五）

　⑤上記以外の方法により取得をした減価償却資産（法令54①六）

（5） 減価償却費の計算方法

　各事業年度の減価償却資産の償却費については，①法令で定める償却方法の中から法人が選択した方法により，②法令で定める償却計算の方法により計算した金額を限度として，各事業年度の損金の額に算入できる旨を定めています。また，その際には，法人が選択した償却方法が法人の最終的な意思決定に基づくことを明らかにするため，**損金経理**をすることが求められています（法法31①）。

　法令では，資産の取得時期により，資産の種類に応じた償却方法が異なっていますが，例えば平成19（2007）年4月1日以降に取得された減価償却資産について，法人税法施行令で定める償却方法は，次のとおりです（法令48の2）。

- ●定額法
- ●定率法
- ●生産高比例法
- ●リース期間定額法

　また，上記以外の特別な償却の方法を用いることはできますが，そのためには所轄税務署長の承認が必要です（法令48の4）。

また，法人が選択した償却方法については，確定申告書の提出期限までに，採用する償却方法について所轄税務署長に届け出る必要があります（法令51②）。

なお，法人がこの届出をしなかった場合には，資産の区分ごとに償却方法が法令で定められています（法令53）ので，税務当局はこれに従って減価償却費を計算することになります。

(6) 耐用年数

減価償却費は，その耐用年数に応じて各事業年度に費用として配分されますので，課税の公平を図るため，法人が任意で恣意的な耐用年数を採用するのではなく，「減価償却資産の耐用年数等に関する省令」の別表で資産の種類や用途ごとに定められた年数を用い，償却費の計算は，一律にこの耐用年数に基づいて行われることになります（法令56）。

---

column 7　減価償却資産の単位

減価償却資産の取得に関し，その資産が少額の減価償却資産に該当するかどうかが裁判で争われたことがあります。

移動電話網を運営するNTTドコモグループのA社は，系列のB社からPHS回線の事業を譲り受け，PHS端末と電話網を接続するためのエントランス回線利用権なる無形固定資産について，1回線当たり7万2,800円の設置負担金を支払う契約をし，全国で約15万回線を譲り受け，総額約112億円を支払いました。A社は，その取得した無形固定資産は，1回線当たりの取得価額が10万円未満の少額の減価償却資産（法令133）であるとして，全額を損金の額に算入して申告しました。

これに対し課税側は，上記の無形固定資産の取得価額は，1回線当たりの7万2,800円ではなく，回線全体の約112億円であり少額の減価償却資産には該当しないとして損金の額への算入を認めなかったことから，A社が提訴したものです。

すなわち，上記の無形固定資産は，1回線の単価が7万2,800円である少額減

価償却資産を約15万回線取得したと考えて損金の額に算入できるのか，あるいは，約15万回線の全体を1つの機能と考えて取得価額約112億円の資産と考えるのか，という論点です。裁判所は次のように判示しました（最三判平成20年9月16日民集62巻8号2089頁）。

　すなわち，課税側は，移動しながらでも通信できるというサービスの提供は，すべてのエントランス回線を利用するという権利が一体となって初めて可能となるものであると主張する。しかし，電話加入者が移動しながら通話する場合，エントランス回線は順次変わっていくとしても常に利用しているエントランス回線は1つであり，1回線ごとに電話網と接続し，エンドユーザーに電気通信役務を提供させる権利を取得したとみるのが相当である。したがって，単価7万2,800円の少額資産であるエントランス回線を約15万回線取得したと考えて即時償却できる，というものです。

　これは，移動電話網における資産の機能単位について，通話ができる単位と捉えるのか，あるいは，移動しながら通話可能な単位と捉えるのかにより異なることを表します。

　同様の考え方は，例えば応接セットについても当てはまります。応接セットは，ソファとテーブルがセットになりますが，ソファ1つでも座る機能はあり，テーブル1つでも物を置く機能はあります。しかしながら，ソファとテーブルとが別々では応接セットとしての機能はありません。このように，少額の減価償却資産をめぐっては，その取得の単位をどのように捉えるかが，実務上も問題となることがあります。

（7）　減価償却資産の取得価額の特例

　法人が有する減価償却資産について**資本的支出**があった場合には，既存の減価償却資産と種類および耐用年数を同じくする減価償却資産を新たに取得したものとして扱うこととされています（法令55①）。

　この場合の資本的支出とは，固定資産の修理や改造等のために支出した金額のうち，その価値を高め，またはその耐久性を増すこととなると認められる部分に対応する金額のこと（法令132）であり，当該部分に対応する金額については，費用としてその事業年度の損金の額に算入するのではなく，そ

の金額については新たに取得した減価償却資産として取り扱うことになるのです。

　例えば，既存の建物に非常階段を取り付けた場合には，その非常階段に係る支出部分については，新たな減価償却資産を取得したものとして取り扱うことになります。

▎2. 償却限度額

　各事業年度の損金の額に算入できる減価償却費は，法人税法や法人税法施行令等で規定された減価償却の方法や耐用年数を基にして計算された各事業年度の償却費が上限とされています。そして，この上限となる金額を**償却限度額**といいます（法法31①）。

　したがって，法人の行った減価償却費の計算額がこの償却限度額を超過した場合には，その超過した部分の金額（**償却超過額**）は，その事業年度の損金の額には算入されません。

　しかしながら，この償却超過額のある減価償却資産については，その帳簿価額は，その償却超過額に相当する金額の減額がなかったものとみなして，翌事業年度以降の償却限度額を計算することとされています（法令62）ので，減価償却費の計算の基礎となる帳簿価額は，法人の計上した金額にその償却超過額を加算した金額となります。

　そのため，その事業年度の損金の額に算入されなかった償却超過額は，翌事業年度以降において法人が償却費として計算した金額に含めることになっています。つまり，翌事業年度以降の償却費の中には，その事業年度において計算された償却費だけでなく，前事業年度以前の償却費のうち，償却超過額となった部分の金額が含まれることになります（法法31④）。

　つまり，ある事業年度に償却超過額が生じてその事業年度の損金の額に算入されない金額がある場合は，その事業年度では損金の額に算入されませんが，その後の事業年度で**償却不足額**（償却限度額より償却費の計算額が下回る場合の，その下回る金額）が生じた場合には，その償却不足額の範囲内で，その後の事業年度の損金の額に算入されることになります。

このため，法は減価償却費について，費用として損金の額に算入することは認めつつも，1事業年度の損金の額として算入できる限度額を法令の規定で定めることにより，法人がその年度について任意に損金の額を上下させるという行為を防いでいるのです。換言すれば，法は，減価償却費については企業会計の原則に則りつつ，損金に算入できる額の年度配分を規定しているのです。

column 8　損金経理と課税の原則

　損金経理とは，法人がその確定した決算において費用または損失として経理することとされています（法法2二十五）。また，法人の決算は株主総会または社員総会の議決を経て確定しますので，確定した決算に基づくとは，株主総会等を経た法人の最終的な意思を表すものであり，法人が損金の額に算入する費用または損失の額は，法人の決算と密接に結びついていなければならないことを表していることになります。

　それゆえ，例えば，減価償却費の損金計上は損金経理を要件としています（法法31①）ので，法人が減価償却費の全額を当期の損金の額に算入するためには，企業会計に基づく損金経理額と，課税の公平を原則とする法人税法が求める償却費計算に基づいた償却限度額とが一致していなくてはなりません。耐用年数についてみると，耐用年数表に記された耐用年数によらなければ，減価償却限度額と実際に損金の額に算入できる減価償却費との間に差が生じることになります。

　すなわち，仮に法人が，独自の見積もりにより財務省令で定められた耐用年数より長い耐用年数を採用した場合には，その耐用年数が確定した決算での耐用年数となることから，その法人の計上する減価償却費は法人税法が認める損金算入限度額に満たないこととなります。逆に，短い耐用年数を採用した場合には，法人が計上する減価償却費は法人税法が認める損金算入限度額を超え，損金の額に算入できない部分が生じることになります。

　法人税法が，その全額を損金の額に算入できる減価償却費の計算方法を細かく法定しているのは，各事業年度への費用配分について課税の公平を図るため

ですが, IFRS 基準を採用する法人が増えるにつれ, 企業会計等の専門家からは, 法人の採用した減価償却方法による減価償却費の全額が法人税法でも損金の額に算入することができるよう, 法人税法が規定する損金経理要件を廃止すべきではないか, との意見が出されるようになりました。つまり, 確定した決算によることなく, 申告調整で減価償却費の損金算入を認めるべきという意見です。

こうした例は, 課税の公平を命題とする法人税法と, 国際化が進展する企業会計との間の齟齬が生じつつあることを示しているのかもしれません。

3. 繰延資産の償却費の計算

(1) 意　義

企業会計上, 繰延資産とは「既に代価の支払が完了し又は支払義務が確定し, これに対応する役務の提供を受けたにもかかわらず, その効果が将来にわたって発現するものと期待される費用」(企業会計原則注解15) とされ, 企業会計基準委員会の「繰延資産の会計処理に関する当面の取扱い」においては, 具体的に①株式交付費, ②社債発行費等, ③創立費, ④開業費, ⑤開発費, であるとされます。

他方, 法人税法では,「法人が支出する費用のうち支出の効果がその支出の日以後1年以上に及ぶもので政令で定めるもの」(法法2二十四) と規定し, 企業会計で繰延資産とされているものに加えて, 支出の効果がその支出の日以後1年以上に及ぶものとして, 自己が便益を受ける公共的施設または共同的施設の設置または改良のために支出する費用, 資産を賃借しまたは使用するために支出する権利金等, 自己が便益を受けるために支出する費用を繰延資産としています (法令14①六)。

すなわち, 法人税法の繰延資産とは, 企業会計の繰延資産よりも範囲が広く, 支出の効果が1年以上に及ぶようなものも含むことになります。

(2)　償却費の計算

繰延資産の償却費についても, 法人税法の定めに従って計算した金額を限

度（償却限度額）として各事業年度の損金の額に算入することになります（法法32①）。併せて，損金経理が損金算入のための要件となっています。

　繰延資産のうち，企業会計上で繰延資産とされているものについては，その繰延資産の額そのものが償却限度額となります（法令64①一）。

　すなわち，取得した年度内で取得した繰延資産の全額を減価償却費とすることも可能です。これは，早期の償却が期待されていることによるとされています。

　他方，法人税法で繰延資産としてものについては，支出効果の及ぶ期間で均等に償却することが求められています（法令64①二）。すなわち，繰延資産の金額を支出効果の及ぶ期間で均等に配分した額が償却限度額となります。これは，こうした費用については，効果の及ぶ期間に配分して課税の公平を図ろうとしたものです。

　なお，支出した費用の額が20万円未満であれば，全額を損金経理によりその事業年度の損金の額に算入することができます（法令134）。

4. 特別償却

（1）趣　旨

　通常の減価償却費の計算とは切り離し，租税特別措置法において，特定の事実がある場合に限り通常の減価償却額以上に超過的な償却を行うことが認められています。

　これは，特定の政策目的を達成するため，公正妥当な会計基準に必ずしも合致しない償却を認めて，投下資本の早期回収が可能となるような措置を採用していることによるものです。

（2）償却費の計算

　特別償却の償却費の計算には次の2種類があります。

①初年度特別償却

　特定の減価償却資産を取得して事業の用に供した場合に，その日を含む事

業年度（初年度）において，通常の償却限度額（普通償却限度額）に取得価額の一定割合を**特別償却限度額**として加算した金額を償却限度額とすることができる方式です。

　　償却限度額＝普通償却限度額＋特別償却限度額

　　　　（特別償却限度額＝取得価額×一定率）

②割増償却

　特定の減価償却資産を取得して事業の用に供した後に，一定期間，普通償却限度額に普通償却限度額の一定割合を割増した金額を加算した金額を償却限度額とすることができる方式です。

　　償却限度額＝普通償却限度額＋特別償却限度額

　　　　（特別償却限度額＝普通償却限度額×一定率）

Ⅸ 費用に係る損金の額の計算（2）

1. 役員給与

（1）趣　旨

　法人が使用人（雇用契約に基づき特定の事業主に従属している者）の労働の対価として支払う賃金，給与，賞与などについては，原則として，法人税法22条3項二号の趣旨により，その全額が各事業年度の損金の額に算入されます。

　しかしながら，役員と呼ばれるような，法人の経営にかかわっている者に対して支払われる給与については，法が定める一定の支給方法によらない場合には，その全額が各事業年度の損金の額に算入されません（法法34①）。

　なお，ここでいう**役員給与**とは，法人が役員に対して支払う報酬や賞与をいい，業績連動給与に該当しない退職金は含まれません。また，役員に対して債務の免除を行った場合などの経済的な利益も含まれます（法法34④）。

(2) 意　義

　旧来の企業会計では，取締役等の役員に対する報酬は職務の対価として費用として処理し，賞与については利益の処分としての処理が行われるのが一般的でした。

　そのため，旧法人税法では，職務の対価とされる報酬については損金の額に算入することとする一方，利益の処分とされる賞与については，別段の定めを置いて損金の額には算入しないこととしていました。

　ところが，平成 17（2005）年に制定された会社法では，役員の報酬も賞与も職務執行の対価であるとされ（会社法 361 ①），同年に出された役員賞与に関する会計基準（企業会計基準委員会企業会計基準第 4 号）でも，役員賞与は発生した会計期間の費用として処理することとされました。そのため，法人税法の平成 18（2006）年 3 月の改正において，役員に対する報酬と賞与を役員給与という用語に一本化するとともに，その給与の支給方法に応じて，損金の額へ算入される場合とされない場合とを分けて扱うことになったのです。

　すなわち，法人が恣意性を排除して明確な基準を設けて支払う役員給与については，法人税法 22 条 3 項 2 号の費用として損金の額に算入しますが，恣意的な取扱いがなされる可能性のある役員給与については，損金の額に算入しない扱いをしていることになります。

(3) 損金の額への算入が認められる支給方法

　法人税法では，役員給与について，その支給内容や支給規準，支給方法等について限定的に列挙したうえで，これらに合致した支給であれば，給与であれ賞与であれ，損金の額への算入を認めるものの，合致しない支給については損金の額への算入を認めないこととしています。そして，次の 3 通りのいずれかに該当する役員給与であれば，支払いのあった事業年度の損金の額に算入できます。

①定期同額給与（法法 34 ①一，法令 69 ①）
　　●金銭によりなされる支給については，支給時期が 1 月以内の一定の期間

ごとであり，かつ，その事業年度の各支給時期における支給額が同額である給与その他これに準ずる給与。

- 継続的に供与される経済的な利益のうち，供与される利益の額が毎月おおむね一定であるもの。

これは，毎月支給される給与と同様のものであり，支給額が一定である等の明確な基準が定められていることから恣意性が排除されると考えられるからです。

したがって，法人の業績好調に伴って期中の支給額を増額したような場合は，これには該当しないことになります。

② 事前確定給与（法法34 ① 二，法令69 ③）

- その役員の職務につき，所定の時期に確定額を支給する旨の定めに基づいて支給する給与（金銭または株式。一定の新株予約権を含む）で，一定の給与についてはその内容を事前に所轄の税務署長に届け出をしているもの。

これは，毎年の6月や12月に支給する賞与に類するもので，あらかじめ支給額や支給時期が確定していますので，恣意性が排除されると考えられるからです。

③ 業績連動給与（法法34 ① 三，法令69 ⑩〜⑫）

法人（一定の同族会社を含む）が業務執行役員に対して支給する，利益に関する指標を基礎として算定される給与で，次に掲げる要件を満たす給与。

- 算定方法が，職務執行開始日以後に終了する事業年度の利益に関する指標や株式の市場価格を基礎とする客観的なものであること。
- 金銭による給与にあっては確定した額を，株式等による給与にあっては確定した額を限度として支給するものであること。
- 報酬委員会が決定する等の適正な手続を経ていること。

これも，明確かつ客観的な基準を基に支給される給与であるので，恣意性が排除されると考えられるからです。

(4) 役員の定義

　会社法上の役員とは，取締役，会計参与および監査役とされており，同法施行規則では，これらに加えて，執行役，理事，監事その他これらに準ずる者も役員とされています。

　しかしながら，法人税法は，法人の経営にかかわる者への給与の支払いを規制することを主眼としていますので，上記の役員に加え，会社法上は役員ではない者であっても，実質的に法人の経営に関与し，その意思決定に大きな影響力を持つと認められる者も役員としています（法法2十五，法令7）。

　すなわち，役員とは，法人の使用人以外の者で実質的に法人の経営に従事している者とされていますので，法人の会長，相談役や顧問等も該当するとともに，法人の役員ではないが実質的に法人の経営に従事している者についても，役員とみなされることになります。

(5) 使用人兼務役員の扱い

　役員のうち，部長，課長等，法人の使用人としての職制上の地位を有してその職務に従事する**使用人としての職務を有する役員**（法法34⑥）については，その使用人としての職務に対して支給される給与に関しては，使用人と同様に損金の額に算入されます（法法34①括弧書き）。

(6) 不相当に高額な役員給与

　法人がその役員に対して支給する給与のうち，不相当に高額な部分の金額は，損金の額に算入されません（法法34②）。このため，同法の1項で損金の額への算入が認められる役員給与であっても，この規定により損金算入が認められない金額が生じることがあります。

　この不相当に高額な部分の金額の判断は，実質基準として，その役員の職務内容や法人の収益状況，同業種同規模法人との比較，あるいは，形式基準として，法人の定款等で定められた役員給与の支給限度額との比較等によりなされることとされています（法令70①一）。

　この「不相当に高額」の金額をどのように判断するのかについては，実質

基準を用いる際の具体的な比較対象の選定等に関して多くの訴訟が提起されています（著名なものとして、いわゆる「残波事件」（東京高判平成29年2月23日税資267号順号12981）があります）。

(7) 不正に支給した役員給与の損金不算入

　法人が、事実を隠ぺいしまたは仮装して支払った役員給与については、損金の額に算入されません（法法34③）。これは、法人が売上除外等の不正行為により捻出した資金から役員給与を支払った場合には、形式上は定期同額給与に該当したとしても、それは隠れた財産の処分に当ることから、このような定めをおいているのです。

(8) 役員に支給する退職給与の取扱い

　役員に支払われる退職給与については、在職時の職務執行に対する報酬の後払いと解されていることから、原則として、その全額について損金の額に算入できます（法法34①括弧書き）。

　ただし、退職給与のうち、当該役員の業務に従事した期間や退職の事情、同業種同規模法人の役員退職金の支給状況に照らして、不相当に高額な場合には、その高額と認められる部分の金額は損金の額に算入されません（法法34条②、法令70二）。これは、法人税法は恣意性を有するような役員給与の支給については損金の額への算入を認めていないことから、退職給与の名目で多額の支払いがなされ、かつ、受領した役員が所得税法上の「退職所得」として申告し、課税上有利な取扱いとなることを防ぐためであるとされています。

　なお、退職給与とは、「本来退職しなかったならば支払われなかったもので、退職したことに起因して一時に支払われることとなった給与」（所基通30-1）とされていますので、形式上は役員を退職したとしても、その後も法人の意思決定に対する影響力を維持している場合には、その支払われた金額は退職金ではなく、役員給与と判断されることがあります。その場合には、その支給は法人税法34条1項に定める支給方法のいずれにも該当しないこと

から，損金の額に算入されないことになります。

(9) 過大な使用人給与

　使用人に対する給与は原則として損金の額に算入されますが，法人の役員と特殊な関係にある使用人に支給する給与の額のうち，不相当に高額な部分の金額は損金の額に算入されません（法法36）。

　これは，法人の経営者が配偶者や子供などに多額の給与を支払うことにより，課税所得金額の調整を行うことを防止するために設けられた規定です。

　なお，特殊の関係のある使用人とは，役員の親族や役員から生計の支援を受けている者等とされ（法令72），不相当に高額な部分の金額とは，支給された者の職務内容，経験年数，当該法人の業種や規模，他の使用人への支給状況等の対比で決められるものとされています（法令72の2）。

2. 寄 附 金

(1) 趣 旨

　法人が寄附金を支出した場合には，特定の場合を除いて，その全額が損金の額に算入できるのではなく，各事業年度における支出額の合計額が一定の金額を超える場合には，その超える部分は損金の額に算入されません（法法37①）。

　法人税法上の寄附金とは，寄附金，拠出金あるいは見舞金等の名称のいかんにかかわらず，法人が行った金銭の給付や資産の贈与等であるとされています（法法37⑦）。また，損金の額への算入の有無を考える場合の寄附金の額とは，その金銭の額や資産の贈与等の贈与時の価額であるとされ（法法37⑦），低額の対価で資産の譲渡や経済的利益の供与をした場合には，資産の譲渡時や経済的利益の供与時の時価との差額についても，寄附金の額に含まれるものとされています（法法37⑧）。ただし，法人の事業遂行に直接結びつくと認められる広告宣伝費・交際費および福利厚生費等に該当するものは除くとされています（法法37⑦括弧書き）。

　また，法人が国や地方公共団体および特定の公益目的事業を行う法人に対

して経済的な利益の供与を行った場合には，その金額は寄附金の額には算入されません。このため，ここで規定される「寄附金」とは，所得税法上の寄附金控除の対象となる「寄附金」とは異なり，何らかの経済的な利益の供与を意味しています。

それゆえ，法人がこのような寄附金の支出を行った場合には，その支出は収益を獲得するために直接貢献した費用とは限られず，また，収益を獲得するために必要な費用であったとしても，直接の反対給付を伴わず対価性の認められない支出であることを意味します。さらには，直接に必要とされる部分との切り分けが困難である場合が一般的です。そのため，その全額について損金の額に算入する，あるいは算入しないとする扱いをするのではなく，外形的に画一的な基準となる金額を設け，その金額を超える場合には，超える部分の金額について損金の額に算入しない扱いとしているのです。

また，寄附金の額の支出に対して無制限に損金の額への算入を認めると，経済的な利益の供与を受けた第三者に対して国が税の免除による支援をしたのと同様の結果となり，公平な租税負担を阻害することにもなると考えられます。

なお，こうした損金算入限度額を設けていることから，寄附金の額が損金算入限度額の範囲内であれば，たとえ寄附金とされる支出であっても損金の額への算入が認められることになります。

(2) 概 要

法人が寄附金の額を支出した場合には，その法人の当該年度末の資本金等の額，および当該事業年度の所得の金額を基に計算した金額を限度額とし，その金額内であれば損金の額に算入しますが，その金額を超えた部分については，損金の額に算入しません（法法37①）。

(3) 特 例

①全額が損金の額に算入できる寄附金

法人が，国または地方公共団体に対して支出した寄附金や，特定の公益目

的の事業を行う者に対して支出した寄附金（指定寄附金）については，寄附金の額に算入されません（法法37③一・二）。すなわち，こうした寄附金については，法人税法37条1項が適用されないことから，法人税法22条3項二号の原則に立ち返って損金の額に算入されることになります。

　こうした扱いがされるのは，国や地方公共団体に対する寄附は，本来は国等が行うべき事業の一部を法人が寄附金の支出という形で担っているからであり，特定の公益目的事業を行う者に対する寄附についても，同様に，そうした事業の一部を法人が担っていると考えることによるものです。

　なお，学校法人や日本赤十字社などの特定の公益目的の事業を行う団体に対する寄附とは，広く一般に募集され，教育または科学の振興等に寄与するものとして財務大臣が指定した団体に対する寄附のことです。

②損金の額に算入する金額を別枠で計算できる場合

　法人が，公共法人や公益法人のうち，教育や社会福祉等への貢献が著しい法人である特定公益増進法人や認定特定非営利活動法人に対して支出した寄附金の額については，一般の寄附金について計算された損金の額への算入限度額とは別個に，損金の額への算入限度額の計算を行い，その限度額の範囲内で損金の額に算入されます（法法37④，法令77・77の2①）。

(4) 損金の額に算入できる金額の計算

　一般の寄附金については，次の計算式により求められた金額が各事業年度の損金の額に算入できる限度額となります（法令73①一）。

　　損金算入限度額＝（期末資本金等の額×0.25％＋所得金額×2.5％）÷4

　特定公益増進法人等への寄附金については，次の計算式により求められた金額が各事業年度の損金の額に算入できる限度額となります（法令77の2①）。

　　損金算入限度額＝（期末資本金等の額×0.375％＋所得金額×6.25％）÷2

(5) 子会社等の整理や再建のための負担を行った場合の取扱い

　法人が，特別の資本関係や事業関連のある子会社等を整理等する際の損失負担や子会社等を再建するために金銭の無償供与や低利貸し付けを行った場合には，法人がそうした損失負担や債権放棄等をしなければ，より大きな損失を被ること等の相当の理由があることを要件として，それらの金額については寄附金には該当しない取扱いがされています（法基通9-4-1）。

3. 交際費等

(1) 意　義

　費用収益対応の原則によれば，飲食費や贈答品費であっても，それが収益獲得に貢献した費用であれば，法人税法22条3項二号により損金の額に算入できることになります。

　ところが，租税特別措置法61条の4は，飲食費や贈答品費等の交際費等の取扱いについては特別の規定を設け，法人税法22条3項二号とは異なる扱いをすることとしています。

　これは，交際費等は，その性格上，その過度の支出は法人の資本蓄積の妨げになるとともに，こうした支出が健全な市場価格の形成を阻害する場合があるとして，交際費等に該当する支出の損金の額への算入に制限を設けることにより，交際費等の支出を抑制することを目的として設けられたことによるものです。第2次世界大戦後の法人の基盤強化が重要な課題であった昭和29（1954）年度の税制改正により租税特別措置法に規定され，以来，多くの改正を重ねて今日に至っています。

(2) 交際費等とは

　交際費等とは，「交際費，接待費，機密費その他の費用で，法人が，その得意先，仕入先その他事業に関係のある者等に対する接待，供応，慰安，贈答その他これらに類する行為のために支出するもの」（措法61の4⑥）とされており，法人での経理のいかんを問わず，支出の内容がこの定義に該当すれば交際費等として損金の額への算入が制限されることになります。

（3） 交際費等の取扱い

法人の支出した交際費等については，その事業年度の損金の額に算入しません。ただし，交際費等の中に接待飲食費がある場合には，その支出した接待飲食費の50％に相当する金額を上限とし，資本金等の額が100億円以下である法人に限り，その事業年度の損金の額に算入することができます（措法61の4①）。

また，いわゆる中小法人については，この取扱いとは別に，支出した交際費等の全額のうち，800万円までを損金の額に算入する取扱いを選択することもできます。ただし，中小法人であっても，資本金等の額が5億円以上の法人との間に完全支配関係のある中小法人には適用されません（措法61の4②括弧書き）。なお，いわゆる通算法人に関しては，異なる扱いがなされる場合があります。

なお，接待飲食費とは，「交際費等のうち飲食その他これに類する行為のために要する費用」（措法61の4⑥）とされています。

（4） 交際費等からは除かれる費用

法人が支出した費用のうち，次に掲げる費用については交際費等からは除かれるものとされています（措法61の4⑥）。

- 専ら従業員の慰安のために行われる運動会，演芸会，旅行等のために通常要する費用
- 1人当たり5千円以下（令和6年4月1日以後に支出するものについては1万円以下）の飲食費
- カレンダーや手帳等の物品を贈与するために通常要する費用および会議で出される茶菓や弁当等に要する費用

（5） 交際費等に該当となる要件

租税特別措置法は，法人の支出した費用が交際費等に該当すれば，その費用の損金の額への算入額に制限を設ける扱いを定めています。すなわち，同じ費用であっても，交際費等に該当すれば法人にとっては不利な扱いとなる

ことから，法人の支出した費用がそのような性格を有すれば交際費等に該当するのかが問題とされます。

　法人の支出した費用が交際費等に該当するか否かを巡っては，多くの裁判例があります。それらの裁判では，法人の支出した費用が次の2要件に該当すれば交際費等であるとする判断がなされた判決もあれば，2要件では足りずに，次の3要件をいずれも満たす場合に交際費等に該当するとする判決もあります。

①次の2要件を満たすことにより交際費等に該当するとするもの
- 「支出の相手方」が事業に関係のある者等であること
- 「支出の目的」が，接待等の行為によりこれらの者との間の親睦の度を密にして取引関係の円滑な進行を図ること

②次の3要件を満たすことにより交際費等に該当するとするもの
- 「支出の相手方」が事業に関係のある者等であること
- 「支出の目的」が，これらの者との間の親睦の度を密にして取引関係の円滑な進行を図ること
- 「行為の態様」が，接待・供応・慰安・贈答その他これらに類する行為であること

　なお，交際費の該当性について争われた事案として，いわゆる「萬有製薬事件」（東京高判平成15年9月9日時報1834号28頁）やいわゆる「オリエンタルランド事件」（東京高判平成22年3月24日訟月58巻2号346頁）などがありますが，いずれも上記の3要件で交際費の該当性を判断しています。

　いずれにしろ，実務上は交際費等に該当するか否かの線引きは微妙なものがあります。例えば，福利厚生費か交際費等か，あるいは寄附金か交際費等か，といった問題ですが，結局は，個々の事例に応じて社会通念に則して判断される必要があります。

4. 租税公課

(1) 概　要

　租税公課は，企業会計では費用に該当し，法においても法人税法22条3項二号に該当して損金の額に算入されるのを原則としますが，一部の租税公課については損金の額に算入されない扱いとしています（法法38）。これは，主に租税政策上の理由によるものとされていて，条文で個別に列挙されています。したがって，個別に列挙されていない租税公課については，法人税法22条3項二号の原則に立ち返って，損金の額に算入されることになります。

(2)　個別に列挙された租税

　条文で個別に列挙されている主な租税公課には，法人税や相続税および地方税である道府県民税等がありますが，そのうちの法人税について述べると，法人税の額は，益金から損金を控除した課税所得に税率を乗じて算出されることから，法人税額を損金の額に算入したのでは，いつまでも税額が確定しません。このため，一部の法人税を除いて，原則として損金の額に算入しません（法法38①）。

(3)　加算税や延滞税，罰金，各種の課徴金等（法法55③④）

　法人が支払った加算税や延滞税の額については，損金の額に算入しません。これらは納税義務を懈怠した結果として課されるものであり，ペナルティの性格を有するものですので，これらを損金の額に算入すると制裁効果が減殺されることになるからです。

　また，罰金等や各種の課徴金についてもペナルティの性格を有することから，同様に損金の額に算入しません（法法55③④）。

5. 不正行為等に係る費用等

　法人が，隠ぺいや仮装を行うことにより支払うべき法人税を免れようとした場合には，その隠ぺい・仮装行為に要した費用や損失の額は損金の額に算入しません（法法55①）。これは，租税の意義そのものを否定するような支

出を法人税法で認めることはできないからです。

　また，法人が，刑法に規定する賄賂や外国公務員に対して不正な利益を供与したような場合には，その利益の額に相当する費用または損失の額についても損金の額に算入しません（法法55⑤）。この規定は，腐敗の防止に関する国連条約に対応する国内法上の措置として導入されたものです。

X 損 失

1. 資産の評価損

(1) 趣 旨

　企業会計は資産について取得原価主義を採用しており，時価が取得原価を下回った場合でも，回復の見込みがある限り評価損の計上はできません。法人税法も企業会計と同様の立場をとり，資産の評価替えをして帳簿価額を減額した場合であっても，原則として，その減額した部分の金額は損金の額に算入しないことを定めています（法法33①）。

　これは，法人税法22条3項三号で，資本等取引以外の取引に係る損失について包括的に損金の額に算入すべきとしているので，その例外として扱うために損金の額に算入しない旨を宣言しているのです。法人税法25条と対になる規定です。

　特に，資産の評価替えについては，これを安易に認めると租税回避の手段として使われやすいことから，法人税法は評価替えによる損金の額への算入は原則禁止し，例外的な事象が生じた場合のみ評価減を認めるという立場をとっているのです。

　また，法人が帳簿上評価減をした場合でも，この規定によりその評価減が損金の額に算入されなかったときは，評価替えをした事業年度以降の各事業年度の所得の計算に際しては，その資産の帳簿価額は減額がなされなかったものとして取り扱われることになります（法法33⑥）。

(2) 例外として損金の額に算入できる場合

次の 2 つの場合が規定されています。

①他の法律で評価替えを行うことが求められている場合

会社更生法による更生計画認可や民事再生法による再生計画認可の決定が
あったことにより行う評価替え等は時価によることが求められていますので,
その評価替えにより生じる評価損については,それが実現されたものとして
損金の額に算入されます（法法 33 ③④)。

②法人の有する資産について,以下に掲げるような事実があり,その価額が帳簿
価額より低下した場合

損金経理を行うことによって,期末時価までの評価換えによる減額部分を
その事業年度の損金の額に算入することができます（法法 33 ②,法令 68 ①)。

a 棚卸資産

- 災害により著しく損傷したこと
- 著しく陳腐化したこと
- 以上に準ずる特別の事実が生じたこと

例えば,新製品の開発や法的規制の変化等に伴ってその価値が著しく減少
して回復が認められない場合,あるいは,破損・型崩れ・品質変化等により
通常の方法によって販売することができないようになった場合等が該当しま
す。

なお,いわゆるバブル経済の崩壊により絵画の価額が大幅に下落した場合
について,それは資産が著しく陳腐化した場合には該当しないとして,評価
損計上を認めなかった裁判例があります（東京高判平成 8 年 10 月 23 日判時
1612 号 141 頁)。

b 有価証券

- 上場有価証券等について,その価額が著しく低下したこと
- 上場有価証券等以外の有価証券等について,その有価証券を発行する法
  人の資産状況が著しく悪化したため,その価額が著しく低下したこと

● 上記の2つ目に準ずる特別の事実が生じたこと

　例えば，上場有価証券等について，期末価額が帳簿価額のおおむね50％相当額を下回り，近い将来に価額の回復が見込まれない場合が該当するとされています（法基通9-1-7）。

c 固定資産

● 災害により著しく損傷したこと
● 1年以上にわたり遊休状態にあること
● その本来の用途に使用できないために，他の用途に使用されたこと
● 所在する場所の状況が著しく変化したこと
● 以上に準ずる特別の事実が生じたこと

　これらによると，保有する土地の価額が全国的に下落したとしても，評価損は計上できないことになります。

2. 貸 倒 れ

(1) 意 義

　法人税法22条3項三号の損失については法人税法上に定義はないので，これも一般に公正妥当と認められる会計処理の基準に従って算出することになります。

　一般的に，損失とは収益活動とは直接の因果関係がない財産上の価値の喪失をいうものとされており，貸倒損失，災害による損失，為替損失，盗難による損失等がこれに当たるとされています。これらの損失のうち，貸倒損失以外の損失については，事実発生の有無が客観的に比較的明らかであるのに対し，貸倒損失については，その計上の有無や時期について法人の恣意が働きやすいことが想定されます。

　そのため，貸倒れについては，損失と認められるか否かという事実認定の問題と解して，税務当局は，法人税基本通達9-6-1から9-6-3でその取扱いを明らかにしています。

　なお，法人税法では，貸倒れの計上について債権者側の恣意性の排除という観点から企業会計での取扱いよりも厳格に行うべきと考えられていますの

で, 法人税基本通達でも貸倒損失の計上を限定的なものとして取り扱っています。

「法人税の場合には, (中略) 課税の公平を図ろうとするのであるから, 純資産減少の原因となるべき事実について, 企業会計の場合よりも厳格なある種の制約を加えることは, 当然起こりうることである。」(大阪地判昭和44年5月24日税資56号703頁)。

(2) 具体的な取扱い

法人税基本通達では, 次の3つの場合に区分したうえで, 貸倒れとして損失計上できる要件を列挙しています (法基通9-6-1～9-6-3)。

①法律上の貸倒れ等が生じた場合 (金銭債権の全部または一部の切捨てをした場合の貸倒れ)
- 会社更生法や民事再生法の規定による認可決定があった場合の切り捨てられる部分の金額
- 会社法の規定による特別清算に係る協定の認可決定があった場合の切り捨てられる部分の金額
- 法令の規定によらない関係者間協議決定で, 客観的かつ合理的な基準で切り捨てられる部分の金額
- 債務者の債務超過の状態が相当期間継続し, その金銭債権の弁済を受けることができないと認められる場合に, その債務者に対して書面により明らかにされた債務免除額

②事実上の貸倒れ (回収不能の金銭債権の貸倒れ)
- 債務者の資産状況・支払能力等から全額が回収できないことが明らかであること
- 損金経理をすること
- 担保物があるときは, その処分後であること
- 保証債務は履行後であること

上記のような事情が生じたときには貸倒損失を計上できるとされていますが，これらは，主に債務者側の状況を判断の基礎とし，その全額の回収ができないことを要件としている点が重要です。債権者側の事情による恣意的な計上を排除するためであるとされています。具体的には，債務者の資産状況，支払能力等の債務者側の事情が判断の中心となりますが，それ以外にも債権回収に必要な労力，債権額と取立費用との比較衡量など，債権者側の事情や経済的環境等も踏まえて，社会通念に従って総合的に判断されるものとされています（参考事案として，いわゆる「興銀事件」（最二判平成16年12月24日民集58巻9号2637頁）があります）。

③形式上の貸倒れ（一定期間取引停止後弁済がない場合等の貸倒れ）
- 債務者と取引の停止をした時から1年以上経過した場合
- その法人が同一の地域で有する売掛債権の総額が，その取立てのために要する旅費等の費用に満たない場合において，支払いの督促をしたにもかかわらず弁済がない場合

(3) 寄附金等との関係

　法人税法上，寄附金の額とは，寄附金，拠出金，見舞金その他いずれの名義をもってするかを問わず，金銭その他の資産または経済的な利益の贈与または無償の供与をした場合の金額（法法37⑦）ですので，債権を回収できるのにこれを放棄した場合は，経済的利益を無償で供与したものとして，債務者への寄附金として扱われることになります。

その他の損金の額の計算

1. 圧縮記帳

(1) 意 義

　法人が得た資本等取引以外の取引に係る収益の額は，各事業年度の益金の額に算入されます（法法22②）。

　そのため，例えば，法人が国から補助金を受けて固定資産を取得したとしても，補助金の額は受贈益としてその事業年度の益金の額に算入されます。

　また，固定資産が災害等で滅失し，保険金を受領した場合でも，その保険金の額はその事業年度の益金の額に算入されます。

　すなわち，法人税法22条2項の規定がある限り，国から得た補助金が課税対象となり全額が使えない，あるいは，保険金が下りても，その全額を固定資産の修復等に充てられないような事態が生じることになります。

　圧縮記帳は，こうした事態が生じることのないよう，補助金や保険金等の受贈益に相当する金額をその事業年度の損金の額に算入することによって受贈益の額と相殺し，結果として課税関係が生じないようにするものです。

　つまり，補助金等により新たに購入等した固定資産の取得価額（簿価）について，補助金等部分である受贈益に相当する金額分を損金の額に算入する処理を行い，新たな固定資産の取得価額について受贈益相当分を圧縮して帳簿に記帳することから，圧縮記帳と称されているのです。

(2) 効 果

　圧縮記帳は，取得した固定資産の取得価額を減額することを認めることから，取得した固定資産の簿価は圧縮され，結果として，それ以後の事業年度で計上される減価償却費が減少することになります。

　すなわち，減価償却費が減少することにより，その減少分だけ損金の額が減額されて課税所得が増額されることから，圧縮記帳によって生じた損金は，

その後の事業年度の減価償却費の減少や譲渡時の課税所得として取り戻されることになります。これが，圧縮記帳は税の免除ではなく，課税の繰延べといわれるゆえんです。

（3）　圧縮記帳の方法

　圧縮記帳の対象となる資産は固定資産であり，対象となる固定資産の取得価額を圧縮額の範囲内で直接減額し，この減額分を損金に計上します。

（4）　主な圧縮記帳

①国庫補助金等で取得した固定資産等圧縮記帳（法法 42）

　国や地方公共団体は，法人の設備の近代化や試験研究の推進等を意図して，特定の固定資産取得のために補助金等を交付することがあります。

　こうした補助金で取得した固定資産については，補助の目的となった固定資産の取得・改良に要した金額と，交付を受けた国庫補助金等の金額のいずれか少ない額を限度として損金経理により減額し，損金の額に算入します。

②保険金等で取得した固定資産等の圧縮記帳（法法 47）

　法人の有する固定資産が火災等によって滅失または損壊等したことにより保険金等の支払いを受け，同一事業年度内にその保険金等によって同一種類の代替資産を取得等した場合に，それらに充てた保険金等の差益金の額について固定資産の簿価を損金経理により減額し，損金の額に算入します。

③交換により取得した固定資産等の圧縮記帳（法法 50）

　法人税法22条2項の趣旨からは，法人が所有する固定資産と他の者が所有する固定資産とを交換した場合には，法人の所有する固定資産は交換時の時価で譲渡したものとして，その譲渡益が益金の額に算入されることになります。

　しかしながら，法人が保有する固定資産を同一種類の固定資産と交換し，交換で取得した資産を交換で譲渡した資産と同一の用途で用いた場合には，

同一の資産をそのまま所有していたものと実質では同じと考えることができます。そこで，1年以上保有していた固定資産を他の固定資産と交換し，交換前と同一の用途に供した場合には，その交換差益について損金経理により薄価を減額した場合には圧縮記帳が認められています。

　なお，圧縮記帳は法人税法に限らず租税特別措置法でも認められていますが，租税特別措置法で定められた圧縮記帳の多くは，土地の有効利用を図る等の政策を実現することを目的とするものです。

2. 引 当 金

(1) 意 義

　法人税法における損金の考え方からすると，引当金は損金ではありません。なぜなら，法人税法は費用の損金の額への算入については債務の確定を要件としており（法法22③二括弧書き），将来の費用の発生に備える引当金は，この要件に合致しないからです。

　しかしながら，利益の有無にかかわらず引当金を計上するという会計慣行があることなどを踏まえ，**貸倒引当金**についてのみ，引当金勘定への繰入額のうち一定の金額を限度として損金の額に算入することを認めています。

　すなわち，法人税法は債務確定主義の考え方から，引当金については原則として損金の額への算入は認めず，個別の条文に規定がある場合に限り，各事業年度中に損金の額に算入できる限度額の計算を行い，その限度内において損金の額への算入を認めるとの考え方（**引当金法定主義**）を採用しているのです。したがって，上記の貸倒引当金以外の引当金については，法人として計上したとしても，損金の額には算入されません。

(2) 貸倒引当金（法法52）

①概要

　法人のうち，銀行業および保険業を営む法人について認められている引当金です。なお，公益法人等および資本金の額等が1億円以下の中小法人については，業種に関係なく認められています（ただし，資本金等の額が5億円

以上の法人との間に完全支配関係のある場合又は大通算法人に該当する中小法人には適用されません）（法法 52 ①）。

②繰入限度額の計算

　各事業年度の損金の額に算入できる金額は，法人が各事業年度末に有する金銭債権について，①個別の債務者について貸倒れ等により損失が見込まれる債権（**個別評価金銭債権**）と②過去に生じた貸倒損失の実績により計算した債権（**一括評価金銭債権**）の２つに区別し，それぞれについて法人が損金経理により貸倒引当金勘定に繰り入れた金額がある場合には，その繰り入れた金額について一定の計算式に従って計算した繰入限度額に達するまでの金額とされています。

┃ 3. 欠損金とその繰越し

（1）意　義

　法人税の課税標準は各事業年度の所得の金額ですので，前後の事業年度の所得の金額は，当該事業年度の所得の金額とは無関係とされています（**事業年度独立の原則**）。

　しかしながら，事業年度独立の原則は，その事業年度より前の事業年度の所得の額に影響されないという点で，前事業年度がプラスの所得であれば法人の利益にもつながりますが，マイナスの所得であれば法人の資本維持の阻害要因ともなります。

　そこで，人為的に事業年度を区切ったために，利益の発生年度や欠損の発生年度によって各事業年度の所得金額に不均衡が生じることを防ぎ，法人の活動の成果を長期的に測定するため，前期以前に欠損金額が生じていた場合に当期に所得金額が発生した場合には**繰越控除**を行い，当期に所得金額が生じても翌期に欠損金額が生じれば，翌期に**繰戻し還付**を行うことによって調整を図ることとしているのです。

　なお，**欠損金額**とは，「各事業年度の所得の金額の計算上当該事業年度の損金の額が当該事業年度の益金の額を超える場合におけるその超える部分の

金額をいう」（法法 2 十九）とされています。

（2） 欠損金の繰越控除

①青色欠損金の繰越控除（法法 57）

　法人の各事業年度開始の日の前 10 年以内に開始した事業年度に欠損金額が生じている場合において，欠損金額が生じた事業年度において法人が青色申告書を提出し，かつ，その後の各事業年度において連続して確定申告書を提出している場合には，法人のその事業年度の所得の計算に際しては，過去の事業年度の欠損金額に相当する金額をその事業年度の損金の額に算入することができます。

　ただし，損金の額に算入できる欠損金額に相当する金額の上限は，その事業年度の控除前所得の 50％を限度とすることとされています（法法 57 ①）。

　なお，資本金等の額が 1 億円以下の中小法人については，その事業年度の所得の金額が上限とされます。ただし，資本金等の額が 5 億円以上の法人との間に完全支配関係のある場合又は大通算法人に該当する中小法人には適用されません（法法 57 ⑪一）。

　また，再生手続の開始があった法人については，その決定があった日以降 7 年間にわたり，新設法人については設立の日以降 7 年間にわたり，その事業年度の所得の金額が上限とされます（法法 57 ⑪二，三）。

②災害損失金の繰越控除（法法 58）

　法人が青色申告書を提出しなかった事業年度において生じた欠損金額であっても，それが災害によって生じたものであれば，災害による損失の額について，10 年間の繰越控除が認められています。

③会社更生等による債務免除等があった場合の欠損金の損金算入（法法 59）

　会社更生やその他の事業再生手続き時点における欠損金額については，当該会社更生その他の事業再生手続きに伴う債務免除益等が生じた場合には，その債務免除益等の範囲内で損金の額に算入できます（法法 59 ①②）。

(3) 青色申告年度の欠損金の繰戻しによる還付（法法 80）

　法人が，青色申告書を提出する事業年度において生じた欠損金額がある場合には，その欠損金額に係る事業年度（**欠損事業年度**）開始の日前 1 年以内に開始した事業年度（**還付所得事業年度**）の所得に対する法人税額について，還付請求をすることができます（法法 80 ①）。

　ただし，この繰戻し還付については，平成 4（1992）年 4 月 1 日から令和 6（2024）年 3 月 31 日までの間に終了する事業年度において生じた欠損金額については適用されない措置がとられています。ただし，資本金等の額が 1 億円以下の法人等（資本金等の額が 5 億円以上の法人との間に完全支配関係のある場合又は大通算法人に該当する中小法人を除く）については適用があるとともに，清算中に終了する事業年度および解散等の事実が生じた場合の一定の事業年度に生じた欠損金額についても適用があります（措法 66 の 12）。

XII　税額の計算と法人税の申告

▌ 1. 税額の計算

(1)　税　率

　法人税の税額は，各事業年度の課税標準に税率を乗じて求めますが，その税率は，普通法人および人格のない社団等については 23.2％となっています（法法 66 ①）。

　ただし，税率について，法人の類型や規模等に応じて特例が設けられていますが，その主なものは次のとおりです。

- 資本金等の額が 1 億円以下の普通法人および人格のない社団等（資本金等の額が 5 億円以上の法人との間に完全支配関係のある場合又は大通算法人に該当する中小法人を除く）の場合，各事業年度の所得の金額のうち，年 800 万円以下の金額については 19％（法法 66 ②）。ただし，平成 24（2012）年 4 月 1 日から令和 5（2023）年 3 月 31 日までの間に開始する各事業年度分については，15％に軽減される措置がとられてい

す（措法 42 の 3 の 2）。
- 公益法人等または協同組合等の場合は，19％（法法 66 ③）。ただし，平成 24（2012）年 4 月 1 日から令和 5（2023）年 3 月 31 日までの間に開始する各事業年度分については，15％に軽減される措置がとられています（措法 42 の 3 の 2）。

（2）　税額計算の手順

各事業年度の納付すべき法人税額を算出するための計算は，次によることとなっています。

　　課税標準×税率＝法人税額
　　法人税額−特別控除Ⓐ＋特定同族会社の留保金に対する特別税額Ⓑ
　　　＋使途秘匿金の特別税額Ⓒ−（所得税額控除・外国税額控除等Ⓓ）
　　　−中間申告分の法人税額＝納付すべき法人税額

こうした計算手順のうち，Ⓐの特別控除とは，政策目的のために税額の控除を認めるもので，租税特別措置法に規定が設けられています。試験研究を行った場合の特別控除や各種の投資税額控除がこれに当たります。

また，Ⓓのうち所得税額控除（法法 68）は，内国法人が受領した利子・配当金等について納付した所得税額分を控除するものです。すでに所得税が課税された後の利子等についても法人税の課税所得に含まれていますので，支払った所得税額を法人税額から控除して二重課税を避けようとするものです。また，外国税額控除（法法 69）は，国際的二重課税を排除するため，外国で納付した外国税額相当額について，国外所得に対して日本で納付すべき法人税額の範囲内で控除することを認めているものです。

（3）　特定同族会社の留保金に対する特別税額（法法 67 ①）

上記計算手順のうちのⒷに当たるものです。納税者である法人が特定同族会社に該当する場合には，この特別税額の課税対象となります。

特定同族会社は，きわめて少数の株主が法人を支配していることから，法

人の配当の有無やその金額についても，この少数の株主に有利になるように任意に決定できる可能性が大きくなります。つまり，法人が稼得した利益を配当に回さずに法人に留保しておくことにより，個人の株主に配当されていれば課されたであろう所得税の累進課税の適用を避け，結果として個人株主の租税負担の軽減を図ることも可能となります。

　そのため，このような租税負担を恣意的に軽減することを防ぐため，特定同族会社が配当せずに留保した金額の一定部分を対象として，特別の税率により追加的な課税をする制度です。

①留保金課税の課税対象

　法人が当期の法人税額等を控除した後の当期留保金額から，一定金額（**留保控除額**）を控除した後の留保額（**課税留保金額**）が課税の対象となります。

②税額計算

　上記の課税留保金額に特別税率を乗じて得られた金額が税額となりますが，この税額計算は，課税留保金額の多寡に応じた超過累進課税により行うこととなっています。

　なお，この税額計算について所得税法での課税と同様に超過累進課税を採用していることからも，この制度の趣旨は明らかとなります。

　つまり，留保控除額を控除した後の課税留保金額は，本来であれば個人株主への配当に回されるものと捉え，これを個人に配当したものとみなして，個人に総合課税したと同様に扱うものとしているのです。

（4）　使途秘匿金の特別税額（措法 62）

　上記計算手順のうちの©に当たるものです。

①趣旨

　法人が，交際費や接待費等の名目で支出した金銭のうち，その使途が不明なもの（**使途不明金**）については，損金の額に算入しない取扱いになっています。しかしながら，ただ損金への算入を認めないだけでは，支出先や使途

が不明な支出の抑制には不十分であるとの考え方から設けられた制度です。

②概要

　法人が**使途秘匿金**を支出した場合には，通常の法人税額に加えて，次により算出された税額が加算されます。

　　使途秘匿金の支出額×40％＝加算される法人税額

　使途秘匿金とは，法人がした金銭の支出のうち，相当の理由がなく，その相手方の氏名または名称および住所または所在地ならびにその事由を当該法人の帳簿書類に記載していないものとされています（措法62②）。

　また，相手方の記載があった場合でも，記載された相手方を通じて第三者に渡った場合には記載がなかったものとして取り扱われます（措令38③）。

　なお，使途秘匿金課税は，法人税額とは別個に算出されるものですので，その事業年度に法人税額が生じない場合でも，使徒秘匿金の支出があれば納付義務が生じることになります。

2. 法人税の申告

（1）　納税義務の成立

　各事業年度の所得に対する法人税の納税義務は，事業年度の終了の時に成立し（通法15②三），申告を行うことにより確定します。

（2）　申　告

　法人税の申告は，各事業年度の終了の日の翌日から2か月以内に，確定した決算に基づき所轄の税務署長に申告書を提出することにより行うこととされています（法法74①）。

　この**確定した決算に基づき**とは，法人の株主総会または社員総会の承認を受けた決算書類を基礎として法人税額の計算を行い，法人の最終的な意思の表れとして申告を行う意味であると解されています。

　すなわち，法人税額は，法人が一般に公正妥当と認められる会計処理の基

準に基づいて計算した法人の利益から導かれます。そして、法人の利益は株主総会等における決議を経て確定されるものなので、法人税の申告は、法人がその決算に基づく計算書類について株主総会等の手続きによる承認を経た後に、その承認を得た決算により計算された法人税額を申告するものであることを宣言していることになります。これにより、法人税の課税標準の計算は、特別の計算原則によるものではなく、基本的には企業会計に準拠して行われるべきこととなるのです。

(3) 申告期限の延長

次の場合には、上記の申告期限を延長することができます。

- 災害等により期限までに行うことができない場合。この場合は、別途国税庁長官等が指定した日まで申告期眼の延長が可能（通法11）。
- 災害等により決算が確定しない場合。この場合、所轄税務署長に申請することにより、指定された期日まで申告期限の延長が可能（法法75①）。
- 法人が会計監査人を置き、かつ、定款等の定めにより、各事業年度終了の日の翌日から2か月または3か月以内に決算についての株主総会等が招集されない常況にある場合には、最大4か月間、申告期限を延長することができる（法法75の2①一）。

(4) 中間申告

法人は、各事業年度の終了の日の翌日から2か月以内に確定申告を行うことになります（法法74①）が、事業年度が6か月を超える普通法人は、この確定申告に加えて、原則として中間申告をしなければなりません。

これは、確定申告による納税は各事業年度に1回ですが、税額が多額になる場合には納税者の負担ともなることから、事業年度の途中に申告と納税を行うことにより、納税者の一時の負担を軽減することを目的としたものとされています。中間申告の申告期限は、事業年度開始の日から6か月をすぎた日から2か月以内です（法法71①）。

なお、中間申告の方法には、前事業年度の法人税額を基礎として算出した

金額による方法（法法71①）と，事業年度の開始から6か月の期間を1事業年度とみなして仮決算をして算出した金額による方法（法法72①）とがあります。

3. 法人税の納付

法人税の納付は，確定申告書の提出期限までに行わなければなりません（法法77）。また，中間申告をする場合には，中間申告書の提出期限までに行わなければなりません（法法76）。

法人の組織再編に係る制度

1. 趣　旨

従前，法人の活動主体は1つの法人が中心であり，法人税法も1つの法人の課税所得を課税物件として課税する制度を基本としてきました。そのため，例えば法人間で資産が移転する場合には，その資産が法人の支配を離れた時点で，それまでの含み益が顕在化したものと考え，その顕在化した利益を課税対象としています。

しかし，社会経済の複雑化に応じて会社法制分野で合併手続きの簡素合理化や会社分割制度が導入されるなど，法人の合併・分社化による事業再編が容易になるに従い，法人税制面においても，企業再編の支障とならない制度構築が必要となりました。

すなわち，法人が合併等を通じて組織再編を行う場合には，資産が法人から法人に移転する際に生じるキャピタルゲインやロスをいかにして取り扱うのか，が問題となります。それまでの法人税法の考え方によると，法人どうしが合併を行うと，合併される側の法人（被合併法人）の保有していた資産が合併する側の法人（合併法人）に移転しますので，キャピタルゲインが生じれば課税対象となり，キャピタルロスが生じれば，損失が生じることになります。

そこで，こうした組織再編が行われた場合であっても，何らの課税関係が生じず，いわゆる課税の中立性を保つための制度が導入されました。それが，いわゆる組織再編税制です。

▌2. 制度の考え方

　法人間で組織の再編が行われる場合には，合併にしろ分割にしろ，法人間での資産の移転が行われることになりますが，資産を移転する側の法人では移転時の時価で収益が実現し，この資産の取得価格との差額がキャピタルゲインとして認識されて課税対象となります。これは，法人課税の原則です。異なる法人間で資産が移転するからです。

　しかしながら，外形上は資産が移転したとしても，移転する資産への支配が実質的には継続していると考えられる場合には，同一の支配関係の間での資産の移動がなされたにすぎないと考えるのであれば，移転する資産が法人の手許を離れたとは考えずに，時価としてではなく簿価のままで移転されたと考えることができます。

　したがって，組織再編により移転した資産については譲渡損益の計上を求めることを原則としつつも，移転した資産への支配が継続していると認められる場合には，従前の課税関係を継続させて譲渡損益の計上を求めない取扱いを行います。換言すれば，①組織再編成に伴う資産の移転が形式と実質の両面で資産を手放すときは時価での移転として譲渡損益を計上，②組織再編成に伴う資産の移転が形式面でのみ資産を手放し，実質的には支配が継続しているときは簿価での移転として譲渡損益の計上を繰り延べとの異なった取扱いとなるのです。

　そのうえで，②のような組織再編成を「適格型」の組織再編とし，①のような組織再編成を「非適格型」の組織再編成と称することにしています。

(1) 適格型について

　上記 2. において，移転する資産への支配が実質的には継続していると考えられる場合について述べましたが，この場合とは，①法人としての支配が

継続（株主としての支配が継続）している場合，②法人が行う事業が継続している場合，のどちらかが認められる場合として考えられています。

そのうえで，上記①と②のどちらかを満足させる組織再編成を「適格型」としているのです。

(2) 適格型の要件

では，適格型とはどのような要件を満たす組織再編と考えられているのでしょうか。ここでは，組織再編の中でも最もわかりやすい例として，法人どうしの合併のうち「吸収合併」を取り上げます。

吸収合併については，会社法では，「会社が他の会社とする合併であって，合併により消滅する会社の権利義務の全部を合併後存続する会社に承継させるものをいう。」とされています（会社法 2 二十七）。したがって，法人税法では，消滅会社の資産と負債とが存続会社に移転すると考えるのです。資産であれば，移転時点での時価が立つので，取得価格（簿価）との差額が課税対象あるいは損失となります（法 62 ①）。

しかしながら，移転する資産への支配が実質的には継続していると考えられる場合については簿価を引継ぐのですから，簿価を引継ぐための要件を法で明示しなければなりません。ここでは，「適格合併」について取り上げます。

法 2 十二の八の定義では，適格合併とは，被合併法人の株主等に合併法人の株式または出資のみが交付されることを前提として，「法人の同一性・継続性」を担保する要件と「法人の事業の継続性」を担保する要件が記されています。

- 法人の同一性・継続性を担保する要件（法 2 十二の八イ・ロ）
  - イ）合併する法人間に「完全支配関係（法 2 十二の七の六）」があること。
  - ロ）合併する法人間に「支配関係（法 2 十二の七の五）」があり，かつ，継続性を示す特定の要件を満足していること。この特定の要件とは，被合併法人の合併直前の従業者のおおむね 80％以上に相当する数の者が合併後に合併法人の業務に従事することが見込まれ，か

つ，被合併法人の主要な事業が合併後に合併法人において引き続き営まれることが見込まれることです。

● 法人の事業の継続性を担保する要件（法2十二の八ハ，法令4の3④）
　①事業関連性要件　②事業規模用件または特定役員引継要件
　③従業員引継要件　④移転事業引継要件　⑤株式継続保有要件

のすべてを満たすこと。

　この要件のどちらかを満たすような合併を適格合併として位置づけ，被合併法人から合併法人に資産の引継ぎがある場合には，簿価での引継ぎを認めています（法62の2①）。

　したがって，適格合併の場合には被合併法人の資産が簿価として合併法人に引継がれることになるので，合併時点で生じる課税が繰延べられることになります。また，この繰延べられた課税は，合併法人がその資産を手放した時点での時価と被合併法人の簿価との差額に対してなされることになります。

3. 欠損金額の引継ぎ

(1)　適格合併の場合の欠損金額の取扱い

　法人の合併に際して，被合併法人が有していた過年度の欠損金額を合併法人が引継ぐことはできるのでしょうか。

　XI.3.「欠損金とその繰越し」で記載したように，法人の各事業年度開始の日の前10年以内に開始した事業年度に欠損金額が生じている場合には，法人のその事業年度の所得の計算に際しては，原則としてその事業年度の控除前所得の50％を限度として，過去の事業年度の欠損金額に相当する金額をその事業年度の損金の額に算入することができます（法法57①）。その意味で，欠損金額は法人税額の計算においては税額を減らす資産としての価値を有することになります。

　法人が過年度の欠損金額を税額を減額する資産として使えるのは，その欠損金額がその法人の過年度の事業活動の結果として生じたものだからであり，いわば，欠損金額が生じた事業年度との間に，法人の継続性（支配の継続性または事業の継続性）があるからです。このため，非適格型の合併の場合は，

非合併法人と合併法人との間に継続性を認めていませんので，被合併法人が有していた過年度の欠損金額を合併法人が引継ぐことはできません。

しかしながら，同一の支配関係が継続する法人の間で資産の移動がなされたと考える適格合併の場合には，被合併法人の過年度の欠損金額も合併法人の過年度に生じた欠損金額とみなすことにより，欠損金額を引継ぐことができます（法法57②）。

(2) 欠損金額引継ぎの場合の要件

(1)で，法人の欠損金額は法人税額の計算においては資産としての価値を有することになると記載しましたが，適格合併でさえあれば被合併法人の欠損金額を合併法人が引継ぐことができるとすると，黒字の法人が自らの法人税額を減らすことを目的として，過年度に欠損金額を有する法人を被合併法人とする適格合併を行うという，法人税額減らしを目的とする合併が行われる可能性があります。

一例を示すなら，今後も多くの収益が見込まれる法人甲は，次年度以降の法人税額を減らす目的で多額の過年度欠損金額を有する法人乙を買収し，完全支配関係を作出します。そのうえで，翌年度に乙を被合併法人とする合併を行えば，その合併は適格合併となり，甲は乙の有する過年度欠損金額を引継ぐことができ，その欠損金額で甲の税額を減らすことができます。すなわち，本来であれば事業目的を有するはずの合併が，単に法人税額を減らすことを目的とする合併として行われる事態が生じることになります。

そこで，法人税法は，こうした税額減らしを目的とする合併を阻止するため，適格合併であっても，以下の2つの要件のうち，どちらかを満たさなければ被合併法人の過年度欠損金額を引き継げないと規定しています（法法57③）。

①適格合併が共同で事業を営むための合併として政令（法令112③）で定める要件に該当する場合

　①事業関連性要件　②事業規模要件　③被合併法人の規模継続要件

　④合併法人の規模継続要件　⑤特定役員引継要件

のうち，①から④のすべてを満たすことまたは①および⑤を満たすこと。

②被合併法人と合併法人との間に適格合併の日の属する事業年度開始の日
　の5年前の日から継続して支配関係がある場合

これら2つの要件は，被合併法人と合併法人との間に法人の継続性がある
ことを外形的に示すものとして規定されています。

(3) 組織再編成に係る行為計算否認（法法 132 の 2）

同族会社の行為計算否認規定（法法 132）と同様の包括的否認規定が，組
織再編の場合にも定められています。

すなわち，合併等の組織再編成が行われた場合に，該当法人の行為または
計算でこれを容認した場合に，合併等により移転する資産の譲渡に係る利益
の額の減少等の事由により法人税の負担を不当に減少させる結果となると認
められるものがあるときは，法人の計算にかかわらず，税務署長はその法人
に係る法人税の課税標準もしくは欠損金額または法人税の額を計算すること
ができるというものです。

例えば，法人が組織の再編を行い，再編対象法人が有する過年度欠損金額
により該当法人の税額が減少した場合に，その組織再編が組織再編の本来の
目的ではなく，税額を減らすために用いられる結果になったと認められた場
合に，当該過年度欠損金額の損金算入を認めないというものです。

この否認規定の適用について争われた事案として，いわゆる「ヤフー・
IDCF 事件」（最一判平成 28 年 2 月 29 日民集 70 巻 2 号 242 頁）や「TPR 事
件」（東京高判令和元年 12 月 11 日月報 66 巻 5 号 593 頁）があります。

第4章

相続税・贈与税

I 相 続 税

1. 相続税とは

　相続税は，人の死亡により財産が移転する機会にその財産に対して課される租税です。

　相続税の課税根拠をどう考えるかによって，相続税の課税方式は，**遺産課税方式**と**遺産取得課税方式**の2つに大別されます。なお，わが国の現行相続税の課税方式は，両者の併用方式であるいわゆる**法定相続分課税方式**となっています（**図表4-1**）。

（1）遺産課税方式

　被相続人の遺産に着目し，遺産そのものに税負担の能力があるとして課税するものです。被相続人の遺産に対し課税することにより，富の集中を抑制するという社会政策的な意味があります。また，被相続人が生前に税制上の特典その他により蓄積した財産を把握し課税するよい機会として，被相続人の所得税の清算を行う意味もあります。この方式は，生存中に蓄積した富の一部は，死亡を機に社会に還元すべきと考えられている英米系の国々で採用

されています。

図表 4-1 相続税の課税方式の類型

(1) 遺産課税方式（米）

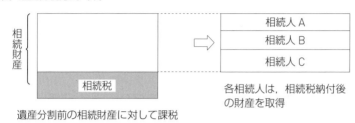

遺産分割前の相続財産に対して課税

各相続人は，相続税納付後
の財産を取得

(2) 遺産取得課税方式（独・仏）

相続人間で遺産を分割

各相続人に対し，取得額に
応じて累進税率で課税

(3) 法定相続分課税方式（日本）

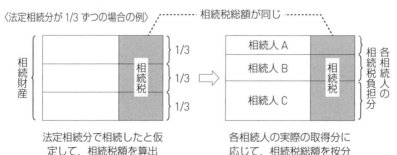

法定相続分で相続したと仮
定して，相続税額を算出

各相続人の実際の取得分に
応じて，相続税総額を按分

出所：税制調査会資料を基に作成。

（2）　遺産取得課税方式

　相続を機に偶然に財産を取得（不労所得）した相続人には税負担の能力があるとして課税するものです。実質的に相続人の所得税を補完するものです。また，社会政策的な観点から，すべての個人は経済的に機会均等であることが望ましく，個人が財産を相続等により無償取得した場合は，その取得財産の一部に課税することが適当と考えるものです。この方式は，ヨーロッパ大陸諸国で採用されています。

（3）　法定相続分課税方式（わが国の現行方式）

　わが国では，明治 38（1905）年の相続税法創設以来，遺産課税方式がとられていましたが，シャウプ勧告を機に昭和 25（1950）年に遺産取得課税方式に改められ，さらに，昭和 33（1958）年には遺産課税方式の要素を一部取り入れる修正が行われ，現在に至っています。

　遺産取得課税方式には，相続人ごとの取得財産額に応じて個人的な税負担の公平を図りやすいという長所がある一方で，仮装の遺産分割により高い累進税率の適用を排除し税負担の軽減を図る租税回避が行われやすい弱みがありました。そのため，昭和 33（1958）年の改正で，遺産取得課税の建前を残しつつ，各相続人が相続等により取得した財産の合計をいったん法定相続分で分割したものと仮定して相続税の総額を算出し，それを各相続人の実際の取得額に応じて按分するという計算方法（法定相続分課税方式）が導入されました。

▎2.　納税義務者

　相続税は，相続または遺贈（死因贈与を含む。以下同じ）により財産を取得した場合に，その取得した財産に対し課税されます（相法 1 の 3，2）。そして，同税の納税義務者は，その課税対象となる財産の範囲に応じ，大きくはいわゆる**無制限納税義務者**と**制限納税義務者**とに分かれます。無制限納税義務者は相続税が課される財産の範囲が全世界に所在する財産に及ぶのに対し，制限納税義務者は課税の範囲は日本国内に所在する財産に限定されます

被相続人 贈与者 ＼ 相続人 受贈者		国内に住所あり	国内に住所なし		
		一時居住者*1	日本国籍あり		日本国籍なし
			10 年以内に住所あり	10 年以内に住所なし	
国内に住所あり					
	外国人被相続人*2 外国人贈与者*2		国内・国外財産ともに課税		
国内に住所なし	10 年以内に住所あり				
	非居住被相続人*3 非居住贈与者*3			国内財産のみに課税	
	10 年以内に住所なし				

＊1　出入国管理及び難民認定法別表第 1 の在留資格で滞在している者で，相続・贈与前 15 年以内において国内に住所を有していた期間の合計が 10 年以下の者
＊2　出入国管理及び難民認定法別表第 1 の在留資格で滞在している者。
＊3　国内に住所を有していた期間，日本国籍を有していない者
出所：税務大学校「相続税法（令和 4 年度版）」を基に筆者作成。

　（相法 2 ①②）。
　　現行の納税義務者の区分をまとめたものが，**図表 4-2** です。
　　無制限納税義務者と制限納税義務者を区別する際の基本的な考え方は，日本に住所があるかどうかですが，それだけでは被相続人の存命中に相続人の住所を国外に移すことによって，容易に相続税を回避できてしまいます。実際にそのような事例も生じたため，数次の制度改正が行われ，日本国内に住所を有しない者であっても，一定の条件の下では無制限納税義務者に区分されることになっています。
　　なお，近年の改正では，相続税または贈与税の課税が日本で就労しようとする外国人の受入れの阻害要因とならないよう納税義務の範囲について見直しが行われてきています。例えば，令和 3（2021）年度改正では，外国人被相続人および外国人贈与者の要件について，相続開始または贈与前の居住期

間の要件が撤廃されています（相法 1 の 3 ①三，③，1 の 4 ①三，③）。

　相続税の納税義務者は原則として個人ですが，自身が支配する団体あるいは法人に遺贈することにより相続税さらには法人税の課税を免れることを防ぐ目的から，代表者や管理者の定めのある人格のない社団・財団に財産の遺贈があった場合や，公益法人への遺贈により遺贈した者の相続税の負担が不当に減少すると認められる場合には，当該団体あるいは法人を個人とみなし，相続税を課税することとされています（相法 66）。

3. 課税物件

(1) 本来の相続財産

　相続税の課税物件は，相続または遺贈（死因贈与を含む）により取得した財産（相続財産）です。相続税法が前提とする民法では，相続財産は「被相続人の財産に属した一切の権利義務」とされ，ただし，被相続人の一身に専属したものは除かれています（民法 896）。民法の相続財産は，**本来の相続財産**と呼ばれており，具体例として，土地，建物などの不動産，現金や預貯金などの金銭，株式や債券などの有価証券，貴金属，宝石，書画骨とう，自動車などの動産，各種債権，営業権や特許権などの各種権利などがあります。

　なお，未登記の土地建物や，被相続人以外の家族名義・他人名義の預貯金等であっても，実質的に被相続人に帰属するものは相続財産に含まれます。

(2) みなし相続財産

　法律的には相続または遺贈により取得した財産とはいえないが，被相続人または遺贈者の死亡を基因として生じ，相続財産と実質的には同様の経済的効果を持つものがあります。租税回避を防止し，税負担の公平を図る観点からは，こうした財産も相続税の対象とすることが妥当と考えられます。そこで，こうした財産や権利を相続または遺贈により取得したとみなして相続税の対象としており，これを**みなし相続財産**といいます（相法 3，4）。みなし規定によって初めて相続税法における相続財産になります。

　例えば，保険料を被相続人が負担する生命保険契約に基づき，相続人が保

険金を受け取った場合，被相続人の死亡により相続人等が取得した生命保険契約の保険金のうち，被相続人の負担した保険料に対応する部分は，相続または遺贈により取得したものとみなされます。（相法3①一）。なお，いわゆる長崎年金訴訟事件（最三判平成22年7月6日民集64巻5号1277頁）では，被相続人が保険料を負担した保険契約によりその死後10年間相続人が受ける年金について，死亡時の現在価値に引き直した年金受給権が相続税の課税対象になるとされました。また，被相続人の死亡により，相続人に支給された退職手当金や功労金で，被相続人の死亡後3年以内に支給が確定したものも，みなし相続財産となります（相法3①二）。

(3) 非課税財産

　相続または遺贈により取得した財産であっても，公益的あるいは社会政策的理由等から，相続税の課税対象から除かれるものがあり，これを**非課税財産**といいます（相法12）。例えば，相続税の申告期限までに国，地方公共団体あるいは特定の公益法人等に寄付された財産など公益目的に供されることが明らかな財産（措法70）や，墓所，霊びょう，祭具等（相法12①二）のような国民感情から課税になじまないものがあります。

　また，生命保険金や死亡退職金は，非課税財産ではありませんが，法定相続人の数に一定額を乗じた額までは非課税です（相法12①五，六）。

4. 課税価格と税額の計算

　相続または遺贈による財産の取得者が取得した財産の価額の合計額を，**相続税の課税価格**といいます（相法11の2）。わが国の相続税は，相続または遺贈により財産を取得したすべての者の相続税の課税価格の合計額を基に相続税の総額を計算した後，その総額を実際の相続割合によって按分し，それぞれ財産を取得した者の相続税額を算出します（**図表4-3，4-5**）。なお，課税価格算定時期は，遺産分割時ではなく相続開始時です（東京高判平成18年9月14日判時1964号40頁）。

　相続税の計算プロセスは，次の(1)から(4)のように4段階に分かれます。

図表 4-3　各人の課税価格の算出イメージ

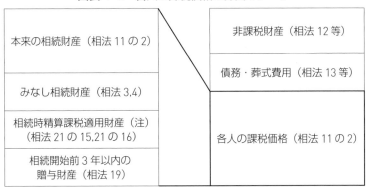

本来の相続財産（相法 11 の 2）	非課税財産（相法 12 等）
	債務・葬式費用（相法 13 等）
みなし相続財産（相法 3,4）	
相続時精算課税適用財産（注）（相法 21 の 15,21 の 16）	各人の課税価格（相法 11 の 2）
相続開始前 3 年以内の贈与財産（相法 19）	

(注) 相続時精算課税適用財産がある場合は, これを課税価格に加算します。

図表 4-4　相続税の速算表

法定相続分に応ずる取得金額	1,000万円以下	3,000万円以下	5,000万円以下	1 億円以下	2 億円以下	3 億円以下	6 億円以下	6 億円超
税率	10%	15%	20%	30%	40%	45%	50%	55%
控除額	—	50万円	200万円	700万円	1,700万円	2,700万円	4,200万円	7,200万円

(参考) 速算表の使用例
　　　法定相続分に応ずる取得金額が 4,000 万円のときは, 4,000 万円× 20%− 200 万円＝ 600 万円です。
出所：国税庁「相続税の申告のしかた（令和 3 年分用）」を基に筆者作成。

（1）　課税価格の計算

　被相続人から取得したプラスの財産から, 引き継いだ債務などのマイナス財産を差し引いて, 財産を取得した者ごとに相続税の対象となる正味財産の金額（各人の課税価格）を算出します。この際, 課税価格には, 相続人等が相続等により取得した財産の価額だけでなく, 相続開始前 3 年以内に被相続人から贈与を受けていた場合, その贈与を受けた財産の価額も課税価格に加算します（相法 19）。次いで, 各人の課税価格を合計し課税価格の合計額を算出します。

相続人が取得した土地や建物のような金銭以外の財産については，相続税法は相続開始の時点における時価により評価します（相法22）。

(2) 相続税の総額の計算

相続税の総額は，同一の被相続人から相続または遺贈により財産を取得したすべての者の相続税の総額です。まず，課税価格の合計額から遺産に係る基礎控除額を控除した残額（**課税遺産総額**）を計算します。次に，各人が課税遺産総額を**法定相続分**により取得したと仮定して各取得金額を計算します。そして，各取得金額に**超過累進税率**である相続税の税率を乗じて計算した金額を合計し，相続税の総額を算出します。

①基礎控除

遺産には遺族の生活を保障する面もあります。遺産に係る基礎控除額には，遺産全体についての課税最低限としての意味があり，課税価格の合計額がこれ以下の場合は，相続税は課されません。基礎控除額は，次の算式により計算します（相法15①）。

遺産に係る基礎控除額＝3,000万円＋（600万円×法定相続人の数）

法定相続人の数については，相続を放棄した相続人も，その放棄がなかったものとして，相続人の数に含めることとされています（相法15②）。また，被相続人に養子がいる場合は，相続人の数に含める数に制限があります。被相続人に実子がいる場合等は養子は1人に，被相続人に実子がいない場合は養子は2人に，それぞれ限られています（相法15②）。これは，養子縁組による租税回避を防止するためです（養子縁組に関する参考事案として，最三判平成29年1月31日民集71巻1号48頁）。

②税率

税率は，10％から55％までの8段階の超過累進税率で，6億円超の金額に最高税率が適用されます（相法16）。相続税の超過累進税率は，相続税の総額算出時に適用されるものである点に留意が必要です。

（3） 各人の算出税額の計算

　各人の相続税額は，相続税の総額を各人が実際に取得した財産の額の割合に応じて按分して算出します（相法 17）。

　なお，相続等により財産を取得した者の中に，被相続人の配偶者，一親等の血族および代襲相続人以外の者がいる場合は，その相続人の相続税額は，算出した金額に 20％を加算した金額となります（相法 18）。

$$各人の算出税額＝相続税の総額 \times \frac{各人の課税価格}{課税価格の合計額}$$

（4） 各人の納付税額の計算

　各人の算出税額に，贈与税額控除，配偶者に対する相続税額の軽減，未成年者控除，障害者控除，相次相続控除，外国税額控除のうち該当するものを適用して納付税額を計算します。

①贈与税額控除（相法 19）

　4.（1）で，相続税の課税価格には，相続開始前 3 年以内に被相続人から贈与を受けていた財産も含まれるため，もしその贈与を受けた財産に贈与税が課されていれば，同一の財産に贈与税と相続税が二重に課されてしまいます。そこで，次の計算式により求めた金額を相続税の計算上控除します。

$$\frac{贈与税額}{控除額}＝\frac{贈与を受けた}{年の贈与税額} \times \frac{(A)の内，相続税の課税価格に加算された贈与財産の価額}{贈与を受けた年の贈与税の課税価格(A)}$$

②配偶者に対する相続税額の軽減（相法 19 の 2）

　配偶者の課税価格が 1 億 6 千万円以下か，1 億 6 千万円を超えても配偶者の法定相続分相当額（課税価格の合計額×配偶者の法定相続分）以下までであれば，配偶者の納付すべき相続税額はないものとされます。この配偶者に対する優遇は，①被相続人の遺産形成に配偶者が貢献していること，②被相続人死亡後の配偶者の生活保障が必要なこと，③配偶者の相続は同世代間の財産移転であり次の相続までの期間が短いこと，などが考慮されたものです。

③未成年者控除（相法 19 の 3）

　ア）制限納税義務者でないこと，イ）法定相続人であることの要件を満たす未成年者が相続等により財産を取得した場合は，次の計算式のように，その者が 18 歳（令和 4 年 3 月 31 日以前の相続または遺贈に係る相続税については，20 歳）に達するまでの年数に 10 万円を乗じた金額を，その者の相続税額から控除します。

　　控除額＝10 万円×（18 歳－相続開始時点での年齢）

④障害者控除（相法 19 の 4）

　ア）制限納税義務者でないこと，イ）日本に住所があること，ウ）法定相続人であることの要件を満たす障害者が，相続等により財産を取得した場合は，次の計算式のように，その者が 85 歳に達するまでの年数に 10 万円（特別障害者の場合は 20 万円）を乗じた金額を，その者の相続税額から控除します。

　　控除額＝10 万円×（85 歳－相続開始時点での年齢）

⑤相次相続控除（相法 20）

　短期間に相次いで相続が発生した場合，同一の財産について何度も相続税が課されることとなり，通常の場合と比較して重すぎる税負担となります。そこで，短期間における二重課税の緩和と負担の合理化を図る趣旨で，10 年以内に 2 回以上の相続が発生した場合は，前回の相続で課された相続税額の一定割合相当額を，後の相続における相続税額から控除します。

　この場合の控除額の計算式は次のとおりです。

$$控除額＝A \times \frac{C}{B-A} \times \frac{D}{C} \times \frac{10-E}{10}$$

　A：前回の相続により被相続人が取得した財産に対して課された相続税額
　B：前回の相続により被相続人が取得した財産の価額
　C：今回の相続により相続人等全員が取得した財産の価額の合計額（課税

価格の合計額）

D：今回の相続により相続人が取得した財産の価額

E：前回の相続から今回の相続までの経過時間

⑥外国税額控除（相法 20 の 2）

　納税義務者が無制限納税義務者に該当する場合は，相続税が課される財産の範囲は全世界に所在する財産に及びますが，相続等により外国にある財産を取得した場合は，財産の所在する国において相続税に相当する租税が課されることがあります。その場合，同一の財産に対しわが国と外国の両方から課税されるという問題（二重課税）が生じてしまいます。これを防ぐため，国外財産に対し外国で相続税に相当する租税が課された場合は，わが国の相続税の計算上，一定金額を控除します。

　控除限度額は，次のア・イのいずれか少ない金額となります。

　ア．その国外財産に対し，外国で課された相続税の額

　イ．その者の各種税額控除後の相続税額 $\times \dfrac{(A)の内，外国にある財産の価額}{相続税の課税価額(A)}$

⑦相続時精算課税分の贈与税額控除（相法 21 の 15）

　相続時精算課税適用財産について課せられた贈与税がある場合は，その者の相続税額からその贈与税額を控除します。（相続時精算課税制度については，Ⅱ 贈与税を参照）

▌ 5. 申告と納付

　相続税の申告書は，相続の開始があったことを知った日の翌日から10か月以内に，被相続人の住所地の所轄税務署長に提出しなければなりません（相法 27 ①，62 ①，附則 3）。なお，相続税の申告が必要な場合は，原則として納付すべき相続税額がある場合ですが，4（4）②の配偶者に対する相続税額の軽減や小規模宅地の負担軽減等を受ける場合などは，申告書の提出が適用要件となっています（相法 19 の 2 ③，措法 69 の 4 ⑦）。

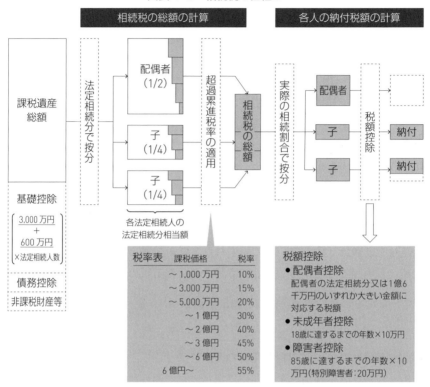

図表 4-5　相続税の仕組み

出所：財務省 HP（https://www.mof.go.jp/tax_policy/summary/property/e01.htm）。

　相続税の納付期限は，申告書の提出期限と同じです。相続税は相続等により取得した財産に課税する税であるため，原則である金銭による一括納付が困難な場合があり，納付方法の特例として延納と物納が定められています。

　延納は，相続税の額が10万円を超え，かつ，金銭納付を困難とする事由がある場合に，担保を提供することで分割払いが認められるものです（相法38）。

　物納は，延納によっても金銭納付を困難とする事由がある場合に，相続等で取得した財産による納付が認められるものです（相法41）。

延納，物納とも，相続税の納期限までに所定の申請書を所轄の税務署長に提出しなければなりません（相法39①，42①）。

Ⅱ 贈 与 税

1. 贈与税とは

贈与税は，贈与により財産が移転する機会に，その財産に対して課される租税です。

相続税は，相続等により財産移転が生じた場合に課されるものであるため，相続開始を予想した者が生前に贈与により財産を移転すると，相続税を回避できてしまいます。こうした相続税を免れる行為を防ぐために存在するのが贈与税です。わが国では，国税については1税法で1税目を定めているのが通常ですが，相続税法では，相続税と贈与税の2税目が定められており，これは，贈与税が相続税の補完税であるためです。

贈与税については，累積課税方式と個別課税方式の2つの課税方式が考えられます。

(1) 生前贈与を累積して相続税として課税する方法（累積課税方式）

相続税を一本の体系とし，生前に行われた贈与財産を累積・記録しておき，これを被相続人の死亡時に相続財産に加算し相続税を計算する方法です。この方法は，相続税回避防止策としては理論上最も適切と考えられますが，生前贈与を実際にどこまで取り込めるかにつき，税務執行上困難な問題があるので，一定期間内の生前贈与だけを加算する立法例が多いとされています。

(2) 生前贈与について相続税とは別に課税する方法（個別課税方式）

生前贈与の都度，相続税とは別に贈与税を課税する方法です。贈与のあった都度課税する方法と，過去一定期間の生前贈与を累積して贈与税を課す方法が考えられます。

わが国の現行の課税方式は，(2)の方法によっていますが，相続開始前3年以内に被相続人から贈与を受けていた場合は，その財産価額を相続税の課税価格に加算することとしていますので，(1)の方法も取り入れています。なお，「令和4年度税制改正大綱」においては，資産移転の時期の選択に中立的な税制の構築に向けて，本格的な検討を進めることとされています。

2. 納税義務者

贈与税の納税義務者は，個人から贈与により財産を取得した個人です（法人から贈与により財産を取得した場合は，贈与税ではなく所得税が課されます）。相続税の課税方式が広義の遺産取得課税方式であるため，相続税の補完税である贈与税の課税方式は受贈者課税方式となっています。なお，相続税の場合と同様に，人格のない社団または財団等を個人とみなして贈与税を課す場合があります（相法66①④）。

贈与税の納税義務者は，相続税と同様に無制限納税義務者と制限納税義務者に区分され，課税財産の範囲が異なります（**図表4-2**）。なお，贈与税における「住所」の意義が争われた事件として，いわゆる武富士事件（最二判平成23年2月18日訟月59巻3号864頁）があります。

3. 課税物件

贈与税の課税物件は，贈与により取得した財産（贈与財産）です。この場合，民法の定める贈与（民法549）により取得した財産（**本来の贈与財産**）だけでなく，実質的に贈与により取得した場合と同様の経済的効果を持つ財産も，**みなし贈与財産**として課税対象となります。みなし贈与財産には，保険金（相法5），定期金（相法6），低額譲受による利益（相法7），債務免除等による利益（相法8），その他の利益（相法9）などがあります。

なお，贈与税にも，財産の性質，受贈者の公益性，人間の感情面への配慮から非課税財産が規定されています（相法21の3）。

4. 課税価格と税額の計算

　贈与税の課税価格は，納税義務者がその年の 1 月 1 日から 12 月 31 日までの間に贈与により取得した財産の合計額です（相法 21 の 2）。課税価格から基礎控除等を控除した後，税率を乗じて贈与税額を算出します（相法 21 の 5，21 の 7，措法 70 の 2 の 4）。なお，贈与税の税率が相続税の税率より高くなっているのは，贈与税が相続税の租税回避を防止する補完税であるためです。

　　　贈与税額＝｛課税価格 − 基礎控除額(110 万円)｝× 税率 − 外国税額控除

　婚姻期間が 20 年以上の配偶者から，居住用不動産等の贈与を受けた場合は，贈与を受けた年の翌年 3 月 15 日までに居住し，かつ，その後も居住する見込みであること等の要件に該当する場合は，贈与税の申告書等を提出することによって，基礎控除額 110 万円に先立ち 2,000 万円まで**配偶者控除**として控除できます（相法 21 の 6）。

5. 相続時精算課税制度

　この制度は，生前贈与を容易にし，次世代への資産移転を促進するため，平成 15（2003）年度改正で創設されたものです。

　受贈者の選択により，暦年課税に代えて，贈与時に本制度に基づく贈与税額（特別控除額：累積 2,500 万円，税率：一律 20％）を納付し，その後の相続時には本制度の対象とした受贈財産と相続財産とを合計した価額を基に計算した相続税額から，前述の贈与税額を控除した金額を納付するものです（相法 21 の 9 〜 18）。

　適用対象者には一定の要件があり，受贈者は 18 歳以上（令和 4（2022）年 3 月 31 日以前は 20 歳以上）の子および孫であること，贈与者は 60 歳以上とされています（相法 21 の 9 ①）。

6. 申告と納付

　贈与税の申告書は，贈与により財産を取得した年の翌年 2 月 1 日から 3 月 15 日の間に，受贈者の納税地の所轄税務署長に提出しなければなりません

（相法28①）。贈与税の申告が必要な場合は，原則として納付すべき贈与税額がある場合ですが，4の配偶者控除を受ける場合や5の相続時精算課税制度を選択した場合などは，申告書の提出が必要です（相法28①）。

図表4-6　贈与税の速算表

[一般贈与財産用]

基礎控除後の課税価格	200万円以下	300万円以下	400万円以下	600万円以下	1,000万円以下	1,500万円以下	3,000万円以下	3,000万円超
一般税率	10%	15%	20%	30%	40%	45%	50%	55%
控除額	―	10万円	25万円	65万円	125万円	175万円	250万円	400万円

[特例贈与財産用]

基礎控除後の課税価格	200万円以下	400万円以下	600万円以下	1,000万円以下	1,500万円以下	3,000万円以下	4,500万円以下	4,500万円超
特例税率	10%	15%	20%	30%	40%	45%	50%	55%
控除額	―	10万円	30万円	90万円	190万円	265万円	415万円	640万円

* 18歳以上（令和4年3月31日以前は20歳以上）の者が，直系尊属から受ける贈与については，[特例贈与財産用]により計算します。それ以外の贈与については，[一般贈与財産用]により計算します。
出所：国税庁「令和3年分贈与税の申告のしかた」を基に作成。

　贈与税の納付期限は，申告書の提出期限です（相法33）。納付額が10万円超で金銭による一括納付が困難な場合は，担保を提供することで延納が認められる場合があります（相法38）。

column 9　事業承継と相続税・贈与税

　中小企業オーナーにとって，子や孫への事業の円滑な承継は大きな関心事です。しかし，従来から円滑な承継を阻害する要因の指摘があり，その中の1つ

に相続税・贈与税の負担も含まれていました。そのため，平成 20 (2008) 年に，中小企業の事業承継の円滑化を図ることを目的とする「中小企業における経営の承継の円滑化に関する法律」（以下，「円滑化法」という）が制定され，これを受けて平成 21 (2009) 年度改正で「非上場株式等についての相続税・贈与税の納税猶予及び免除制度」，いわゆる法人版事業承継税制が導入されました。

　この制度では，一定の要件を満たせば，中小企業オーナーから後継者が自社株を相続または贈与により取得する場合，相続税または贈与税の納税が猶予でき，さらにその後追加の要件を満たせば最終的には猶予税額が免除されます。対象となる会社，後継者である受贈者・相続人等，先代経営者である贈与者・被相続人等それぞれごとに要件が定められており，また贈与税・相続税の提出期限までに一定の担保を提供して申告をする必要があります（措法 70 の 7 の 2）。

　なお，適用を受けた後，対象の非上場株式等を譲渡するなど一定の事由が生じた場合は，納税猶予の期限が確定し，猶予税額および利子税の納付が必要となります（措法 70 の 7 の 2）。

　現在，法人版事業承継税制は「一般措置」と「特例措置」が併存しており，特例措置では，納税猶予の対象となる非上場株式等の制限（総株式数の最大 3 分の 2 まで）の撤廃や納税猶予割合の引上げ（80％→100％）が行われているため，税負担軽減のメリットが大きいといえます。ただし，円滑化法に基づく「特例承継計画」を都道府県知事に令和 6 (2024) 年 3 月 31 日までに提出する必要があるほか，特例措置の対象となる贈与・相続には適用期限（令和 9 (2027) 年 12 月 31 日まで）があります（措法 70 の 7 の 5，6）。

　個人事業者についても，令和元 (2019) 年度改正で，個人事業者の事業用資産にかかる相続税・贈与税の納税猶予制度（個人版事業承継制度）が導入されています。制度の適用を受けるためには，円滑化法に基づき「個人事業承継計画」を策定し令和 6 (2024) 年 3 月 31 日までに都道府県知事に提出する必要があるほか，対象となる贈与・相続には適用期限（令和 10 (2028) 年 12 月 31 日まで）があります。また，既存の事業用小規模宅地特例との選択制となります（措法 70 の 6 の 8，10）。

Ⅲ 財産評価

　相続税および贈与税の税額計算の基礎になるのは，相続，遺贈または贈与により取得した財産です。それらの財産は通常は無償のため，取得した財産がいくらかを見積もる必要があります。これを**財産評価**といいます。財産評価については，原価主義と時価主義が考えられますが，相続税法22条は「相続，遺贈又は贈与により取得した財産の価額は，当該財産の取得の時における時価により」と規定し，時価主義を明らかにしています。

　時価とは，客観的交換価値のことであり（最二判平成22年7月16日判時2097号28頁），不特定多数の独立当事者間の自由な取引において通常成立すると認められる価額を意味します（東京高判平成7年12月13日行裁例集46巻12号1143頁）。

　預貯金のように時価を把握しやすい財産は別として，不動産や非上場株式のような財産の時価を評価することは非常に困難です。また，納税者間で財産の評価が区々になることは公平の観点から好ましくありません。

　そこで，相続税法は，地上権や配偶者居住権など一部の財産の価額の算定方法を一義的に定めています（相法23，23の2，24，25，26）。また，その他の財産については，国税庁が定める**財産評価基本通達**で財産の種類別に評価額の計算方法が定められており，課税実務では，財産の評価は評基通に従って計算されるケースがほとんどです。判例も，評基通により画一的な評価を行うことは，納税者間の公平・便宜，徴税費用の節減からみて合理的で，租税負担の実質的な公平を実現することができ，租税平等主義にかなうとしています（東京地判平成7年7月20日行裁例集46巻6・7号701頁）。

　もっとも，通達には法源性はないので，もし評基通による評価が合理性を欠き，適切な評価ができないと認められる場合は，他の合理的な方法により評価することができると考えられます。評基通の総則6項も，「この通達の定めによって評価することが著しく不適当と認められる財産の価額は，国税庁長官の指示を受けて評価する」と定めています（評価通達によらないことに

合理性があるとした事案として，最三判令和 4 年 4 月 19 日裁判所ウェブサイト）。

　以下では，主要な財産の評価方法を概観します。

1. 土　地

　土地は，宅地，田，畑，山林などの地目別に評価することとされています（評基通 7 以下）。例えば宅地は，市街化地域のものかそれ以外のものかで区別され，前者は路線価方式により，後者は倍率方式により評価します（評基通 11）。

　まず，**路線価方式**は，宅地に面する道路に付された 1㎡ 当たりの価額（路線価）を基に，それぞれの宅地の状況（奥行距離，間口距離，形状等）に応じた調整を加え算出された金額に，その土地の面積を乗じて宅地の評価額を計算する方法です（評基通 13 以下）。路線価は，毎年 1 月 1 日現在の宅地の価額を，近隣の売買実例価額，地価公示価格，不動産鑑定士等による鑑定評価額，精通者意見価格等を基に国税局長が評定し，その年の 7 月に国税庁が**路線価図**として公表しています（評基通 14）。なお，現行の路線価は，地価公示価格の 80% 相当額になっているといわれており，これは，評価時点である 1 月 1 日以降 1 年間の地価変動等にも耐えることができるように評価の安全性が考慮されているためです。

　次に，**倍率方式**は，路線価が定められていない地域の宅地を評価する際に使用される方法で，市町村が定める固定資産評価額に国税局長が定める倍率を乗じて宅地の評価額を計算する方法です（評基通 21）。倍率は，**評価倍率表**として路線価同様毎年 7 月に国税庁が公表しています。

2. 借地権等

　家屋の所有を目的として賃借している土地に関する権利は**借地権**として評価します。借地権の評価額は，その目的となっている宅地の評価額（自用地評価額）に一定の割合を乗じて計算します。この一定の割合を**借地権割合**といい，地域によって A 地域（90%）から D 地域（30%）に分かれます。借

地権割合は，路線価図において各路線価の右側に表示されています。

　また，借地権の設定された宅地（**貸宅地**）の評価額は，自用地評価額から借地権の評価額を差し引いて計算します（評基通 25）。

　　　貸宅地の評価額＝自用地評価額－借地権評価額

　　　　　　　　　　＝自用地評価額－（自用地評価額×借地権割合）

　　　　　　　　　　＝自用地評価額×（1－借地権割合）

3. 家　屋

　家屋の評価は，**固定資産税評価額**に基づいて行います（評基通 89）。なお，その建物が貸付用の場合は，国税局長が定める借家権割合相当額を差し引いた価額で評価を行います（評基通 93，94）。

　　　貸家の評価額＝固定資産税評価額－（固定資産税評価額×借家権割合）

　　　　　　　　　＝固定資産税評価額×（1－借家権割合）

4. 株　式

　株式の評価は，次の区分に従い 1 株ごとに行います（評基通 168 以下）。

(1)　上場株式

　上場株式は，市場で常時取引が行われているため，その取引価格が時価を表しているといえます。そのため，金融商品取引所が公表する課税時期（相続開始日）の最終価格（①）により評価を行います。ただし，①の価格よりも，課税時期の属する月の最終価格の平均値（②），その前月の最終価格の平均値（③），その前々月の最終価格の平均値（④）のいずれかが低い場合は，最も低い価格により評価を行います（評基通 169）。なお，負担付贈与（受贈者に一定の債務を負担させることを条件にした財産の贈与）や個人間の取引により上場株式を取得した場合は，①により評価します（評基通 169）。

(2)　気配相場等のある株式

　気配相場のある株式とは，日本証券業協会の登録銘柄や店頭管理銘柄，公

開途上にある株式のことをいいます。登録銘柄や店頭管理銘柄については，(1) の上場株式に準じた方法で評価します。公開途上にある株式については，公開価格によって評価します（評基通 174）。

(3) 取引相場のない株式（(1)，(2)以外の株式）

取引相場のない株式の発行会社の規模は，上場会社に準ずるような大規模な会社から個人企業に近い小規模な会社まで区々であり，会社の規模（従業員数，総資産価額，1 年間の取引金額）に応じて大会社，中会社，小会社に区分し，評価することとされています（評基通 178 〜 189-7）。

大会社の株式は，事業内容が類似する上場会社の平均株価等に比準させることが合理的と考えられるため，原則として，**類似業種比準方式**[1]で評価します。小会社の株式は，個人企業の財産評価方法とのバランスもあり，原則として，**純資産価額方式**[2]で評価します。大会社と小会社の間に位置する中会

---

1) 類似業種比準方式とは，評価会社と事業内容が類似する上場会社の株価を基に，会社の株価形成に影響を与える配当金額・利益金額・純資産価額（いずれも一株当たり）の 3 要素について類似の上場会社と評価会社を比較して評価額を算出する方法です。なお，斟酌率（大会社：0.7，中会社：0.6，小会社：0.5）は，評価の安全性を考慮したものです。類似業種比準方式では，利益を出し，配当を出している会社や，利益の蓄積が大きい会社の株価が高くなる一方，会社の含み益は反映されない特徴があります（評基通 180）。

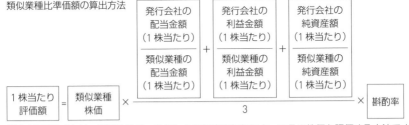

2) 純資産価額方式とは，評価会社の一株当たりの純資産価額によってその株価を評価する方法です。一株当たりの純資産価額は，評価会社の正味財産価額から，課税時期の負債合計金額および課税時期の評価差額に対する法人税額等に相当する金額を控除した後，発行済株式数で除して算出します（評基通 185，186，186-2）。これは，評価会社が課税時期に解散・清算するとした場合に，株主に分配されるべき正味財産価値を計算していることになります。純資産価額方式では，土地などの含み益が多いほど，株価は高く評価されることになります。

社の株式は，原則として，類似業種比準方式と純資産価額方式を併用して評価します。

なお，同族株主以外の株主等の取得した株式については，原則的評価方式である類似業種比準方式や純資産価額方式に代えて，特例的評価方式である**配当還元方式**[3])により評価します。これは，会社に対する支配権を有しない少数株主の場合は，実質的には配当を期待するだけであることや，評価手続の簡便性が考慮されたものです（**図表4-7**）。

図表4-7　評価方式（取引相場のない株式）

評価方式 / 会社規模	原則的評価方式	特例的評価方式
大会社	類似業種比準方式 （純資産価額方式の選択可）	配当還元方式
中会社	類似業種比準方式と純資産価額方式の併用 （類似業種比準価額について純資産価額を選択可）	
小会社	純資産価額方式 （中会社と同じ併用方式を選択可）	

(注) 中会社の「類似業種比準方式と純資産価額方式の併用」とは，中会社を更に大，中，小に分け，例えば中会社の大であれば類似業種比準価額0.9，純資産価額を0.1の割合で併用する方法です。

---

3) **配当還元方式**とは，評価会社の株式に係る年配当金額を基に，一定の利率（10%）で還元して元本である株式の価額を求める方式です。事業経営に対する影響力が少ない少数株主が取得した株式は，配当期待権程度の価値にとどまるとの考えによるものです（評基通188-2）。

column 10　低額譲渡と相続税・贈与税

　著しく低い価額の対価で財産を譲り受けた場合は，その財産を譲り受けた時に，その対価と財産の時価との差額に相当する金額を，譲受人が譲渡人から贈与によって取得したものとみなされます。また，その譲渡が遺言による場合は，遺贈とみなされて，相続税の課税対象となります（相法 7）。

　しかし，譲受人が資力を喪失して債務を弁済することが困難なため，その弁済に充てる目的でその者の扶養義務者から譲り受けたものであるときは，その債務を弁済することが困難である部分の金額に限り，贈与税または相続税の課税対象としないこととされています（相法 7 ただし書き）。

　このように，低額譲渡についてみなし贈与（遺贈）として課税する意義は，「著しく低い価額の対価で財産の譲渡を受けた場合には，法律的には贈与といえないとしても，実質的には贈与と同視することができるため，課税の公平負担の見地から，対価と時価との差額について贈与があったものとみなして贈与税を課することとしている」とされています（横浜地判昭和 57 年 7 月 28 日判夕 480 号 140 頁）。

　「著しく低い価額の対価」に当たるかどうかの基準については，財産の譲受けの事情，譲受けの対価，財産の市場価格，財産の相続税評価額等を勘案して，社会通念に従い判断すべきとされています。ここで，みなし譲渡課税を定めた所得税法 59 条 1 項が「著しく低い価額の対価」の基準を時価の 1/2 未満としている（所令 169 条）こととの関係が問題となりますが，未実現利益に対する課税を規定する所得税法 59 条と，みなし贈与を規定する相続税法 7 条とでは規定の趣旨が異なるという理由から，みなし贈与の「著しく低い価額の対価」については，時価の 1/2 を下回る必要はないと解されています。相続税法が「著しく低い価額」について画一的な判定基準を設けていないのは，明らかに贈与する意思で高額な利益が授受された場合に，その対価の額が画一的な判定基準以上であるという理由から贈与税の課税ができず，課税上の不公平が生じてしまうことは適当でないためと考えられています。

第**5**章

消　費　税

Ⅰ　消費税とは

1. 消費税の創設

　消費税は，所得・消費・資産等に対する課税を適切に組み合わせバランスのとれた税制にしていくことが必要という考えから，消費全般に広く負担を求める税として平成元（1989）年4月に創設されました。創設当時の税率は3%でしたが，その後5%（平成9（1997）年），8%（平成26（2014）年）と引き上げられ，令和元（2019）年10月には新たに軽減税率制度が飲食料品等を対象に導入され，税率も標準税率が10%，軽減税率8%となって現在に至っています。

2. 消費税の基本的な仕組み

　消費税は間接税と呼ばれるタイプの税金で，負担する者と納税する者が別になっています。

　消費者が商品を購入する際の価格には消費税が含まれていますので，消費税は消費者が負担していることになります。ところが，消費者は納税をしません。消費者が商品を購入する前の，製造・販売などの各段階のそれぞれの

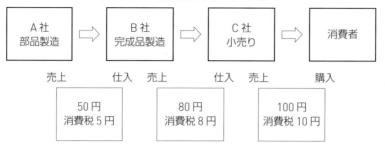

図表5-1　消費税の基本的な仕組み

出所：筆者作成

事業者が納税をします。

　具体的にどのような仕組みになっているのでしょうか。**図表5-1**で説明します。

　1つ100円（税抜き価格）で消費者に売られている玩具を例にとってみてみましょう。ここでは消費税の税率を10％とします。

　この玩具について，部品製造業者A社が部品を製造して税抜き価格50円で完成品製造業者のB社に売り，B社は部品を組み立てて完成品をつくって税抜き価格80円で小売業者C社に売り，C社が税抜き価格100円で消費者に販売しているとします（話を簡単にするために，A社には仕入れはないものとします）。

　それぞれの取引に消費税が上乗せされると，A社はB社に部品を売るときに消費税5円（50円の10％）を上乗せして55円で売ります。この取引をB社からみると，B社はA社から税抜き価格50円の部品を消費税込みで55円で仕入れることになります。

　次にB社は，C社に完成品を売るときに消費税8円（80円の10％）を上乗せして，88円で売ります。

　最後にC社は，消費者に玩具を売るときに消費税10円（100円の10％）を上乗せして110円で売ることになります。

　納税はどのようになるのでしょうか。基本的にはそれぞれの会社が，売上げに対する消費税から仕入れに係る消費税を控除し，その差額を納税するこ

とになります。

　A 社は，仕入れがないことになっていますので，仕入れに係る消費税があ
りません。ですから，売上げに対する消費税 5 円をそのまま納税することに
なります。

　B 社は，売上げに対する消費税 8 円から仕入れに係る消費税 5 円を引いて，
差額の 3 円を納税します。

　C 社は，売上げに対する消費税 10 円から仕入れに係る消費税 8 円を引い
て，差額の 2 円を納税します。

　消費者は 100 円の玩具を購入したときに 10 円の消費税を負担しますが，こ
の 10 円は，A 社が 5 円，B 社が 3 円，C 社が 2 円と，それぞれの事業者が取
引段階ごとに納税し，合わせて 10 円（5 円＋ 3 円＋ 2 円）納税されます。こ
れが消費税の基本的な仕組みです。

3.　「消費税」の用語について

　「消費税の標準税率は 10％です。」とか，「食料品等には消費税の軽減税率
（8％）が適用されます。」という言い方が，日常的になされます。ここで，「消
費税」という用語には，実は 2 通りのもの，日常用語の「消費税」と，法律
用語の「消費税」があることに，注意が必要です。

　日常用語としての「消費税」は標準税率が 10％です。

　これとは別の法律用語としての「消費税」は，消費税法という法律に規定
されている「消費税」です。こちらの方の「消費税」は国の財源になる国税
で，標準税率は 7.8％です。これに，地方税法に規定されていて地方公共団体
の財源になる「地方消費税」（標準税率は 2.2％）が加わって，日常用語とし
ての消費税の標準税率 10％ということになっているのです。

　つまり，

　　消費税 10％（日常用語）
　　　＝消費税 7.8％（法律用語：国税）＋地方消費税 2.2％（地方税）

という関係になります。

今後この章では，特に断りのない限り，「消費税」は，法律用語の「消費税」のことを指しますので，間違えないようにしてください。

Ⅱ 課税の対象

1. 課税の対象

消費税の課税の対象となるのは，国内取引と輸入取引です。順に説明します。

(1) 国内取引

1つの例ですが，大学生のAさんが後輩のBさんに，いらなくなった教科書を安く譲りました。この取引に消費税は課税されるでしょうか。

国内取引の場合の消費税の課税の対象について規定しているのは，消費税法4条1項です。この条文は，次のように規定しています（本当は少し長い条文ですが，ここでの説明に関係がない部分は，……で省略します。消費税は，条文を理解すると仕組みを理解しやすいので，この後もときどき条文を用いて説明します）。

> 「消法4条①　国内において事業者が行った資産の譲渡等……には，この法律により，消費税を課する。」

この条文にはいくつかのポイントがあります。

イ　ポイントの1つ目は，「国内において」ということです。例えば，さきほどの例で，Aさんが後輩のBさんに教科書を譲ったのがAさんとBさんが一緒に旅行していたアメリカでのことであれば，この条文の「国内において」に該当せず，消費税の課税の対象とはならないことになります（外国での取引ですので輸入取引として課税されることもありませ

ん）。このように消費税の課税の対象とはならない取引のことを，法律
用語ではありませんが，一般に「**不課税取引**」といいます。

ロ　2つ目のポイントは，「事業者が」という点です。事業者に該当しな
いような人，例えば，Aさんが特に事業に携わっていない普通の大学
生であれば，この点からもAさんが教科書をBさんに譲った行為は消
費税の課税対象とはなりません。

ハ　3つ目のポイントは，「資産の譲渡等」ということです。「資産の譲渡
等」が何を指すのかということについては，消費税法2条1項8号が規
定しています。

　　「消法2条①八　資産の譲渡等　事業として対価を得て行われる資産
　の譲渡及び貸付け並びに役務の提供……をいう。」

条文を分解してみてみると，①「事業として」，②「対価を得て」行われる
③「資産の譲渡」と④「資産の貸付け」ならびに⑤「役務の提供」が，「資産
の譲渡等」であるということです。

ここで，

①「事業として」とは，対価を得て反復，継続，独立して行われることだ
と理解されています。（消基通5-1-1）「反復，継続」ということです
ので，一度限りの取引は該当しないことになりますし，例えば会社の従
業員としての取引は「独立して」に当てはまりません（この場合，取引
をしたのは会社ということになりますので，会社の取引として会社に消
費税が課されるかどうか検討されることになります。従業員には消費税
は課されません）。

　個人の場合，事業に携わっていない人はそもそも事業者に該当しませ
ん。また，事業を行う個人（「個人事業者」といいます）でも生活の用
に供している資産を譲渡する場合には，「事業として」には該当しませ
ん（消基通5-1-1（注）1）。個人事業者が，自宅にあった家具を売却
しても，「事業として」に該当しないことになります。

また，法人は事業を行う目的で設立されていることから，法人が行う資産の譲渡等は，そのすべてが「事業として」に該当します（消基通5-1-1（注）2）。

②「対価を得て」ということですので，贈与した場合などは該当しないことになります（例外として消基通5-3-5（注））。

③「資産の譲渡」とは，商品などの資産を売却することなどです。先ほどの例で，教科書を安く譲る行為は，この「資産の譲渡」に該当します。少し難しい言い方ですが，資産の譲渡とは，資産につきその同一性を保持しつつ，他人に移転させることをいうと理解されています（消基通5-2-1）。

④「資産の貸付け」には，他の者の資産を使用する一切の行為が含まれ，資産に係る権利の設定（特許権などの工業所有権に係る使用権の設定）なども含まれます。（消法2②）。

⑤「役務の提供」には，運送，保管，印刷，広告，仲介などのサービスの提供が該当します（消基通5-5-1）。

ここで事例で考えてみましょう。

（例題）次の取引は，不課税取引になりますか。

「大学生のB君が，学生の身分のまま起業し，制作したゲームソフトを国内で友人に売った。」

　消費税法4条1項のそれぞれの要件に照らして考えてみましょう。

「イ　国内において」……「国内で…売った」とありますので，該当することになります。

「ロ　事業者が」……「起業し」とありますので，大学生ではあっても「事業者が」という要件に該当すると考えられます。

「ハ　資産の譲渡等」……起業して制作・販売していますので，①「事業

として」という要件に該当します。また，「売った」ということですので，無料ではなかったことになり，②「対価を得て」にも該当します。さらに，ゲームソフトの販売ですので，③「資産の譲渡」にも該当します。

結論として，この取引は消費税法4条1項の要件をすべて満たしているので，不課税取引には該当しないということがわかります。

(2) 輸入取引

課税の対象となる取引には，これまで説明した国内取引（「国内において事業者が行った資産の譲渡等」（消法4①））のほかに輸入取引があります。輸入取引については，消費税法4条2項が規定しています。

> 「消法4条② 保税地域から引き取られる外国貨物には，この法律により，消費税を課する。」

ここで保税地域とは，輸入等をする際に外国貨物を一時的においておく場所のことです。この条文のポイントは，①輸入される外国貨物には，保税地域から引き取られるタイミングで消費税が課されるということと，②「事業者が」と書いておらず，事業者の行う輸入に限定されていないことです。

特に，②ですが，国内取引とは異なり，輸入の場合には事業者でない一般の消費者が輸入をした場合にも消費税が課されます。消費者が国内産の商品を購入するときには原則として消費税がかかっていますので，消費者が個人輸入をして購入する商品にも消費税がかかっていないとバランスがとれません。そのような考えから，輸入品の場合には「事業者が」という限定がついていないのです（個人輸入の場合，輸入代行業者が輸入の際に消費税を立替払いして納税し，価格に上乗せして消費者に渡しているケースが多いようです）。

国内取引と輸入取引の場合の課税の対象について，おわかりいただけましたでしょうか。ここまでは課税の対象についての原則です。

2. 課税の対象の例外

次に課税の対象の例外である，（1）非課税取引と（2）免税取引について，順に説明します。

（1）非課税取引

非課税取引については，消費税法6条1項に規定があります。

> 「消法6条①　国内において行われる資産の譲渡等のうち，別表第一に掲げるものには，消費税を課さない。」[1]

そして，消費税法の別表第一には，消費税が非課税となる13種類の取引が列挙されています。実際には各取引について細かい規定がありますが，概要は以下のとおりです。

一　　土地の譲渡および貸付け（一時的に使用させる場合等を除く。）

二　　有価証券，支払手段の譲渡

三　　利子を対価とする貸付金その他の金融取引

四　　郵便切手類，印紙，証紙および物品切手等の譲渡

五　　国，地方公共団体等が法令に基づき徴収する手数料等に係る役務の提供

六　　公的な医療保障制度に係る療養，医療，施設療養等

七　　介護保険サービス，社会福祉事業等によるサービスの提供等

八　　助産

九　　埋葬料や火葬料を対価とする役務の提供

十　　一定の身体障害者用物品の譲渡，貸付け等

十一　学校教育

十二　教科用図書の譲渡

十三　住宅の貸付け

---

1) 令和5（2023）年10月1日以降，「別表第一」は「別表第二」と書き換えられることになっています。

　これらのうち，一号から五号までは，消費に負担を求める税としての性格上課税対象とならないものです。

　例えば，土地の貸付け（一号）が非課税とされていることについて，大阪高裁平成 28 年 7 月 28 日判決（税資 266 号順号 12893）は，「法が土地の貸付けを非課税取引としている趣旨は，土地は使用や時間の経過によって摩耗ないし消耗するものではなく，土地そのものの消費を観念することができないことから，消費に負担を求める税である消費税を課する対象から除外するという点にあるものと解される」と説明しています。

　六号から十三号までは，社会政策的配慮に基づくものです。

(2) 免税取引

　課税の対象の例外の 2 つ目は，**免税取引**です。免税取引には輸出物品販売場（免税店）における輸出物品の販売（消法 8）などいくつかの種類がありますが，代表的なものは輸出免税です。消費税法 7 条 1 項は，輸出免税について次のように規定しています。

　　「消法 7 条①　事業者……が国内において行う課税資産の譲渡等のうち，次に掲げるものに該当するものについては，消費税を免除する。
　　一　本邦からの輸出として行われる資産の譲渡又は貸付け
　　二　（以下略)」

　輸出が免税とされているのは，消費税が国内において消費される物品やサービスについて負担を求めるものであるので，国外で消費されるものについては税を免除するという考え方に基づくものです。

　ここまで，課税の対象の例外として，非課税取引と免税取引について説明しました。これら 2 つの取引については，仕入税額控除の扱いに違いがあります。この点については，仕入税額控除の説明（本章Ⅴ）の中で説明します。

Ⅲ 納税義務者

1. 納税義務者についての原則

　次に，消費税は誰が納税することになっているかという点について説明します。消費税法5条1項は，国内取引の納税義務について次のように規定しています。

　　　　「消法5条①　事業者は，国内において行った課税資産の譲渡等……につき，この法律により，消費税を納める義務がある。」

　つまり，国内取引について消費税の納税義務を負うのは，国内において課税資産の譲渡等を行った事業者ということになります（column 12で説明するリバースチャージ方式の場合を除きます）。本章Ⅰ2.「消費税の基本的な仕組み」のところで説明したように，製造・販売などの取引段階を経て最終的に消費者まで至る経路の中にあって，各取引段階で課税資産の譲渡等を行っている事業者が，それぞれに納税義務を負うということになります。

　輸入取引の場合の納税義務者は，外国貨物を保税地域から引き取る者とされています（消法5②）。

　以上が納税義務者についての原則です。次に例外について説明します。

2. 事業者免税点制度

(1) 小規模事業者に係る納税義務の免除（事業者免税点制度）

　国内において資産の譲渡等を行った事業者であっても，一定規模以下の事業者の場合には，納税義務は免除されます。これは小規模事業者の事務負担に配慮した制度で，事業者免税点制度と呼ばれています。この制度の適用を受けて納税義務が免除される事業者を免税事業者といい，免除されない事業者を課税事業者といいます。

　ある期間に事業者免税点制度の適用を受けることができるかどうかは，原則的には2年前の課税売上げの規模をみて判定することになっています。免税事業者になるかどうかある程度前もってわかっていることが，事業の準備のうえで必要だからです。事業者免税点制度については，消費税法9条1項に規定されています。

　　「消法9条① 事業者のうち，その課税期間に係る基準期間における課税売上高が千万円以下である者については，第5条第一項の規定にかかわらず，その課税期間中に国内において行った課税資産の譲渡等……につき，消費税を納める義務を免除する。……」

条文の中に，「その課税期間に係る基準期間における課税売上高が千万円以下」と書いてあります。ここで，
①「**課税期間**」とは課税の対象となる期間のことです。個人事業者の場合は原則として1月1日から12月31日までの暦年，法人の場合は，原則としてその法人の事業年度（例えば3月末決算法人であれば4月1日から翌年の3月31日まで）が課税期間になります（消法19①）。
②「**基準期間**」とは，対象となる課税期間の前々年（個人事業者の場合）または前々事業年度（法人の場合の原則）のことです。個人事業者で，対象となる課税期間が2022年1月1日から同年12月31日の場合，2020年1月1日から12月31日までが「基準期間」ということになります（消法2①十四）。
③「**課税売上高**」というのは，資産の譲渡等の対価の額のうち非課税取引にかかるものを除いた金額（税抜き）をいいます（消法9②，消法2①九）。非課税売上げが除かれますので，消費税の課税対象となる課税売上げの金額（税抜き）と免税売上げの金額の合計額ということになります。
　つまり，「課税期間に係る基準期間における課税売上高が千万円以下」とは，2年前の年（年度）の課税売上げ（税抜き）と免税売上げの合計額が1,000

万円以下ということです。

(2) 前年または前事業年度等の課税売上高による 納税義務の免除の特例

　この特例制度は，その年またはその事業年度の基準期間の課税売上高が1,000万円以下であっても，その年またはその事業年度に係る特定期間の課税売上高が1,000万円を超えるときには，事業者点免税制度の適用を受けることができないという制度です。

　この制度は，1期目から相当の課税売上高があるにもかかわらず，実際に課税事業者となるのは3期目からとなってしまうことがあることなどが問題視されて，平成23（2011）年度の税制改正で導入されました。

　この制度は，消費税法9条の2に規定されています。

　　　「消法9条の2　個人事業者のその年又は法人のその事業年度の基準期間における課税売上高が千万円以下である場合において，当該個人事業者又は法人……のうち，当該個人事業者のその年又は法人のその事業年度に係る特定期間における課税売上高が千万円を超えるときは，当該個人事業者のその年又は法人のその事業年度における課税資産の譲渡等……については，同条（注：9条）第一項本文の規定は，適用しない。」

　ここで，**特定期間**とは，①個人事業者の場合，その年の前年1月1日から6月30日までの期間，②法人の場合，事業年度が1年間の場合には，事業年度の前事業年度開始の日以後6月の期間，をいいます（消法9の2④）。

　また，特定期間中に支払った給与等の金額をもって，特定期間における課税売上高とすることもできます（消法9の2③）

(3) 新設法人の納税義務の免除の特例

　事業者免税点制度は，零細な事業者の事務処理能力等を勘案して設けられた制度であるので，新設法人でも設立当初の事業年度から相当の売上高を有

する法人は適用の対象外とするべき，との考え方から，新設法人であっても，その事業年度開始の日における資本金の額または出資の金額が1,000万円以上である法人（社会福祉法人等を除く）については，基準期間のない事業年度の納税義務は免除されないことになっています（消法12の2）。この制度は平成6（1994）年度の税制改正で入った制度です。

(4) 課税事業者の選択の特例

免税事業者になると，仕入税額控除（本章Vで説明します）を受けることができません。しかし，事業開始当初で設備投資費用がかさむ場合や，輸出の比率が高い場合などには，免税事業者にならない方が，課税上有利な場合があります。そのような場合には，免税事業者にならないことを選択することができます。この特例は，消費税法9条4項に規定されています。

> 「消法9条④　第一項本文の規定により消費税を納める義務が免除されることとなる事業者が，その基準期間における課税売上高……が千万円以下である課税期間につき，第一項本文の規定の適用を受けない旨を記載した届出書をその納税地を所轄する税務署長に提出した場合には，当該提出をした事業者が当該提出をした日の属する課税期間の翌課税期間……以後の課税期間……中に国内において行う課税資産の譲渡等……については，同項本文の規定は，適用しない。」

この条文にあるとおり，事業者免税点制度の適用を受けない旨を記載した届出書を，対象とする課税期間が始まる前に所轄税務署長に提出することが要件になります。

この特例の適用を受けて課税事業者になると，最低2年間は免税事業者になることができませんので（消法9⑥），特例の適用を受けようとするときには慎重に判断することが必要です。

Ⅳ 課税標準と税率

1. 課税標準

　課税標準とは，消費税額を計算する際の，基礎となる金額のことです。この金額に税率を掛けて，売上げに対する消費税額が計算されます。

　課税標準については，消費税法28条が規定しています。

　　「消法28条①　課税資産の譲渡等に係る消費税の課税標準は，課税資産の譲渡等の対価の額（対価として収受し，又は収受すべき一切の金銭又は金銭以外の物若しくは権利その他経済的な利益の額とし，課税資産の譲渡等につき課されるべき消費税額及び当該消費税額を課税標準として課されるべき地方消費税額に相当する額を含まないものとする……。）とする。……」

　条文にあるとおり，消費税額および地方消費税額を含みませんので，標準税率が適用されている場合には，税込みの売上げ等の金額に 100 ／ 110 を掛けた金額ということになります。

　実際の消費税額の計算は，課税標準から，消費税を免除することになっている免税分の金額を除いて「課税標準額」を計算し，それに税率を適用して課税標準額にかかる消費税額を求め，さらに，後に説明する仕入税額控除の金額を控除して行います（消法45①）。

2. 税　率

　消費税の現在の標準税率は 7.8％です（消法 29）。これに地方消費税 2.2％が加えられて，日常用語としての消費税の標準税率が 10％になっているということは本章Ⅰ 3. で説明しました。

　飲食料品の譲渡と一定の新聞の譲渡には，軽減税率である6.24％が適用されます（平28年度改正法附則34①）。これに地方消費税の軽減税率1.76％が加わって，日常用語としての消費税の軽減税率は8％になっています。

　軽減税率の適用対象となる飲食料品には，テイクアウトや宅配が含まれますが，①酒類，②外食，③ケータリング・出張料理（有料老人ホームでの飲食料品の提供等を除く）は含まれないことになっています（平28年度改正法附則34①本文および一）。

　同様に，軽減税率の適用対象となる一定の新聞とは，「一定の題号を用い，政治，経済，社会，文化等に関する一般社会的事実を掲載する新聞（一週に二回以上発行する新聞に限る。）の定期購読契約」のことであると規定されています（平28年度改正法附則34①二）。

仕入税額控除

1. 基本的な仕組み

　本章Ⅰ2.「消費税の基本的な仕組み」でみたように，わが国の消費税では，売上げに対する消費税額から仕入れに係る消費税額を控除して，納税する消費税の金額を計算します。このように，仕入れに係る消費税額を控除する方式のことを**前段階税額控除方式**といい，仕入れに係る税額の控除のことを**仕入税額控除**といいます。

　仕入税額控除については，消費税法30条1項に規定があります。

> 「消法30条①　事業者……が，国内において行う課税仕入れ……については，……課税期間の……消費税額……から，当該課税期間中に国内において行った課税仕入れに係る消費税額……を控除する。」

　ここで，**課税仕入れ**とは，事業者が，事業として他の者から資産を譲り受け，もしくは借り受け，または役務の提供を受けることをいいます（消法2

①十二)。

2. 仕入税額控除の金額の計算

　仕入税額控除の金額（以下「仕入控除税額」といいます）の計算方法は，当該課税期間の（1）課税売上高が5億円以下かつ課税売上割合95％以上の場合，と，（2）課税売上高が5億円を超えるか課税売上割合が95％未満の場合で異なります。

　ここで，課税期間の**課税売上高**とは，当該事業者が当該課税期間中に国内において行った課税資産の譲渡等の対価の額（税抜き）の合計額のことをいいますので，当該課税期間の課税売上げの金額（税抜き）と免税売上げの金額高の合計額を意味します。非課税売上げの金額は含まれません（消法30⑥）。なお，課税期間が1年に満たない場合には1年分に換算して計算することになっています（消法30⑥）。

　次に，**課税売上割合**とは，以下の算式で計算される割合のことです（消法30⑥）。

$$課税売上割合 = \frac{課税資産の譲渡等の対価の額の合計額}{資産の譲渡等の対価の額の合計額}$$

　この式の分母にある「資産の譲渡等」とは，事業として対価を得て行われる資産の譲渡および貸付けならびに役務の提供をいうこととされており（消法2①八），具体的には，課税売上げ（消費税の課税の対象となる売上げ）と免税売上げと非課税売上げが該当します。他方，分子にある課税資産の譲渡等とは，資産の譲渡等のうち非課税売上げ以外のものをいうとされており（消法2①九），課税売上げと免税売上げだけが該当します。

　これらを踏まえると，課税売上割合は以下のように表されることになります。

$$課税売上割合 = \frac{課税売上げ（税抜き）＋免税売上げ}{課税売上げ（税抜き）＋免税売上げ＋非課税売上げ}$$

例えば，課税売上げ（税抜き）が 7 千万円，免税売上げが 2 千万円，非課税売上げが 1 千万円の場合，

$$課税売上割合 = \frac{7 千万円＋2 千万円}{7 千万円＋2 千万円＋1 千万円} = \frac{9}{10}$$

ということになります。

（1） 課税期間中の課税売上高が 5 億円以下かつ課税売上割合 95％以上の場合

対象とする課税期間の課税売上高（課税期間が 1 年に満たない場合には 1 年分に換算した金額）が 5 億円以下かつ課税売上割合 95％以上の場合には，課税仕入れに係る消費税額（当該課税仕入れに係る支払対価の額（税込）に 110 分の 7.8 を乗じて計算した金額）の全額を控除します（消法 30 ①）。

（2） 課税期間中の課税売上高が 5 億円を超えるか課税売上割合が 95％未満の場合

課税売上割合が 5 億円を超えるか課税売上割合が 95％未満の場合には，仕入控除額の計算について次の二つの方式が認められています。

イ　個別対応方式（消法 30 ②一）
個別対応方式では，課税仕入れ等を以下の 3 通りに分類します。
A……課税資産の譲渡等にのみ要する課税仕入れの税額
B……課税資産の譲渡等とその他の資産の譲渡等に共通して要する課税仕入の税額
C……その他の資産の譲渡等にのみ要する課税仕入れの税額

そのうえで，以下の算式によって仕入控除税額を計算します。

仕入控除税額＝A＋B×（課税売上割合）

□　一括比例配分方式（消法30②二）
　一括比例配分方式では，課税仕入れ等を区分することなく，全額を一括で扱い，全額に課税売上割合を掛けて仕入控除税額を算出します。計算式は以下のとおりです。

仕入控除税額＝（課税仕入れ等の税額）×（課税売上割合）

上のA，B，Cを用いて式を表現すると，

仕入控除税額＝（A＋B＋C）×（課税売上割合）

ということになります。

　例えば，①課税資産の譲渡等にのみ要する仕入が税込みで3,300万円，②課税資産の譲渡等とその他の資産の譲渡等に共通して要する課税仕入が税込みで1,650万円，③その他の資産の譲渡等にのみ要する課税仕入れが税込み550万円で，課税売上割合が9／10の場合の仕入税額控除の金額は，消費税（国税）の税率を7.8％，消費税（国税）と地方消費税の合計税率を10％として計算した場合に，

（個別対応方式の場合）

$$3{,}300\,万円 \times \left(\frac{7.8}{110}\right) + 1{,}650\,万円 \times \left(\frac{7.8}{110}\right) \times \frac{9}{10}$$

$$= 234\,万円 + 105.3\,万円 = 339.3\,万円$$

（一括比例配分方式の場合）

$$(3,300\,万円 + 1,650\,万円 + 550\,万円) \times \left(\frac{7.8}{110}\right) \times \frac{9}{10} = 351\,万円$$

となります。

（3） 仕入れ税額控除についての免税と非課税の違い

　課税売上割合という名前がついていますが，課税売上割合の計算式をよく
みると，事業での売上げ（税抜き）に占める非課税売上げ以外のもの（課税
売上げ（税抜き）と免税売上げ）の割合であることがわかります。課税売上
割合を掛けて仕入控除税額を計算しているということは，課税仕入れに係る
消費税額のうち，課税売上げと免税売上げに対応する部分は仕入税額控除の
対象としているが，非課税売上げに対応する部分は仕入税額控除の対象とは
していないということになります。

　消費税は，国内において消費される物品やサービスについて負担を求める
ものであるので，国外で消費されるものについては免税扱いをしています。
このことは消費地課税の原則と呼ばれますが，この原則にしたがって，課税
物品が輸出される際には，消費税の課税が免除されるだけでなく，対応する
課税仕入れについても仕入税額控除が認められています。

　他方，非課税売上げの場合は，対応する仕入れについて仕入税額控除をす
ることは認められていません。非課税売上げに消費税は課されませんが，対
応する課税仕入れについての仕入税額控除は認められていないということで
す。

　ただし，課税売上高が 5 億円以下かつ課税売上割合が 95％以上の場合に
は，事務負担への配慮等の観点から，非課税売上げに対応する分を除くこと
なく課税仕入れに係る消費税額の全額を控除できることとしています。それで，
この場合には，仕入税額控除について課税売上割合を掛けた計算を行ってい
ないわけです。

　なお，小規模事業者免税制度の適用を受ける事業者が，仕入税額控除を受

けることができないことは，本章Ⅲ.2.(4)に記載したとおりです（消法30
①)。

3. 簡易課税制度

　簡易課税制度は，中小事業者の事務負担を考慮して設けられた制度です。
これは，当該課税期間の課税標準額に対する消費税額に基いて仕入税額控除
の金額を計算するという制度です。基準期間における課税売上高（課税売上
げと免税売上げの金額の合計額）が5千万円以下の場合には，この制度の適
用を受ける旨を記載した届出書を所轄税務署長に提出することにより，提出
した課税期間の翌課税期間から適用を受けることができます。この制度によ
る仕入控除税額の計算は以下のようになります（消法37①)。

　　仕入控除税額＝(課税標準額に対する消費税額)×(みなし仕入率)

　この式の「課税標準額に対する消費税額」に軽減税率が適用された売上げ
が含まれている場合には，その部分については軽減税率（6.24%）を適用し
て計算した金額ということになります。

　ここでみなし仕入率は，業種ごとに次のようになっています（消法37①，
消令57①⑤，消基通13-2-8の3)。
　　(1) 第一種事業（卸売業）……………………………………90%
　　(2) 第二種事業（小売業）……………………………………80%
　　(3) 第三種事業（農業，建設業，製造業等）……………70%
　　(4) 第四種事業（その他の事業（飲食店業を含む))……60%
　　(5) 第五種事業（運輸通信業，サービス業等）…………50%
　　(6) 第六種事業（不動産業）………………………………40%

　この制度を使うと，消費税額の計算は以下のようになります。

（例題）小売業の A 社の 20X3 年 3 月までの課税期間の課税売上げの金額は，標準税率の適用対象が 2,200 万円（税込），軽減税率の適用対象が 1,080 万円（税込），非課税売上げが 500 万円だった。簡易課税制度が適用された場合に A 社の納税すべき消費税の税額を計算しなさい。

（解答）

　　課税標準額に対する消費税額

$$= 2,200 \text{ 万円} \times \left(\frac{7.8}{110}\right) + 1,080 \text{ 万円} \times \left(\frac{6.24}{108}\right) = 156 \text{ 万円} + 62.4 \text{ 万円}$$

$$= 218.4 \text{ 万円}$$

　　小売業のみなし仕入率は 80％ですので，

　　仕入控除税額 ＝ 218.4 万円 × 80％ ＝ 174.72 万円

　　消費税額 ＝（売上げに対する消費税額）－（仕入控除税額）

　　＝ 218.4 万円 － 174.72 万円 ＝ 43.68 万円

　　（非課税売上げの金額は計算の中に入ってきません）

　簡易課税制度の適用を受けるためには，①「消費税簡易課税制度選択届出書」を，制度を適用しようとする課税期間の開始の日の前日までに所轄税務署長に提出していることと，②基準期間の課税売上高が 5 千万円以下であることが必要です。届出書を出していても，基準期間の課税売上高が 5 千万円を超えてしまった課税期間は適用を受けられない，という点には注意が必要です。

　簡易課税制度の適用を選択した場合，最低 2 年間は継続適用されることになります。適用をやめるためには，「消費税簡易課税制度選択不適用届出書」を所轄税務署長に提出することが必要です。

▎4. 帳簿等の保存

　仕入税額控除を受けるためには，課税仕入れ等の税額の控除に係る帳簿及び請求書等の保存が条件になっています（消法 30 ⑦）。ここで，「保存」と

は，判例上，「税務職員による検査に当たって適時にこれを提示することが可能なように態勢を整えて保存して」いることと理解されています（最一判平成16年12月16日民集58巻9号2458頁）。したがって，「職員から帳簿書類の提示を求められ，……これに応じ難いとする理由も格別なかったにもかかわらず」提示しなかった場合には，消費税法30条7項に定める保存をしていないと判断されることになります（同判決）。単に保存してあればよく税務調査のときにみせる必要はない，というものではありませんので，注意が必要です。

　軽減税率が導入された令和元（2019）年10月1日からは，帳簿等の保存について区分記載請求書等保存方式が採用されています。この方式では，帳簿には課税仕入れについて軽減税率の適用対象である場合にはその旨を記載することとなりました。請求書等についても，軽減税率の適用対象である場合にはその旨と，税率ごとに区分して合計した税込対価の額を記載することが必要になっています（平28年度改正法附則34②）。

　令和5（2023）年10月1日からは適格請求書等保存方式（いわゆるインボイス方式）が採用され，税務署長の登録を受けた適格請求書発行事業者から交付を受けた適格請求書等の保存が，仕入税額控除を受けるために原則として必要となります。適格請求書等には，適格請求書発行事業者の氏名または名称および登録番号などを記載することが必要とされます。

Ⅵ 申告と納付

　消費税の申告と納付は，課税期間ごとに行うことになっています。

1. 課税期間

(1) 個人事業者の課税期間

　個人事業者の課税期間は，1月1日から12月31日までです（消法19①一）。所轄税務署長に届出書を提出することによって，①1月1日から3か月ごとの各期間に，または，②1月1日から1か月ごとの各期間に，変更する

ことができます（消法 19 ①三，三の二）。

（2）法人の事業年度

　法人の課税期間はその事業年度です（消法 19 ①二）。所轄税務署長に届出
書を提出することによって，①事業年度が 3 月を超える法人は 3 月ごとの期
間（最後に 3 月未満の期間を生じたときは，その 3 月未満の期間）に（消法
19 ①四），または，②事業年度が 1 月を超える法人は 1 月ごとの期間（最後
に 1 月未満の期間を生じたときは，その 1 月未満の期間）に（消法 19 ①四の
二），変更することができます。

▌2. 確定申告および納付

　個人事業者および法人の消費税の確定申告の期限は，原則として課税期間
の末日の翌日から 2 月とされています（消法 45 ①）。

　ただし，個人事業者の場合には，その年の 12 月 31 日を含む課税期間の提
出期限は翌年の 3 月 31 日とされています（措法 86 の 4 ①）ので，課税期間
の短縮がなく課税期間が 1 月 1 日から 12 月 31 日の個人事業者の申告期限は
3 月 31 日になります。

　法人の場合，所轄税務署長に延長届出書を提出した場合には，当該課税期
間の翌日から 3 月以内に期限が延長されます（消法 45 の 2）。

　消費税の納付は，個人事業者，法人事業者とも，確定申告書の提出期限ま
でとされています（消法 49）。

▌3. 中間申告

　平成元（1989）年に消費税が創設されたときには，中間申告は直前の課税
期間の確定消費税額の 6 月分相当額が 30 万円を超えた場合に 1 回すればよい
ことになっていました。

　その後，大企業を中心として事業者が消費税を納税するまでの間に運用益
を得ているのではないかとの批判が出され，平成 3（1991）年度税制改正で
確定消費税額（年税額）が 500 万円を超える事業者は年 3 回に，さらに平成

15（2003）年度税制改正においては，直前の課税期間の確定消費税額が4,800万円を超える事業者については，中間申告納付を毎月，年に11回行う仕組みに改められています。

　現在では，課税期間が1年の事業者の場合，①直前の課税期間の確定消費税額が4,800万円超の場合には年に11回，②同税額が400万円超4,800万円以下の場合には年に3回，③同税額が48万円超400万円以下の場合には年1回の中間申告が必要で，同税額が48万円以下の場合には中間申告は不要ということになっています。

---

column 11　総額表示

　買い物をするときに，商品についている値段が税込の値段なのか，税抜きの値段なのかわかりにくいようでは困ります。そこで，消費税法では総額表示を義務付けています。

　消法63　事業者（第9条第一項本文の規定により消費税を納める義務が免除される事業者を除く。）は，不特定かつ多数の者に課税資産の譲渡等……を行う場合（専ら他の事業者に課税資産の譲渡等を行う場合を除く。）において，あらかじめ課税資産の譲渡等に係る資産又は役務の価格を表示するときは，当該資産又は役務に係る消費税額及び地方消費税額の合計額に相当する額を含めた価格を表示しなければならない。

　この規定を受けて国税庁は通達を定め，
　「表示された価格が税込価格であれば『税込価格である』旨の表示は必要なく，また，税込価格に併せて『税抜価格』又は『消費税額等』が表示されていても差し支えないので，例えば，次に掲げるような表示がこれに該当する。
　（1）11,000円
　（2）11,000円（税込）
　（3）11,000円（税抜価格10,000円）
　（4）11,000円（うち消費税額等1,000円）

(5) 11,000 円（税抜価格 10,000 円，消費税額等 1,000 円）」
と書いています（平 16.2 課消 1-8）。

　消費税法 63 条に「表示するとき」と書いてあります。この表示するときとは，値札，商品陳列棚，店内表示などによる価格の表示や，チラシ，パンフレット，ポスター，看板などによるによる価格の表示などが含まれます。価格表示をしていない場合には，総額表示義務の対象にはなりません（平 16.2 課消 1-8）。

column 12　国境を越えた役務の提供

　平成 27（2015）年度税制改正までは，インターネットを介して電子書籍や音楽の配信などを行う役務の提供が，国内取引に当たるか否かの判断は，役務の提供にかかる事務所の所在地が国内にあるか否かで判断することとされていました（平成 27（2015）年度税制改正前の消法 4 ③二，消令 6 ②）。その結果，同じコンテンツを配信する場合でも，役務の提供にかかる事務所が国内にある場合は国内取引として消費税が課税され，外国にある場合には消費税が課されないことになっていて，事業者間で競争条件に大きな差が生じていました。
　このような状況を受けて，平成 27（2015）年度税制改正（平成 27 年 10 月 1 日施行）では，国内外の事業者間で競争条件を揃える観点から，電子書籍・音楽・広告の配信等の電子商取引を「電気通信利用役務の提供」（消法 2 ①八の三）と定義し，これに該当する役務の提供については，役務の提供を受ける者の所在地（住所や事務所の所在地など）で国内取引に当たるか否かを判断することとしました。そして，外国の事務所からの配信であっても役務の提供の受け手が国内に所在していれば，国内取引として消費税が課されるようにしました（消法 4 ③三）。
　そのうえで，①事業者向け取引（役務の性質または当該役務の提供に係る取引条件等から役務の提供を受ける者が通常事業者に限られるもの）については，リバースチャージ方式（**図表 5-2**（1）参照）という方式を採用し，通常の方

式（役務の提供をする事業者が消費税を納税する方式）とは逆に，役務の提供を受ける国内の事業者が納税を行うことにしました（消法5①等）。

　また，②消費者向け取引（事業者向け取引に該当しないもの）については，通常の方式で（**図表5-2（2）**参照），役務の提供をする事業者が消費税を納税することとしました（消法5①等）。

図表5-2　事業者向け取引と消費者向け取引の課税方式

（1）事業者向け取引：リバースチャージ方式
（役務の提供を受ける側が消費税の申告・納税を行う）

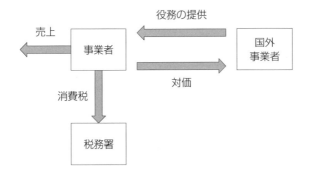

（2）消費者向け取引：通常の方式
（役務を提供した側が消費税の申告・納税を行う）

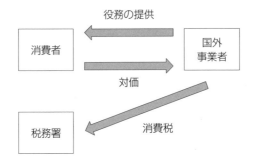

出所：筆者作成。

　この平成27（2015）年度税制改正を受けて，第5章Ⅱ.1.（1）で一部省略し

た形でご紹介した消費税法4条1項は，現在以下のような条文になっています。

> 「消法4①　国内において事業者が行った資産の譲渡等（特定資産の譲渡
> 等に該当するものを除く。第三項において同じ。）及び特定仕入れ（事業と
> して他の者から受けた特定資産の譲渡等をいう。以下この章において同
> じ。）には，この法律により，消費税を課する。」
>
> （注）この条文にいう「特定資産の譲渡等」とは，事業者向け電気通信利用役務の提
> 　　　供などのことをいいます（消法2①八の二）。

第6章

第 **6** 章

....

国際課税

Ⅰ 国際課税の仕組み

1. 国際課税の仕組みの概要

　個人も法人も，国境を越えて活動します。規模の大きな法人であれば，外国で事業活動を行ったり，外国の企業と取引をすることは多いでしょう。個人でも，外国の銀行に預金口座を持つことや，外国の不動産を所有することや，外国で一時的に働くことなどがあります。個人・法人が国境を越えて活動する場合に，居住地国（その個人・法人を居住者または内国法人として取り扱う国）と源泉地国（所得が生じる国）との両方から課税を受けること（二重課税）があり得ますが，二重課税は個人・法人の自由な経済活動を妨げます。他方，外国で経済活動を行い，あるいは外国の企業と取引を行う場合に，その活動や取引の内容によっては，本来居住地国で課税されるべき所得を外国に移転させることも可能です。

　このため，各国は，（ⅰ）外国人・外国法人が自国内で行う経済活動に対して適切に課税するとともに，（ⅱ）自国民・自国法人の外国での経済活動（または外国企業との取引）により自国の税収が不当に減少することのないよう，また，（ⅲ）自国民・自国法人が外国での経済活動によって国際的二重課税を

被ることのないよう，さまざまな国内法令の規定をつくってきました。これらの規定はときに国家間で衝突したため，これらの規定を調整するために租税条約が締結されました。このような，各国の国内法や租税条約により形づくられてきた課税ルールが，「国際課税法」または「国際租税法」と呼ばれます。

　A国（居住地国）の企業であるXがB国（源泉地国）で所得を稼得する場合において，どちらの国がどのように課税するのかについて，現在では，概ね次のようなルールが国際社会で一般に認められています。

(a)　XがB国内で事業活動を行う場合には，XがB国に恒久的施設（PE：Permanent Establishment）を有するときにのみ，恒久的施設に帰属する所得について，B国に課税権を認める。

(b)　XがB国に所在する不動産から収益を得る場合など一定の場合（B国と所得との結び付きが特に強いと認められる場合）には，上記(a)にかかわらず，XがB国に恒久的施設を有していなくても，B国に課税権を認める。

(c)　XがB国の企業から受け取る配当，利子，使用料については，B国に限定的な課税権を認める（ただし，使用料については，一般的に先進国間ではB国に課税権を認めません）。

(d)　A国は，次のどちらかの方法で，Xが二重課税を被ることを防止する。

（ⅰ）XがB国で稼得した所得については課税しない（**属地主義**による課税），または

（ⅱ）XがB国で稼得した所得についても課税するが，XがB国で納付した租税について外国税額控除を認める（**全世界所得課税＋外国税額控除**）。

　以上のことは，長年にわたる各国間での協議，そして国際機関（国際連盟，国際連合，OECD等）での議論の中で，一応の妥協点として合意されてきたものです。したがって，社会・経済状況の変化によって，この原則は今後変わっていく可能性があります（現に，今日，この原則は変わろうとしてい

す。column 13 を参照してください)。

2. わが国の国際課税ルール

国際協調主義に立つわが国は，前述した「1」の(a)から(d)までの原則に則って国際課税の諸制度を構築しています。

まず，非居住者（居住者以外の個人をいいます。所法2①五)・外国法人（内国法人以外の法人をいいます。所法2①七，法法2四)がわが国で稼得する一定の所得（わが国と何らかのつながり（nexus）がある所得）に対しては，わが国は源泉地国として，前述した「1」の(a)から(c)までの原則に基づいて課税します。わが国が課税の対象とする所得は，所得税法と法人税法で**国内源泉所得**として規定されています（所法161，法法138。**図表6-1**のＡの部分)。非居住者・外国法人に対する課税は**インバウンド課税**と呼ばれますが，これについては国内源泉所得の内容とともに本章「Ⅱ」で説明します。

他方，居住者（所法2①三)・内国法人（所法2①六，法法2三)の所得については，わが国は居住地国として，その所得がわが国で稼得されたものか外国で稼得されたものかを問わずすべての所得を課税対象としたうえで，外国で課された税については外国税額控除を認めます（前述の「1」の(d)の(ⅱ)の「全世界所得課税＋外国税額控除」方式)。居住者・内国法人の国際取引から生じた所得に対する課税は**アウトバウンド課税**と呼ばれますが，これについては本章「Ⅲ」〜「Ⅶ」で説明します。

以上のことを示すのが**図表6-1**です。

図表6-1　わが国の国際課税制度のイメージ図

	居住者・内国法人	非永住者	非居住者・外国法人
国内源泉所得	課税	課税（注1)	課税（A)
国内源泉所得以外の所得	課税	一部課税（注2)	非課税

(注)　1. 正確には，「国内源泉所得」ではなく，「国外源泉所得以外の所得」が対象。
　　　2. 正確には，「国内源泉所得以外の所得」ではなく，「国外源泉所得」が対象。

図表6-1の居住者・内国法人のうち，**非永住者**とされる個人については，課税所得の範囲が狭められています。非永住者とは，「居住者のうち，日本の国籍を有しておらず，かつ，過去10年以内において国内に住所又は居所を有していた期間の合計が5年以下である個人」（所法2①四。つまり，わが国での滞在期間が5年以内の外国人）です。非永住者は，国外源泉所得[1]以外の所得と，国外源泉所得のうち国内において支払われ，または国外から送金されたものについてのみ課税されます（所法7①二）。例えば，非永住者であるXが，母国のA国内に所在する賃貸不動産から不動産収入を得ている場合や，A国の会社から配当を受けている場合などは，それらの収入はわが国に送金されない限り，わが国では課税されません。

　ところで，憲法は，「日本国が締結した条約…は，これを誠実に遵守することを必要とする」と定めており（憲法98②），わが国の税法の規定は，わが国が締結した租税条約の規定によって修正されます。租税条約によるわが国の税法の規定の修正については，本章「Ⅸ」で説明します。

Ⅱ 非居住者・外国法人に対する課税

1. 国内源泉所得

　非居住者・外国法人は，国内源泉所得（所法161，法法138）についてのみ納税義務を負います（**図表6-1**の（A）の部分）。国内源泉所得とされるものの具体的な内容は，**図表6-2**と**6-3**のとおりです。

　所得税法の規定は法人税法の規定と比べてずいぶんと複雑ですが，これは，所得税法が源泉徴収についても規定しているためです。源泉徴収の対象とな

---

1) 「国外源泉所得」とは，外国税額控除の額を計算するための概念で，おおまかには「国内源泉所得」以外の所得です。ただし，「国外源泉所得」と「国内源泉所得」は一部重複します。「Ⅲ　外国税額控除」を参照してください。

図表 6-2　所得税法 161 条 1 項が規定する国内源泉所得

号	内容	源泉徴収の有無	源泉徴収税率	課税方式
一	恒久的施設帰属所得	—	—	総合課税
二	国内にある資産の運用・保有により生ずる所得	—	—	総合課税
三	国内にある不動産等の譲渡により生ずる所得	—	—	総合課税
四	任意組合契約に基づいて恒久的施設を通じて行う事業から生ずる所得	○	20%	総合課税
五	国内にある土地・建物等の譲渡による対価	○	10%	総合課税
六	人的役務の提供事業の対価	○	20%	総合課税
七	不動産・採石権の貸付け，租鉱権の設定，船舶・航空機の貸付けによる対価	○	20%	総合課税
八	国債・地方債・社債等の利子	○	15%	源泉分離課税
九	内国法人から受ける配当等	○	20%	源泉分離課税
十	貸付金の利子，預貯金の利子	○	20%	源泉分離課税
十一	工業所有権・著作権等の使用料またはその譲渡による対価	○	20%	源泉分離課税
十二	給与，報酬，年金	○	20%	源泉分離課税
十三	事業の広告宣伝のための賞金	○	20%	源泉分離課税
十四	一定の年金	○	20%	源泉分離課税
十五	一定の給付補塡金・利息・利益・差益	○	15%	源泉分離課税
十六	匿名組合契約の利益の分配	○	20%	源泉分離課税
十七	その他政令で定めるもの	—	—	総合課税

出所：筆者作成。

図表 6-3　法人税法 138 条 1 項が規定する国内源泉所得

号	内容
一	恒久的施設帰属所得
二	国内にある資産の運用・保有により生ずる所得
三	国内にある不動産等の譲渡により生ずる所得
四	人的役務の提供事業の対価
五	不動産・採石権の貸付け，租鉱権の設定，船舶・航空機の貸付けによる対価
六	その他政令で定めるもの

出所：筆者作成。

る国内源泉所得は，非居住者が稼得したものでも外国法人が稼得したものでも，すべて所得税法に規定されていますが（所法 161 ①，212 ①），法人税法は法人税の課税対象となる国内源泉所得だけを規定しています。例えば，国内に恒久的施設を有しない外国法人がその子会社である内国法人から配当を受ける場合には，所得税法に規定する国内源泉所得（所法 161 ①九）として源泉徴収の対象となり（所法 212 ①），配当を支払う内国法人は 20％の源泉徴収をしなければなりませんが（所法 213 ①一），法人税法では配当は国内源泉所得から除外されていますので（法法 138 ①二），外国法人にとっては配当に係る課税関係は源泉徴収で完結することとなります（所法 178，179 一）。

　また，所得税法 161 条 1 項各号の所得は重複することがあります（例えば一号・三号・五号の所得）。法人税法 138 条 1 項一号の所得と他の各号の所得についても同様です。重複する場合であっても，同じ所得に二度課税されることはありません（所法 164，178，179，法法 141）。

　なお，国内源泉所得について国内法（所法 161，法法 138）と異なる定めが租税条約に置かれているときは，その異なる部分については，租税条約の規定によることとなります（所法 162，法法 139）。

2. 課税方式

　非居住者に対する課税方式は，総合課税方式と源泉分離課税方式の2つがあります。総合課税方式とは，非居住者に対し，「収入金額－必要経費」により所得の金額を計算したうえで申告納税を求める方式です（所法164①，165）。源泉分離課税方式とは，非居住者に対して国内源泉所得の支払いを行う者に，支払額の一定割合（10%～20%）の源泉徴収を義務付け，かつ，その源泉徴収により，わが国に恒久的施設を有しない非居住者の課税関係を完結させる方式です（所法164②，169）。源泉徴収された側の非居住者にとっては，申告も納付も必要ありませんが，申告によって源泉徴収税額が還付されることもありません。

　外国法人については，一定の所得（**図表6-2**の四から十一まで，および十三から十六までの所得）については源泉徴収が行われます（所法178，179，212，213）また，**図表6-3**の所得は内国法人と同様に「益金の額－損金の額」の計算式によって所得の金額が計算され，申告・納付が求められます（法法138①一～六，141，142，142の10，143，144の6，144の10）。法人税について申告・納付が求められる場合には，源泉徴収された所得税は納付すべき法人税額から控除されます（法法144）。法人税について申告・納付が求められない場合には，源泉徴収によって課税関係は完結します。

　それでは，国内源泉所得の類型ごとに，どのような課税が行われるのかをみていきます。

3. 一般の事業所得

　非居住者・外国法人（以下，両者をまとめて「外国企業」ともいいます）がわが国において事業（次の「**4**」「**6**」「**7**」に記述するものを除きます）を行う場合には，「恒久的施設なければ課税なし」（No taxation without permanent establishment）という国際課税のルールに従い，わが国に恒久的施設（下記**(1)**参照）を有していない限り，わが国では課税しません。また，2008年におけるOECDでの理論的整理により，恒久的施設については恒久的施設帰属所得に対してのみ課税されることとなりました（所法161①

一，法法 138 ①一。下記 **(2)** 参照）。

(1) 恒久的施設

恒久的施設（PE：Permanent Establishment）とは，支店，事務所，工場，作業場，建設工事現場，天然資源の採取場所，一定の要件を満たす代理人等をいいます（所法 2 ①八の四，法法 2 十二の十九）。わが国の所得税法・法人税法には，従来は恒久的施設の定義規定はありませんでしたが，平成 26 (2014) 年度改正で定義規定が置かれました。なお，所得税法・法人税法による定義とわが国が締結した二国間租税条約による定義が異なる場合には，わが国の定義が二国間租税条約による定義に読み替えられます（上記各号柱書きのただし書き）。

なお，外国企業がわが国に子会社を設立し，その子会社を通じてわが国で事業を行っている場合には，その子会社は恒久的施設ではなく，わが国の内国法人として課税されることに注意してください。

(2) 恒久的施設帰属所得

恒久的施設帰属所得とは，恒久的施設の課税対象となる所得であり（条文では「恒久的施設に帰せられるべき所得」と表現されています。所法 161 ①一，法法 138 ①一），その恒久的施設が一定の関与をして得られた所得のことです。例えば，A 国の法人 X のわが国の支店がわが国で営業活動を行っている場合に，その営業活動による事業所得は支店にとって恒久的施設帰属所得となります。他方，X の本店がわが国の企業に知的財産権の使用を許諾して使用料を受け取っているが，その取引には支店は関与していない場合，使用料は恒久的施設帰属所得とはなりません。さらに，X のわが国の支店が B 国に預金口座を持ちそこから利子を得ている場合，その利子は恒久的施設帰属所得となると同時に，B 国にとって（もし B 国がわが国の所得税法 161 条 1 項八号と同様の規定を持っていれば）国内源泉所得となります

このように，恒久的施設が申告・納付すべき対象を恒久的施設帰属所得とする原則を**帰属主義**といいます。帰属主義の下では，わが国の国内源泉所得

が他国（先の事例での B 国）の国内源泉所得にも該当する可能性があります（このため，外国税額控除の計算において，「国内源泉所得」のほかに「国外源泉所得」の概念が必要になってきます）。これに対して，恒久的施設が存在すれば，その国から得られる所得についてはすべて恒久的施設に申告・納税義務があるとする原則を**総合主義**といいます。先の事例の X の本店が受ける使用料については，総合主義の下では，わが国の支店が何ら関与していなかったとしても，支店にわが国での申告・納税義務が生じます。

わが国の所得税法・法人税法は，伝統的に総合主義をとる一方で，わが国が締結した租税条約の多くは帰属主義をとっており，結果的には恒久的施設の所得計算は帰属主義によって行われてきました。しかし，OECD による論点整理（2008 年）と OECD モデル条約の改訂（2010 年）を受けて，わが国も平成 26（2014）年度改正で，総合主義の国内法を帰属主義に改めました。

図表 6-4　総合主義と帰属主義

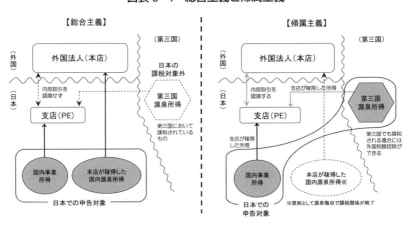

出所：国税庁「国際課税原則の帰属主義への見直しに係る改正のあらまし」より抜粋。

4. その他の事業所得

外国企業がわが国に恒久的施設を有していない場合であっても，（ⅰ）国内にある資産の運用・保有による生ずる所得（所法 161 ①二，法法 138 ①二），（ⅱ）国内にある不動産等の譲渡により生ずる所得（所法 161 ①三，法法 138 ①三），（ⅲ）国内にある土地・建物等の譲渡による対価（所法 161 ①五），（ⅳ）国内における人的役務の提供事業の対価（所法 161 ①六，法法 138 ①四），（ⅴ）国内にある不動産・採石権の貸付け等による対価（所法 161 ①七，法法 138 ①五），（ⅵ）その他政令で定めるもの（所法 161 ①十七，法法 138 ①六）は，所得税については居住者の所得計算に準じた**総合課税方式**により（所法 164 ①，165），また，法人税については内国法人の所得計算に準じた「益金の額−損金の額」により計算する方式（法法 142 の 10）により，それぞれ申告・納付が求められることになります（**図表 6-2** と**図表 6-3** を参照）。

なお，所得税法・法人税法の規定により国内源泉所得とされ課税対象となっていても，租税条約によりわが国の課税権が制限されているものがあるので，注意が必要です（本章「Ⅸ」参照）。

5. 利子・配当・使用料

利子・配当・使用料については，外国企業がわが国に恒久的施設を有しない場合でも，源泉分離課税方式による課税が行われます（**図表 6-2** の八〜十一参照）。

なお，利子・配当・使用料については，わが国が締結した租税条約において，源泉地国の課税権を制限する規定や，源泉地国の課税権を認めない規定が置かれています。例えば，日米租税条約では，配当・利子に対する源泉地国の税率には上限が定められていますし（日米条約 10・11），使用料については源泉地国の課税権は認められていません（日米条約 12）。租税条約にこのような制限規定があれば，租税条約の規定が国内法に優先します（実特法 3 の 2 ①②）。

6. 不動産の譲渡所得

　不動産の譲渡所得については，やや特別な規定が置かれています。まず，国内にある不動産の譲渡により生ずる所得は，所得税法上も法人税法上も国内源泉所得とされ（所法 161 ①三，法法 138 ①三），また，不動産の譲渡対価は所得税法上の国内源泉所得とされています（所法 161 ①五）。例えば取得価額 8 億円の不動産を 10 億円で売却すれば，差額の 2 億円の所得に対して，非居住者には所得税が，外国法人には法人税が，それぞれ課税され，申告・納付が求められます。しかし，恒久的施設を有していない非居住者・外国法人からの申告・納付は現実にはあまり期待できません。そこで所得税法は，非居住者・外国法人から不動産を買い受ける者に，その対価（10 億円）の 10%について源泉徴収義務を課して（所法 212 ①，213 ①三），税の取り漏れがないようにしているのです。非居住者・外国法人が申告・納付をすれば，源泉徴収された所得税額は納付税額から差し引かれ，あるいは還付されます。

　なお，租税条約上も，不動産の譲渡により生じる所得については不動産の所在地国に課税権が認められています（OECD モデル条約 6 ①）。

7. 人的役務の提供

　外国企業がわが国で行う人的役務の提供事業の対価については，わが国の国内源泉所得とされ（所法 161 ①六，法法 138 ①四），20%の税率で源泉徴収が行われ（所法 212 ①，213 ①），さらに所得税・法人税の課税対象となります（所法 164 ①，法法 141，142 ①，142 の 10）。しかし，租税条約では，恒久的施設を有しない非居住者・外国法人が行う人的役務の提供事業に対しては課税できないこととされています（OECD モデル条約 7）。

　また，外国からやって来てわが国で人的役務を提供する非居住者が受ける報酬については，わが国の国内源泉所得とされ（所法 161 ①十二），20%の税率で源泉分離課税が行われます（所法 212 ①，213 ①。人的役務を提供するのは個人だけですから，法人税法には所得税法 161 条 1 項十二号に相当する規定はありません）。しかし，人的役務を提供する非居住者についても，租税条約では，わが国に恒久的施設を有していない限り，原則として課税できな

いこととされています（OECDモデル条約7条は，法人だけでなく個人も対象となります）。

ただし，芸能人や運動家（以下「芸能人等」といいます）については，短期間の滞在で高額の報酬を得ることもあることから，二国間租税条約では，滞在期間が短期間であっても，源泉地国（芸能人等が人的役務を提供した国）で課税できる旨を定めています（OECDモデル条約17，日米条約16。なお，日米条約16条は1万ドルの金額基準を設けています）。芸能人等に対するこのような課税を実効的に行うため，わが国では，外国企業が受ける人的役務の提供事業の対価につき，いったん15％の税率で源泉徴収を行います（措法41の22③）。そして，その外国企業が芸能人等に支払う報酬（租税条約で課税対象となっているものに限ります）につき20％の源泉徴収義務を課し（措法41の22①），その外国企業が源泉徴収した20％の税額を納付することと引き換えに，その外国企業に源泉徴収された税額を還付等することとしています（実特法3）。

Ⅲ 外国税額控除

1. 概　説

本章「Ⅰ」で述べたように，わが国は原則として全世界所得課税方式をとっており，わが国の企業（居住者・内国法人）の所得は，わが国で稼得したものであれ外国で稼得したものであれ，すべて課税対象とされます（所法5①，7①一，法法4①，5）。しかし，わが国の企業が外国で稼得した所得に対しては，わが国が外国企業の国内源泉所得について課税しているのと同様に，その外国の国内源泉所得として課税されている可能性があります。そうすると，わが国の企業にとっては国際的二重課税が生じてしまうことになります。

わが国の企業の国境を越えての経済活動を阻害しないため，わが国は，全世界所得方式と外国税額控除方式を組み合わせることによって，わが国企業

が国際的二重課税を被ることのないよう措置しています。(本章「Ⅰ」の 1 参照)。

2. 資本輸出の中立性(CEN)と資本輸入の中立性(CIN)

すべての国が全世界所得課税＋外国税額控除方式で課税すると，どの国の企業にとっても，世界のどこで活動しても居住地国の他の企業と同じように課税されることとなります。このことを，**資本輸出の中立性**(CEN：Capital Export Neutrality)といいます。これに対し，すべての国が属地主義により課税すると，どの国の企業にとっても，特定の外国で稼得した所得については，その国で活動を行っている他の企業と同じように課税されることになります。このことを，**資本輸入の中立性**(CIN：Capital Import Neutrality)といいます。

企業の国境を越えた活動を活発化させるためには，資本輸出の中立性(CEN)が確保されることが望ましいとされています。ただし，現在，全世界所得課税＋外国税額控除方式をとっている国でも一定の所得は課税対象から除かれており(例えば，わが国は外国子会社からの配当を益金不算入としています。本章「Ⅳ」参照)，属地主義をとっている国でも一定の国外所得は課税対象に含まれていますので，純粋な全世界所得課税または属地主義による課税が行われているわけではありません。

3. わが国の外国税額控除制度の概要

外国税額控除の種類としては，ある企業が自ら納付した外国税額を控除する**直接外国税額控除**，子会社等が納付した外国税額を控除対象とする**間接外国税額控除**(ただし，わが国の間接外国税額控除は，外国子会社配当益金不算入制度の創設に伴い廃止されました)，租税条約の規定に基づき主として発展途上国との間で行われる**みなし外国税額控除**(日中条約 23，日ブラジル条約 22 等)があります。

外国税額控除の対象となるのは，外国の所得税(所法 95)または法人税(法法 69)です(このほか，相続税・贈与税についても外国税額控除が認め

られます。相法 20 の 2，21 の 8）。ただし，わが国の税と比べて高率な部分（法法 69 ①，法令 142 の 2 ①）や，通常行われる取引と認められない取引に基因する税（所法 95 ①，所令 222 の 2 ①，法法 69 ①，法令 142 の 2 ⑤）などは，控除対象とはなりません。

外国税額控除の控除限度額は，例えば法人税の場合であれば，次のように計算されます。

$$控除限度額 = \text{法人税法 66 条の規定により計算した法人税額} \times \frac{\text{国外所得金額}}{\text{全世界所得金額}}$$

国外所得金額とは，「国外源泉所得に係る所得のみについて法人税を課するものとした場合に課税標準となる」べき金額です（法法 69 ①）。「国外源泉所得」の定義をみると，「国内源泉所得」についての所得税法 161 条 1 項各号の規定の「国内」を「国外」に読み替えた内容となっています（法法 69 ④）。おおまかにいえば，国内源泉所得以外の所得が国外源泉所得に当たりますが，厳密には国内源泉所得と国外源泉所得とは一部重複することがあります。例えば，外国企業がわが国に恒久的施設を有している場合に，その恒久的施設に帰属する所得（これは国内源泉所得です）に国外源泉所得が含まれている場合などです（**図表 6-4** 参照）。

控除対象となる外国法人税額が控除限度額を超える場合であっても，当該超えた部分の金額（**控除限度超過額**）は，前 3 年以内の事業年度において生じた控除余裕額（**繰越控除限度額**）を用いて法人税額から控除することができます（法法 69 ②）。また，控除対象となる外国法人税額が控除限度額に満たない場合には，当該満たない部分の金額（**控除余裕額**）は，前 3 年以内の事業年度において生じた控除限度超過額（**繰越控除対象外国法人税額**）を控除するために用いることができます（法法 69 ③）。

同様の規定は所得税法にも置かれています（所法 95）。

4. わが国の外国税額控除制度の特徴

わが国の外国税額控除の特徴として，次の点があります。

(1) 控除限度額の一括計算方式

わが国は，先にみたように，控除限度額を「法人税額・所得税額×（国外所得金額／全世界所得金額）」でまとめて計算します。これに対して，諸外国では，「国別（または地域別）限度額管理方式」や「所得種類別限度額管理方式」をとる国も多くあります。

わが国の方式は，企業にとっては簡便な方式ですが，低税率の国で多額の所得が生じている場合には，これによって生じる控除限度額を，他の高税率の国で納付した外国税額の控除にあてることができるという，いわゆる「彼此流用」（ひしりゅうよう）の問題が生じます。この，いわばどんぶり勘定方式による外国税額控除の計算方式の弱点を突いたのが，最二判平成 17 年 12 月 19 日民集 59 巻 10 号 2964 頁〔都銀外国税額控除枠濫用事件〕でした。この問題の一部は，通常行われる取引と認められない取引に基因する税を外国税額に含めないこととすることで，立法的に解決されました（法法 69 ①，法令 142 の 2 ⑤等）。

(2) 必要経費・損金との選択方式

わが国の企業 X が外国 A に 200 の外国税額を，外国 B に 300 の外国税額を，それぞれ納付したとします。この場合，もしも X が合計 500 の外国税額について外国税額控除の適用を選択すれば，X はこの 500 について必要経費または損金への算入はできません（所法 46，法法 41）。これは，同じ外国税額を外国税額控除と必要経費または損金の両方に使うことはできないという意味では当然の規定です。ただし，X は，外国 A に納付した 200 の外国税額について外国税額控除の適用を受けると，外国 B に納付した 300 についても必要経費または損金への算入はできなくなります（所基通 46-1，法基通 16-3-1）。しかも，わが国は，国別または地域別の選択制も所得区分別の選択制もとっていませんから，わが国の企業としては，外国税額控除を使うのか

必要経費または損金への算入を使うのかは，事業年度ごとに100か0かの選択となることに注意が必要です。

Ⅳ 外国子会社からの受取配当の益金不算入

わが国の法人（親会社）が外国に設立した子会社から受ける配当は，従前は親会社の益金に算入されていました。そして，外国子会社が納付した外国法人税額は，間接税額控除により親会社の法人税額から控除され，二重課税が排除されていました。

ところが，平成21（2009）年度改正で，わが国の法人がその外国子会社から受け取る配当については，その95%につき益金不算入とされました（法法23の2）。これは，外国子会社から受け取る配当について親会社が課税されると，外国子会社から親会社への資金の還流が阻害されるので，外国子会社からの配当を非課税にして，資金の還流を促すための措置であると説明されています。

外国子会社からの配当が益金に算入されなくなったことから，間接外国税額控除制度は廃止されました。

Ⅴ 過少資本税制と過大支払利子税制

企業がその活動資金を得る手段としては，株主から出資を募る方法と，債権者から金員を借り入れる方法があります。出資に対しては会社の利益から配当（剰余金の分配）を支払いますが，配当の支払いは資本等取引（法法22⑤）に該当し，損金の額に算入されません。これに対し，債権者に対する借入金の利子の支払いは，販売費・一般管理費として損金の額に算入されます（法法22③）。このため，国外の関連企業から多額の借入れを行い，借入先に利子を支払うことにより，所得の金額を少なくすることができます。このような形での租税回避に対抗するための税制が，**過少資本税制**と**過大支払利子税制**です。

1. 過少資本税制

　過少資本税制は，平成 4（1992）年に創設されました。この税制は，内国法人がその**国外支配株主等**または**資金供与者等**に負債の利子を支払う場合において，その国外支配株主等または資金供与者等に対する負債の額が国外支配株主等の資本持分の 3 倍を超えるときは，その超える部分の負債の額に対応する支払利子の額については損金の額への算入を認めないというものです（措法 66 の 5 ①）。国外支配株主等とは，内国法人との間で直接または間接に50％以上の出資関係を有する非居住者・外国法人等をいい（措法 66 の 5 ⑤一），資金供与者等とは，国外支配株主等が実質的に資金を提供していると認められる第三者をいいます（措法 66 の 5 ⑤二）。ただし，内国法人の総負債の額がその内国法人の自己資本の額の 3 倍以下である場合には，この税制は適用されません（措法 66 の 5 ①ただし書き）。

　なお，居住者である貸付人（個人）が内国法人に数次にわたって総額 164億円を貸し付け，最後の貸付けの翌日にシンガポールに出国して非居住者となった事案につき，裁判所は，貸付人が居住者か非居住者かは貸付け時ではなく利子の支払い時を基準に判断されるとしています（東京地判令和 2 年 9月 3 日判時 2473 号 18 頁）。

2. 過大支払利子税制

　上述の過少資本税制は，国外支配株主等または資金供与者等に対する負債の額が国外支配株主等による資本持分の 3 倍を超えるかどうかによりその適用の有無が判断されますから，3 倍を超えないようにすれば適用を免れることができます。また，利率についての制限もありません。最一判令和 4 年 4月 21 日裁判所ウェブサイト〔ユニバーサル・ミュージック事件〕は，多国籍企業グループの構成企業である内国法人に対し同グループのオランダ法人が約 295 億円を出資した後，同グループのフランス法人が約 866 億円（出資の2.9 倍）の貸付けを 6 ～ 7％ 前後の利率で行ったという事案です。この多国籍企業グループは，同グループの低税率国に所在する法人の借入金を，高税率国であるわが国の法人に移すこと（デット・プッシュ・ダウン）により，利

子の損金算入による税負担軽減の効果を最大にしようとしたものと思われます。課税当局は，法人税法132条（同族会社の行為計算の否認）の規定を根拠に課税処分を行いましたが（ユニバーサル・ミュージック事件は，過大利子支払税制が創設される前の課税事件でした），裁判所は同条が規定する要件を満たしていないとして課税処分を取り消しました。このような事案が税務調査で判明したことを契機として平成24（2012）年に創設されたのが，過大支払利子税制（措法66の5の2）です。

　過大支払利子税制の下では，内国法人が負債の利子を支払う場合，その支払額（受領者側においてわが国の課税対象所得に含まれるものなどを除く）がその内国法人の**調整所得金額**（利子・税・減価償却前所得。「EBITDA」（Earnings Before Interest, Taxes, Depreciation and Amortization）とも呼ばれます）の20％を超えるときは，その超える部分の金額は損金に算入されません。「20％」の基準は，制度創設時には「50％」でしたが，OECDのBEPSプロジェクト（column 13参照）行動4報告書の勧告を受けて，令和元（2019）年度改正で，納税者にとってより厳しい20％に引き下げられました。

---

column 13 **OECD/G20 による BEPS（税源浸食と利益移転）対抗プロジェクト**

　多国籍企業による国際的な租税回避の動きに対しては，これまでもさまざまな対抗措置が講じられてきましたが，2013年に行動計画（Action Plan）が公表されたOECD/G20のBEPS（Base Erosion and Profit Shifting）対抗プロジェクトは，さまざまな租税回避行為に対する総合的な対抗措置として，2015年に行動（Action）1から行動15までの報告書をとりまとめました。このような広範囲な対抗措置が短期間にとりまとめられたのは，国際課税の歴史の中でも異例なことです。

　各報告書が取り扱った内容は概ね次のようなもので，それらは現在のわが国の国際課税制度にも大きな影響を与えています。

　行動1報告書　電子商取引の拡大に伴う課税問題

行動 2 報告書　ハイブリッド事業体への対処

行動 3 報告書　外国子会社合算税制の強化

行動 4 報告書　利子の損金算入を通じた税源浸食の制限

行動 5 報告書　有害税制への対応

行動 6 報告書　租税条約の濫用の防止

行動 7 報告書　恒久的施設の認定の人為的回避の防止

行動 8 ～ 10 報告書　移転価格税制

行動 11 報告書　BEPS の測定とモニタリング

行動 12 報告書　タックス・プランニングの報告義務

行動 13 報告書　移転価格課税関連の文書化

行動 14 報告書　相互協議の効果的実施

行動 15 報告書　多国間租税協定の開発

Ⅵ 外国子会社合算税制

1. 概　論

　本章「Ⅰ」でみたように，全世界所得課税方式をとる国の企業は，外国に支店・支社の形態で進出した場合には，所得が外国で稼得されたものであっても，居住地国において全世界所得に課税されます。しかし，外国に子会社を設立すれば，その外国子会社の所得は親会社の居住地国では課税されません。したがって，外国で支店・支社の形態で事業を行うよりは，外国に子会社を設立してその子会社に事業を行わせる方が，本国での課税は軽減されることになります（ただし，その子会社が黒字の場合に限ります）。そして，子会社を設立する外国が無税国または低税率国であれば，企業グループ全体として租税負担を軽減することができます。

　このような理由から，米国では，法人が無税国または低税率国に子会社を設立して米国の税を回避しようとする動きが広がりました。これに対抗する

ために米国で1962年に創設されたのがCFC（Controlled Foreign Corporation）税制です。この税制は，一定の要件の下に外国子会社の所得を親会社の所得に合算して課税するというものですが，各国で参考とされ，わが国でも昭和53（1978）年に**外国子会社合算税制またはタックス・ヘイブン対策税制**として導入されました。この税制は，個人にも法人にも適用されます（個人につき措法40の4，法人につき措法66の6）。

わが国の外国子会社合算税制は，導入後，何度かの大きな改正を経ていますが，現在の制度の概要は次のとおりです（以下は法人についての措法66の6によって説明していますが，個人についての措法40の4もほぼ同じ内容です）。

この制度の適用対象となるのは，わが国の個人または法人に50％超の割合で直接または間接に支配されているなどの一定の要件を満たす外国法人（これを**外国関係会社**といいます。措法66の6②一）の出資の10％以上を有しているか，その外国関係会社との間に実質支配関係がある内国法人です（措法66の6①一〜四）。

次に，外国関係会社の法人税の負担割合（30％未満か，20％未満か）と，事業基準・実体基準等の一定の基準を満たしているかどうかにより，その外国関係会社のすべての所得または一部の所得が，内国法人の所得に加算されます（措法66の6①。詳しくは次の「**2**」でみていきます）。なお，外国関係会社の所得は内国法人の益金の額に算入されますが，外国関係会社の損失が内国法人の損金の額に算入されることはありません（最二判平成19年9月28日民集61巻6号2486頁〔双輝汽船事件〕）。

■ 2. 合算される所得

合算される所得の内容は，外国関係会社の区分によって異なります。

(1) 特定外国関係会社

特定外国関係会社とは，外国関係会社のうち，①実体基準・管理支配基準等を満たさないもの，②総資産の額に対する受動所得の金額が30％超で，かつ，総資産額に対する有価証券・貸付金等の割合が50％超のもの，③一

定の保険会社，④わが国と情報交換協定を締結していないタックス・ヘイブン国等に所在するものをいいます（措法66の6②二）。いわば，実態のない会社や，「キャッシュボックス」といわれる会社です。特定外国関係会社の租税負担割合が30％未満である場合には，その所得の全額が合算対象になります（措法66の6⑤一。株主である内国法人の持分に応じ，内国法人の益金の額に算入されます）。

(2) 対象外国関係会社

対象外国関係会社とは，特定外国関係会社以外の外国関係会社のうち，①事業基準，②実体基準，③管理支配基準，④業態に応じて非関連者基準もしくは所在地国基準のどちらかの基準，の4つの基準（これらを「経済活動基準」といいます）のどれか1つでも満たさない外国関係会社をいいます（措法66の6②三）。対象外国関係会社の租税負担割合が20％未満である場合に，その所得の全額が合算対象となります（措法66の6⑤二）。

①の事業基準とは，外国関係会社の主たる事業が，（ⅰ）株式・債権の保有，（ⅱ）知的財産権・著作権等の提供，または（ⅲ）船舶・航空機の貸付けでないことです。②の実体基準とは，外国関係会社が本店所在地国にその主たる事業を行うために必要な事務所等を有していることです。③の管理支配基準とは，外国関係会社が本店所在地国において事業の管理・支配・運営を自ら行っていることです。④の基準は，（ⅰ）卸売業・銀行業・保険業等の8種類の業態については，その事業を主として非関連者との間で行っていること（「非関連者基準」），（ⅱ）それ以外の業態については，その事業を主としてその本店所在地国で行っていること（「所在地国基準」）です。

(3) 部分対象外国関係会社

部分対象外国関係会社とは，特定外国関係会社以外の外国関係会社のうち，上記（2）の①から④までの基準をすべて満たしている外国関係会社，つまり対象外国関係会社とならない外国関係会社です（措法66の6②六）。したがって，外国子会社合算税制の対象にしなくてもよいように思われますが，

がって，外国子会社合算税制の対象にしなくてもよいように思われますが，そのような外国関係会社であっても，租税負担割合が20％未満である場合には，配当，有価証券譲渡益，固定資産の貸付けによる利益，工業所有権・著作権等の使用料等（いわゆる「**資産性所得**」。条文では「**特定所得の金額**」と呼ばれています）が，合算対象となります（措法66の6⑥⑩）。ただし，特定所得の金額が2,000万円以下である場合，または所得の金額に対する特定所得の金額の割合が5％以下である場合には，合算対象とはなりません（措法66の6⑩）。

■ 3. 外国子会社配当益金不算入制度創設後の外国子会社合算税制

制度創設当初の外国子会社合算税制の位置付けについては，居住者または内国法人が低税率国または無税国に子会社を設立し，その外国子会社に利益を留保することによる，外国子会社からの配当に対する課税の先延ばし（課税遅延，tax deferral）への対抗税制であるとの考え方もありました。しかし，平成21（2009）年の外国子会社配当益金不算入制度の創設により，外国子会社からの配当は益金に算入されないことになったため，外国子会社合算税制の意義について再整理が必要となりました。

今日では，外国子会社合算税制は，無税国または低税率国での子会社設立を手段とする租税回避への対抗税制であると説明されています。しかし，わが国の外国子会社合算税制は，できるだけ客観的な適用要件を規定することによって課税関係を明確にするというポリシーの下で形づくられてきました。その結果として，わが国企業の香港子会社が中国本土で行う来料加工のように，一定の経済的合理性や商業上の正当事由があると思われる取引についても，この税制の対象とされてきました（ただし，来料加工は平成29（2017）年度改正で適用除外とされました）。外国子会社合算税制が租税回避行為への対抗措置であるならば，納税者に「子会社の設立はは租税回避目的ではないのだから，この税制の適用対象外である」と主張する機会を与えるという制度設計もあり得るのかもしれません（東京高判令和4年3月10日金融・商事判例1649号34頁〔みずほ銀行事件〕参照）。

▌4. 租税条約との関係

外国子会社合算税制は，OECD モデル条約 7 条との関係でも問題となります。OECD モデル条約 7 条は，非居住者・外国法人の事業所得については，源泉地国は恒久的施設（PE）がなければ課税できないと規定しています。しかし，外国子会社合算税制の対象となる外国関係会社のほとんどは，わが国に恒久的施設を有していないと思われます。

この点につき，最一判平成 21 年 10 月 29 日民集 63 巻 8 号 1881 頁〔グラクソ事件〕は，外国子会社合算税制はあくまでわが国の企業に対する課税であって，外国子会社に対する課税ではないので，租税条約の規定には反しないと判示しました。しかし，同判決は，制度の内容によっては租税条約違反となる可能性があることも示唆しています。

▌5. 外国子会社合算税制の改正経緯

外国子会社合算税制が，その創設当初からどのように改正されてきたのかについて，簡単にみておきましょう。

昭和 53（1978）年の創設当初は，無税国・低税率国に設立された外国子会社は「特定外国子会社等」と呼ばれ，原則としてその所得は親会社の所得に合算され（当時の措置法 66 の 6 ①），ただし，上記「2」**(2)** の①から④の各基準（当時は「適用除外基準」と呼ばれていました）のすべてを満たす特定外国子会社等については，本税制の適用除外とされていました（当時の措置法 66 の 6 ③）。この規定は，適用除外となることの証明責任の所在を意識してつくられたものとも思われますが，東京高判平成 25 年 5 月 29 日裁判所ウェブサイト〔レンタルスペース事件〕は，適用除外規定に該当しないことについても課税当局に証明責任があると判示しました。その後，平成 29（2017）年度改正で，従前の「原則課税とし，適用除外基準を満たした場合のみ適用除外」という枠組みが改められ，「一定の要件（経済活動基準等）を満たしていない場合には課税し，納税者が関係資料を提示又は提出しないときはその要件を満たしていないものと推定する」（現在の措置法 66 条の 6 ③④）という枠組みとなり，特定外国関係会社または対象外国関係会社にならない

ための要件を満たしているかどうかの証明責任は納税者が負うこととなりました。

　また，制度創設当初は，無税国・低税率国は大蔵大臣が告示することとされていましたが（いわゆる「ブラックリスト方式」），平成4（1992）年度改正で租税負担割合が一定以下の法人を対象とする「トリガー税率方式」となりました。トリガー税率は当初は25％以下とされましたが，世界的な法人税率引き下げ競争の中で，平成22（2010）年度改正で20％以下とされ，さらに平成27（2015）年度改正で20％未満とされました（これは英国が法人税率を20％に引き下げたためです）。

　平成22（2010）年度改正では，特定外国子会社等のうち適用除外基準のすべてを満たしたものについても，その資産性所得については親会社の所得に合算されることになりました（現在の「部分対象外国関係会社」の「特定所得の金額」に当たります）。平成29（2017）年度改正では，「特定外国関係会社」のカテゴリーがつくられ，経済活動基準を満たしているかどうかにかかわりなく，特定外国関係会社とされると，税率30％未満であれば，そのすべての所得が親会社等の所得に合算されることとなりました。

Ⅶ 移転価格税制

1. 概　論

　国際的なネットワークを持つ多国籍企業グループが，その所得をある国の企業から別の国の企業に移し替えるために用いる最も単純な方法が，価格操作です。A国の企業XとB国の企業Yとのグループ企業間取引で，XがYに商品を販売する際に，その価格を高く設定すればXが多額の所得を得ることができ，逆にその価格を低く設定すればYが多額の所得を得ることができます。企業グループ内であれば，価格は自由に設定することができますから，高税率国の企業から低税率国の企業に所得を移し替えれば，企業グループ全体としての税負担の軽減を図ることができます。このような価格調整による

企業グループ間の所得移転に対抗するために生み出されたのが，**移転価格税制**です。

わが国の移転価格税制は，昭和 61（1986）年に創設されました。その内容は，1979 年に OECD 租税委員会において移転価格課税の国際的指針として策定された「移転価格ガイドライン」（OECD 租税委員会報告書『移転価格と多国籍企業』）に沿ったものとなっています。

この税制が適用されるのは，わが国では，法人が**国外関連者**との間で行う**国外関連取引**に限定されます（他の国では，個人が行う取引や，国内取引にも適用されることがあります）。国外関連者とは，国外に所在する，法人の親会社・子会社・兄弟会社等をいいます。親子関係はどちらか一方の法人が他方の法人の出資の 50％以上を直接または間接に保有する場合に認められます（措法 66 の 4 ①）。また，出資関係が 50％基準を満たさなくとも，役員の兼務や事業上の一定の関係が認められれば，国外関連者となります（措法 66 の4 ①，措令 39 の 12 ①）。

この税制の下では，わが国の法人がその国外関連者との間で行った国外関連取引は，**独立企業間価格**（ALP：Arm's Length Price）で行われたものとみなされます。例えば，非関連の企業間では価格 1,000 で取引されている商品を，わが国の法人が国外関連者から価格 1,300 で購入したとすると，その取引は価格 1,000 で行われたものとみなされ，300 については損金算入が認められません（措法 66 の 4 ①④）。この調整は，わが国の法人の所得が増える方向でのみ行われます。

2. 独立企業間価格の算定方法

移転価格税制を適用するに当たっては，「非関連者間での取引価格」としての独立企業間価格がいくらなのかを決定しなければなりません。ここに移転価格税制の最大の課題があります。わが国の現在の移転価格税制は，（ⅰ）独立価格比準法，（ⅱ）再販売価格基準法，（ⅲ）原価基準法，（ⅳ）利益分割法，（ⅴ）取引単位営業利益法，（ⅵ）ディスカウント・キャッシュ・フロー法の 6 つの算定方法を定めています。なお，制度創設時は，上記のうち独立価格比準

法，再販売価格基準法および原価基準法（当時，これらの方法は「基本三法」と呼ばれていました）が優先的に適用され，その他の方法はこれらの方法が適用できない場合に限り適用できることとされていましたが，OECD 移転価格ガイドラインの改正により**最適方法ルール**（Best Method Rule）が導入され，状況に応じて最も適当な方法を使えばよいこととなり，わが国でも平成23（2011）年度改正において「最適方法ルール」が導入されました（措法66の4②）。以下に，それぞれの独立企業間価格算定方法をみていきます。

(1) 独立価格比準法
(CUP：Comparable Uncontrolled Price Method)

独立価格比準法は，国外関連取引に係る棚卸資産と「同種の棚卸資産」が，非関連者間ではいくらで取引されているかをみて，その価格を独立企業間価格とする方法です（措法66の4②一イ）。しかし，比較対象となる「同種の棚卸資産」をみつけることが難しく，国際的な市場が形成されている石油や金属の取引等に適用が限定されるといわれています。

(2) 再販売価格基準法（RP：Retail Price Method）

再販売価格基準法は，わが国の法人Xが国外関連者Yから棚卸資産を購入している場合に，Xの売上総利益率（＝（売上高－原価）／売上高）を，「同種または類似の棚卸資産」を非関連者から購入している第三者の売上総利益率と比較して，Xの売上総利益率がその第三者の売上総利益率と同じになる購入価格を独立企業間価格とする方法です（措法66の4②一ロ）。しかし，この方法では，販売費・一般管理費に含まれる機能（広告宣伝等）の調整を行うことが難しく，また，第三者である企業の「同種または類似の棚卸資産」に係る売上総利益率を調べることも難しいという問題があります。

(3) 原価基準法（CP：Cost Plus Method）

原価基準法は，わが国の法人Xが国外関連者Yに棚卸資産を販売している場合に，Xの原価総利益率（＝売上高－原価）／原価）を，「同種または類似

の棚卸資産」を非関連者に販売している第三者の原価総利益率と比較して，Xの原価総利益率がその第三者の原価総利益率と同じになる販売価格を独立企業間価格とする方法です（措法 66 の 4 ②一ハ）。この方法も，実際に適用しようとすると，再販売価格基準法と同じ問題があります。

（4） 利益分割法（PS：Profit Split Method）

　利益分割法は，国外関連取引の当事者であるXとYのそれぞれの利益をいったん合算し，合算後の利益を一定の方法でXとYに按分するという方法です（措法 66 の 4 ②一ニ，措令 39 の 12 ⑧一）。利益分割の方法としては，（ⅰ）比較利益分割法，（ⅱ）寄与度利益分割法，（ⅲ）残余利益分割法の 3 つの方法があります。このうち残余利益分割法（措令 39 の 12 ⑧一ハ）は，実務上もしばしば用いられています。この方法は，国外関連取引で何か特別な要因（例えば重要な無形資産の存在等）により超過利益が生じたと認められる場合に，Xの利益とYの利益から通常の利益（重要な無形資産等を持たない同業他社の利益）を取引単位営業利益法等を用いて除外し，残余の利益を合算して，その合算利益をXとYがそれぞれに有する無形資産の価値等で按分する，という方法です。この方法を用いる場合には，何が超過利益をもたらした要因なのか，また，XとYがそれぞれ有する無形資産等の価値はいくらなのかなどの点を総合的に判断することが必要となります（東京高判令和 4 年 3 月 10 日裁判所ウェブサイト〔日本碍子事件〕参照）。

（5） 取引単位営業利益法
　　（TNMM：Transactional Net Margin Method）

　取引単位営業利益法は，わが国の法人Xが国外関連者Yから棚卸資産を購入している場合に，Xの売上営業利益率（＝（売上高－原価－販管費）／売上高）を，「同種または類似の棚卸資産」を非関連者から購入している第三者の営業利益率と比較して，Xの営業利益率がその第三者の営業利益率と同じになる価格を独立企業間価格とする方法です（措法 66 の 4 ②一ニ，措令 39 の 12 ⑧二）。XがYに棚卸資産を販売している場合には，その原価営業利益

率（＝（売上高－原価－販管費）／原価）が基準とされます（措令39の12⑧三）。この方法によれば，販売費・一般管理費が考慮されているため，Xと第三者との機能の差異はある程度調整されることになります。また，法人単位の営業利益率であれば，公表されている財務関係資料から入手可能です。他方で，この方法によれば，結局は「同業他社と同じくらいの営業利益率となるよう所得を計算する」ということにもなります。なお，売上営業利益率または原価営業利益率に代えて，販売費・一般管理費に対する営業利益率（ベリー比）を用いる方法もあります（措令39の12⑧四・五）。

(6) ディスカウント・キャッシュ・フロー法
（DCF：Discount Cash Flow Method）

　ディスカウント・キャッシュ・フロー法（DCF法）は，非関連者間での比較対象取引をみつけることが困難な無形資産について，その無形資産から生じると見込まれる将来収益を割引率により現在価値に引き直すもので（措法66の4②一ニ，措令39の12⑧六），平成31（2019）年度改正で追加されました。この方法では，比較対象取引を探す必要がありません。他方，将来の収益の見積もりによるため，その正確性が問題となります。このため，この方法により無形資産を評価する場合には，実際の収益が収益見込みと異なったときには価格の再調整が行われることがあり得ます（後述「**5**」参照）。

(7) その他の方法

　棚卸資産取引については，上記に述べた方法以外にも，これらの方法に準ずる方法を用いることができます（措法66の4②一ニ，措令39の12⑧七）。また，棚卸資産取引以外の取引については，上記の方法と同等の方法で独立企業間価格が算定されることとなります（措法66の4②二）。

　上記（1）～（7）までで述べてきたように，独立企業間価格の算定方法は複数あり，その算定に当たってはさまざまな要素が検討されることとなります。過去の裁判例をみても，税務当局が採用した独立企業間価格の算定方

法，比較対象取引，差異の調整，利益分割の要素等が適切ではないなどの理由で，多くの課税処分が取り消されています。

3. 文 書 化

国外関連取引を行う法人は，金額が大きい取引（50億円以上。無形資産の使用料については3億円以上。これを同時文書化対象国外関連取引といいます）について，その取引が独立企業間価格で行われていることを示す資料（独立企業間価格を算定するために必要と認められる書類）を作成・保存（措法66の4⑥⑦）し，税務当局が求めた場合にはそれらの資料を45日以内の当局が指定した日までに提示または提出しなければなりません（措法66の4⑫）。また，上記の金額基準に満たない国外関連取引（これを同時文書化免除国外関連取引といいます）も含めて，独立企業間価格を算定するために重要と認められる書類の提示または提出を60日以内に求められることがあります（措法66の4⑫⑭）。これらの書類を期限内に提示または提出しなければ，後述「4」に述べる同業他社に対する調査や推定課税が行われることになります。

国外関連取引を行う法人が準備すべき資料はこれだけにとどまりません。特定多国籍企業グループと呼ばれる総収入金額が1,000億円以上の大規模多国籍企業グループの最終親会社である法人は，当該グループの構成会社等の事業が行われる国ごとの収入金額，税引前当期利益の額，納付税額等の情報について報告を求められます（措法66の4の4①）。これは，2015年のOECD／BEPS最終報告書（column 13参照）の行動13報告書で，国別報告書（CbC Report：Country-by-Country Report）として提出が求められることとなったものです。さらに，特定多国籍企業グループの構成員である法人は，当該企業グループのトップに位置する法人についての情報（措法66の4の4⑤）や，当該企業グループの組織構造，事業の概況，財務状況などについての情報（措法66の4の5①）に関しても報告を求められます。

4. 同業他社に対する課税当局の調査権限と推定課税

　納税者が，上記「3」で述べた「独立企業間価格を算定するために必要と認められる書類」または「独立企業間価格を算定するために重要と認められる書類」について税務当局から提示・提出を求められたにもかかわらず，これらの書類を指定された日までに提示・提出をしなかった場合には，税務当局は，独立企業間価格を算定するために，納税者の同業他社に対して質問検査権を行使して財務データ等を収集することができます（同業者調査。措法66の4⑰⑱）。また，措置法66条の4第2項に規定する独立企業間価格算定方法ほどには厳密ではない方法によって課税する推定課税を行うこともできます（措法66の4⑫⑭）。推定課税が行われた場合，納税者は制度上，独立企業間価格を証明することによってこの推定を覆すことができますが，同業他社に対する調査権限がない納税者にとっては推定課税を覆すことは極めて困難なことと考えられます。

　なお，課税当局が同業他社に対して質問検査権を行使した場合において，課税当局が措置法66条の4第2項に規定する独立企業間価格算定方法を用いて課税するか，同条12項・14項の推計課税により課税するかは，課税当局の任意であるとされています（東京高判平成25年3月14日訟月60巻1号94頁等）。

5. 評価困難無形資産の取扱い

　移転価格税制の適用において，特に難しいとされているのが，無形資産の評価です。無形資産の評価は，「2」で述べた利益分割法（特に残余利益分割法）の適用に当たっても問題になりますが，関連者間取引で無形資産自体が譲渡される場合に特に問題となります。例えば，わが国の企業が著名なキャラクターの利用権を持っていて，そのキャラクターの米国での利用権を米国子会社に譲渡した場合は，その譲渡対価についての独立企業間価格はどのように評価すべきでしょうか。一般に多国籍企業は重要な無形資産をグループ外の企業に譲渡することはなく，また，無形資産の内容・価値はそれぞれに異なるので，比較対象取引をみつけることは困難です。

このため，米国は，1986 年に，「**所得相応性基準**」（commensurate with income standard）として知られる方式を導入しました。これは，譲渡される無形資産から生じる将来収益予想によって無形資産を評価するが，将来において実績が予想から大きく離れていることがわかった場合には，評価を変更し課税するという方式です。この方式は，当初は他国から「後知恵による課税」と批判されましたが，OECD ／ BEPS での議論を経て，OECD 移転価格ガイドラインにも取り入れられました（2017 年改訂後の同ガイドライン第 6 章）。これを受けてわが国でも平成 31（2019）年度改正により，評価困難な無形資産についてはディスカウント・キャッシュ・フロー法等で評価したうえで，5 年以内に 20％超の誤差が生じた場合には無形資産の価格の再評価が行われ得ることとなりました（措法 66 の 4 ⑧〜⑪，措令 39 の 12 ⑯⑱）。

▌6. 事前確認

これまでにみたように，独立企業間価格の算定は難しく，納税者と税務当局との間で意見の相違が生じ得ます。このために，多くの国は，**事前確認**（APA：Advance Price Agreement または Advance Price Arrangement）の枠組みを設け，納税者が事前に税務当局と協議できるようにしています。事前確認は「PCS」（Pre-Confirmation System）として，わが国が世界に先駆けて導入した枠組みです（昭和 62 年国税庁長官通達「独立企業間価格の算定方法の確認について」）。

ところで，納税者としては，独立企業間価格についてわが国の税務当局から確認を受けていても，納税者の国外関連者の居住地国の税務当局から課税される可能性があります。このため，納税者の国外関連者も居住地国の税務当局に事前確認の申立てを行い，両国の税務当局が二国間租税条約に基づく相互協議（OECD モデル条約 25 条）を通じて，二国間の事前確認を行うということが広く行われています。

7. 二重課税排除のための相互協議と仲裁

(1) 相互協議

　A国の法人Xとその国外関連者であるB国の法人Yとの間の取引において，Xに400の，Yに600の所得がそれぞれ生じていたとします。この場合において，A国の税務当局が，XのYに対する販売価格が低すぎるとしてXの所得の金額を300増額する移転価格課税を行い，その結果，Xの所得が700とされたとすると，XとYとを合せて1,000の所得しかないところに，合せて1300の所得に対する課税が行われることになります。この300の部分が**経済的二重課税**と呼ばれます（「経済的」といわれるのは，法的な主体であるXもYも，単独でみた場合には二重課税になっていないからです）。

　移転価格課税が行われた場合には，この経済的二重課税を解消するために，納税者からの申立てにより，A国の税務当局とB国の税務当局との間での**相互協議**（MAP：Mutual Agreement Procedure）が，二国間租税条約の規定（OECDモデル条約25条）に基づいて行われます。相互協議においては，A国の移転価格課税が租税条約の特殊関連企業条項（OECDモデル条約9条）の規定やOECD移転価格ガイドラインに則って行われているかどうかが議論・検討され，多くの場合は，A国が課税処分を一部取り消し（例えば，Xに対する300の課税を200に減額してXの所得を600とし），B国がA国の課税処分を一部受け入れる（例えば，Yの600の所得を200減額して400にする）ことにより，二重課税は解消されます。ただし，両国の税務当局には合意に向けて努力する義務はありますが（OECDモデル条約25条2項），国家間の協議ですので，合意に至る保証はありません。両国が合意できなければ，経済的二重課税は残ってしまいます。この問題の解決方法として，次の**(2)**で述べる仲裁が考え出されました。

(2) 仲　裁

　相互協議で合意に至らないことがあるという問題の解決のために，最近では，**仲裁手続を取り入れる二国間租税条約**が増えています。OECDモデル条約にも2008年に仲裁条項が追加されました（OECDモデル条約25条5項）。わ

が国でも，日米租税条約を始め，近年に締結または改訂された二国間租税条約では，仲裁手続を規定するものが多くなっています。

　仲裁手続の詳細は条約を締結した二国間で定められますが，一般的には，各国が1人ずつの仲裁員を指名し，それらの仲裁員が委員長となる第3の仲裁員を指名して，3人から成る仲裁委員会が構成されます。その仲裁委員会が，多数決によって，仲裁の決定を行います。日米条約ではさらに具体的に，仲裁委員会は，それぞれの国の税務当局が提出した解決案のどちらかを選択しなければならず，その中間の解決はできない（その効果として，それぞれの税務当局は，仲裁委員会が受け入れると見込まれる合理的な解決案を提出することが必要となる）という，いわゆる「ベースボール方式」での仲裁手法が規定されています（2013年日米条約議定書14項（ⅰ））。

Ⅷ 外国事業体の取扱い

　国際取引における課税問題で悩ましいものの1つに，**外国事業体の取扱い**があります。これは，米国デラウェア州のLPS（Limited Partnership）やバミューダのLPSなどを，わが国として法人として取り扱うのか法人でない事業体（透明事業体）として取り扱うのかという問題です。例えば，わが国の企業が米国デラウェア州のLPSに構成員として出資し，そのLPSが構成員からの出資金と銀行からの借入金を元手に資産（不動産，船舶・航空機，映画フィルム等）を購入した場合に，その資産の減価償却費は，LPSが法人であればLPSに帰属しますが，LPSが法人でない事業体であれば出資者である構成員に帰属し，構成員の所得の金額が減少することになります。

　わが国では，国内法に基づき組織された事業体が法人であるかどうかは比較的明確に区別できますが（例えば，会社法3条には「会社は，法人とする」との規定があります），諸外国では，ある事業体が法人かどうかについては必ずしも明確に定められておらず，さらに，米国では，ある事業体が法人かどうかについての判断基準を撤廃し，その選択を納税者に委ねています（**チェック・ザ・ボックス・ルール**）。このような外国事業体を，わが国の法制上どの

ように取り扱うかについては，現時点では個々に判断していかざるを得ません。デラウェア州の LPS については，地裁・高裁の判断が分かれ，最高裁は法人であると判断し（最二判平成 27 年 7 月 17 日民集 69 巻 5 号 1253 頁），LPS に出資した納税者は減価償却費の必要経費算入が認められませんでした。他方で，バミューダの LPS については，法人ではないと判断され（東京高判平成 26 年 2 月 5 日裁判所ウェブサイト），当局の課税処分は取り消されました。

Ⅸ 租税条約

　ここまでの「Ⅱ」から「Ⅷ」までは，もっぱらわが国の国内法の規定をみてきましたが，「Ⅱ」では，国内法の規定が租税条約によって修正され，わが国の課税権が制限されることにも触れました。以下では，租税条約について説明します。

1. 二国間租税条約

　租税条約には二国間租税条約と多国間租税条約がありますが，先に発展したのは二国間租税条約です。その歴史は 19 世紀末にまで遡ります。企業の経済活動の国際化に伴い，各国が二国間租税条約の締結を進めました。同時に，望ましい二国間租税条約の共通モデルを策定する作業が，第一次大戦後の国際連盟，第二次大戦後の OECD と国際連合で続けられ，OECD モデル条約が1963 年に，国連モデル条約が 1979 年に，それぞれ公表されました。OECDモデル条約は先進国間の，また，国連モデル条約は先進国と発展途上国との間の，それぞれのモデルです。微妙な点での違いはありますが，その構造はどちらもほとんど同じです。

　二国間租税条約の目的は，①国境を越えて活動する企業に対する二重課税の回避と，②情報交換等を通じての脱税の防止とされています。このため，多くの二国間租税条約の正式名称は，「所得に対する租税に関する二重課税の回避及び脱税の防止のための A 国と B 国との間の条約（または協定）」と

図表 6-5　OECD モデル条約の構成

	条項	内容	源泉地国の課税権	居住地国の課税権
対象者	第 1 条	対象となる者		
対象税目	第 2 条	対象税目		
定義規定	第 3 条	一般的定義		
	第 4 条	居住者		
	第 5 条	恒久的施設		
課税権の 配分規定	第 6 条	不動産所得	◎	◎
	第 7 条	事業所得	○ (注1)	◎
	第 8 条	国際海上運送・ 国際航空運送	×	◎
	第 9 条	特殊関連企業	○ (注2)	○ (注2)
	第 10 条	配当	○ (制限あり)	◎
	第 11 条	利子	○ (制限あり)	◎
	第 12 条	使用料	×	◎
	第 13 条	譲渡収益 　不動産 　一般財産	 ◎ ×	 ◎ ◎
	第 14 条	自由職業所得（削除）		
	第 15 条	給与所得	○ (制限あり)	◎
	第 16 条	役員報酬	○ (注3)	◎
	第 17 条	芸能人・運動家	◎	◎
	第 18 条	退職年金	×	◎
	第 19 条	政府職員	◎ (注4)	×
	第 20 条	学生	－	△ (制限あり)
	第 21 条	その他所得	×	◎
	第 22 条	財産 　不動産 　一般財産	 ◎ ×	 ◎ ◎
二重課税の排除	第 23 条	二重課税の排除		
無差別取扱い	第 24 条	無差別取扱い		
税務当局間の 協力等	第 25 条	相互協議 (注5)		
	第 26 条	情報交換		
	第 27 条	徴収共助		
外交特権	第 28 条	外交官		
特典制限条項	第 29 条	特典を受ける権利		
その他条項	第 30 条	適用地域の拡張		
	第 31 条	発効		
	第 32 条	終了		

（注）　1. 源泉地国は恒久的施設（PE）がある場合に，当該恒久的施設に帰属する所得に対し課税できます。
　　　　2. 関連企業間取引については，独立企業原則に基づき課税することができます。また，相手国には対応的調整が求められます。
　　　　3. 役員報酬を支払う法人の居住地国が課税できます。
　　　　4. 政府・地方公共団体職員の給与等については所属する政府・地方公共団体のある国のみが課税できます。
　　　　5. 仲裁条項が置かれています。

なっています。なお，OECD/G20 の BEPS プロジェクトの提言を受けて，「非課税又は租税の軽減」の回避も二国間租税条約の目的として追加されました（2017 年改訂後の OECD モデル条約前文）。

　ただし，国家間の課税権の調整も，二国間租税条約の重要な目的の１つです。例えば，外国企業が源泉地国で行う事業活動については，その企業が源泉地国に恒久的施設を有していない限り，源泉地国は課税できません。また，利子・配当・使用料については，源泉地国の課税権が制限されています。このように，二国間租税条約は，もっぱら締約国の課税権を制限するものとして機能します（ただし，条項によっては，国内法の規定との関係で，課税権を拡大する方向にも働くものもあります。恒久的施設の範囲についての所法２①八の四，法法２十二の十九，また，国内源泉所得の範囲についての所法 162，法法 139 参照）。

　二国間租税条約の構造と，課税権の調整規定をみてみると，概ね**図表6-5**のようになっています（**図表6-5** は，2017 年改訂後の OECD モデル条約に基づく記述であり，個々の二国間租税条約によって内容は若干異なります）。

▌2. 多国間租税条約

　多数の国と締結された租税条約が多国間租税条約と呼ばれます。現在わが国が締結している多国間租税条約は，租税に関する相互行政支援に関する条約（平成 25 年条約 4 号。通称「税務行政相互支援条約」または「税務執行共助条約」）と，税源浸食及び利益移転を防止するための租税条約関連措置を実施するための多数国間条約（平成 30 年条約 8 号。通称「BEPS 防止措置実施条約」）の 2本です。

　税務行政相互支援条約は，締約国間の情報交換，調査協力，徴収共助について規定しています。また，BEPS 防止措置実施条約は，2015 年の BEPS 行動 15 報告書によって提言された，多数の二国間租税条約の改訂を二国間租税条約の規定を一挙に読み替えることにより行おうという，野心的な試みの新しいタイプの条約です。

column 14　デジタル課税の議論

　2015 年の BEPS 行動 1 報告書は，"Tax Challenges Arising from Digitalisation" との標題で，電子商取引に関連する課税問題を取り扱いました。その報告書では，インターネット上のプラットフォームを運営して多額の利益を上げているが，プラットフォームの利用者が所在する市場国に恒久的施設（PE）を有しないために市場国では課税されない，巨大 IT 企業（GAFA と呼ばれる，Google, Amazon, Facebook, Apple など）に対する課税のあり方について再検討すべきとの問題意識が示されました。しかし，結論にはいたらず，OECD で検討が続けられることになりました。

　同じ問題については EU（欧州連合）でも検討が進められ，EU では 2018 年 3 月に，（ⅰ）インターネット上で一定規模の活動を行う企業については，その活動によって恒久的施設の存在が認められるとして，恒久的施設概念の拡張を行うべきという提案と，（ⅱ）上記（ⅰ）についての議論を進める間は，暫定的に，インターネット上で一定規模の活動を行う企業について，その売上高に対して 3 パーセントの税率を課す，という 2 つの提案が行われました。

　この EU の提案は，結局は加盟国間の調整がつかず，EU では 2018 年末に OECD での議論を見守ることで合意されましたが，イギリス（当時はまだ EU 加盟国でした），フランス，イタリア，オーストリア，スペイン等は，2020 年ころから単独で，上記（ⅱ）にあたる「デジタル・サービス税」（DST：Digital Service Tax）を相次いで導入し，これに GAFA の居住地国である米国が強く反発しました。

　OECD では，この問題について，2018 年 3 月に中間レポート（Interim Report）を，2019 年 1 月にポリシー・ノート（Policy Note）を，それぞれ公表し，デジタル課税問題を取り扱う「第 1 の柱」（Pillar 1）と，その他の BEPS 問題を取扱う「第 2 の柱」（Pillar 2）に分けて議論が続けられていました。2020 年 10 月にそれぞれについてブループリント（Blueprint）が公表され，「第 1 の柱」については，売上高 200 億ユーロ（約 2.6 兆円），利益率 10% を超える大規模多国籍企業（プラットフォーム運営企業に限定されない）を対象として，物理的な拠点の有無を問わず市場国に一定の課税権を与えること，また，「第 2 の柱」については，全世界最低税率制度を導入するとの方針が示されました。そして，2021

年10月に，OECDは，「第1の柱」と「第2の柱」について136か国・地域が合意したと発表しました。この合意によれば，今後，「第1の柱」については2022年中に草案が公表される多国間租税条約に基づいて実施されることになります。同条約では，各国のデジタル・サービス税の撤回が盛り込まれる予定です。また，「第2の柱」については，その執行の基準となるモデル・ルール（Model Rules）と多国間租税条約を公表するとしており，モデル・ルールは2021年12月に，コメンタリは2022年3月に，それぞれ公表されました。

　（この項は2022年6月末現在の情報を基に記載していますが，今後さまざまな進展がみられるものと思われます）

第7章

···

租税手続法
～納税義務の確定，徴収，
税務調査，権利救済～

I 総論（国税通則法と国税徴収法）

国税通則法においては，国税についての基本的な事項および共通的な事項を定め，税法の体系的な構成を整備し，かつ，国税に関する法律関係を明確にするとともに，税務行政の公正な運営を図り，もって国民の納税義務の適正かつ円滑な履行に資することとされています（通法1）。

具体的には，納税義務の確定関係，申告，更正・決定，更正の請求，賦課，納付および還付の手続，附帯税，税務調査，権利救済，租税訴訟などは，統一的に通則法に規定されています。

また，各税に共通するものとして，納税義務が履行されない場合の滞納処分の手続があり，こちらは国税徴収法に規定されています。

ただし，各税についての納税義務の成立から徴収，租税訴訟までの手続がすべて，国税通則法と国税徴収法に規定されているわけではなく，各税固有の事情に基づくものは，各税法に定められています。ここでは，国税通則法と国税徴収法に規定されている手続と各税法に定めている手続等のうち特に基本的で重要なものについて説明します。

Ⅱ 納税義務の確定

1. 納税義務の成立と確定

(1) 納税義務の成立とその時期

　国税の納税義務は，各税法に定める課税要件が充足された時に成立します。課税要件としては，納税義務者，課税物件，課税物件の帰属，課税標準および税率があげられます。納税義務の成立は，国にとっては租税債権，納税者にとっては租税債務の発生を意味し，**納税義務の成立時期**は，税目ごとに次のとおりとなっています（通法15②）。

- 所得税：暦年終了の時
- 源泉徴収による所得税：利子，配当，給与，報酬，料金その他源泉徴収すべきものとされている所得の支払いの時
- 法人税：事業年度の終了の時
- 相続税：相続または遺贈による財産の取得の時
- 贈与税：贈与による財産の取得の時
- 消費税：課税資産の譲渡等をした時，保税地域からの引取りの時
- 過少申告加算税，無申告加算税，重加算税：法定申告期限の経過の時

(2) 納付すべき税額の確定

　納税義務の成立する場合には，その成立と同時に特別の手続を要しないで納付すべき税額が確定する国税を除き，国税に関する法律の定めるところにより，その国税についての納付すべき税額が確定されます（通法15①）。

　その納付すべき税額の確定のためには，成立した納税義務が抽象的であるものを具体化し，納税義務の内容を確定させる特別の手続をとることとされており，この特別の手続には，申告納税方式と賦課課税方式があります（通法16①）。

　国税の一部の税については，課税要件が明白で課税標準と税額の計算が容

易であるため，納税義務の成立と同時に，特別の手続を要しないで納付すべき税額が確定するものがあります。これを**自動確定の国税**といい，予定納税に係る所得税，源泉徴収等による国税，自動車重量税，国際観光旅客税（国際観光旅客税法 18 ①によるもの），印紙税，登録免許税，延滞税および利子税です（通法 15 ③）。

2. 申告納税方式

(1)　申告納税方式の意義

申告納税方式とは，納付すべき税額が納税者のする申告により確定することを原則として，その申告がない場合またはその申告に係る税額の計算が税法の規定に従っていなかった場合，その他その税額が税務署長の調査したところと異なる場合に限り，税務署長等の処分により納付すべき税額が確定する方式です（通法 16 ①一）。

より具体的には，納税者が，税法の規定により，納付すべき税額を申告すべきものとされている国税については，申告納税方式により確定することとされています（通法 16 ②一）。これには，所得税（予定納税に係るものと源泉徴収によるものを除く），法人税，相続税，贈与税，消費税，酒税，揮発油税などがあり，国税の多くの主要な税は申告納税方式により確定されます。

(2)　納税申告

納税者が税法の規定に従って課税標準，税額等を申告する**納税申告**には，期限内申告，期限後申告および修正申告があります。申告納税方式による国税にあっては，納税申告により，納税者の納付すべき税額が原則として，確定します。

①期限内申告書

納税者は，国税に関する法律の定めるところにより，納税申告書を法定申告期限までに提出しなければならないとされており，この期限内に行われる申告を**期限内申告**といいます（通法 17）。なお，法定申告期限内に納税者がす

でに提出した申告書の記載事項等の誤りを発見した場合，訂正して法定申告期限内に再提出することは禁じられていません（いわゆる訂正申告）。

②期限後申告

期限内申告書を提出すべきであった者等は，その提出期限後でも，税務署長による決定があるまでは，納税申告書を提出することができ，この申告を**期限後申告**といいます（通法18）。

③修正申告書

納税申告書を提出した者は，その申告に係る税額に不足額がある，純損失等の金額または還付金の額に相当する税額が過大などの場合にその申告について税務署長による更正があるまでは，また更正・決定を受けた者は，その更正・決定に係る税額に不足額があるなどの場合に，その更正・決定について税務署長による更正があるまでは，その課税標準等または税額等を修正する納税申告書を提出することができます（通法19①②）。これらの申告を**修正申告**といいます（通法19）。修正申告は，申告もしくは更正・決定に係る税額に不足額があるときなどに限られます。申告もしくは更正・決定に係る税額が過大であるときなど，修正申告の提出要件と逆の場合の税額等の減少変更は，更正の請求（通法23）によりその減額などの是正を求めることができます。

(3) 更正・決定

①更正

税務署長は，納税申告書の提出があった場合に，その納税申告書に記載された課税標準等または税額等の計算が税法の規定に従っていなかったとき，その他その税額等がその調査したところと異なるときは，その調査により，その申告書に係る税額等を**更正**することとされています（通法24）。この税務署長の処分により，納税申告により確定されていた税額等が変更され，納付すべき税額が確定します。この処分を更正といいます。納付すべき税額を

増加させる更正を**増額更正**，減少させる更正を**減額更正**といいます。減額更正には，税務署長の職権により行うほか，後述の「更正の請求」に基づいて行うものがあります。

②決定

　税務署長は，納税申告書を提出する義務があると認められる者が申告書を提出しなかった場合には，その調査により，その申告書に係る課税標準等および税額等を決定します（通法25）。この処分を**決定**といいます。

③再更正

　税務署長は，更正または決定した後，その更正または決定した課税標準等または税額等が過大または過少であることを知ったときは，その調査により，その更正または決定に係る課税標準等または税額等を更正します（通法26）。
　この処分を**再更正**といいます。

④不利益処分である場合の理由付記・教示

　不利益処分である更正・決定処分については，その処分の理由を付記し（通法74の14①，行手法14），不服申立てができること，不服申立先および不服申立期間を納税者に書面で教示しなければなりません（行審法82①）。

（4）　更正の請求

　納税申告書を提出した者は，その納税申告書に記載した納付すべき税額が過大であるときなどは，原則としてその法定申告期限から5年以内（法人税の一部と贈与税については期間が異なります）に限り，税務署長に対し，その申告に係る課税標準等または税額等につき更正をすべきことを請求することができます。これを**更正の請求**といいます（通法23）。更正の請求は，納税申告書に係る納付すべき税額が過大であるとき，または，純損失等の金額もしくは還付金の額に相当する金額が過少であるときなどに適用されます。
　更正の請求には，納税申告書に記載した税額等の計算が税法に従っていな

かったことやその計算に誤りがあったことなどによるもの（通法23①）と，判決によりその申告等の税額等の計算の基礎となった事実が異なることが確定したときなどのいわゆる**後発的事由**によるもの（通法23②）があります。後発的事由によるものについては，確定した日等の翌日から起算して2月以内において更正の請求ができます。

　更正の請求があった場合には，税務署長は，その請求に係る課税標準等または税額等を調査し，その調査に基づいて，減額更正し，または更正をするべき理由がない旨を請求者に通知します（通法23④）。更正の請求は，税額等の変更を請求する手続であり，税務署長の更正の処分によって初めて税額等が変更されることとなり，更正の請求だけでは税額等の変更ができない点で修正申告とは異なっています。また，更正の請求に係る税務署長の処理が相当な期間を経過しても行われない場合には，請求者は不作為についての不服申立てをすることができます（通法80，行審法3，49）。

▌3. 賦課課税方式

　納付すべき税額がもっぱら税務署長の処分により確定する方式を賦課課税方式といいます（通法16①二）。賦課課税方式による国税には，特定の場合の消費税等と各種の加算税（過少申告加算税など）・過怠税（印紙税法20）があります。

▌4. 加 算 税

　申告納税方式および源泉徴収等による国税について，法定の申告期限，納期限までに適正な申告・納付がなされることは非常に重要であり，申告または納付を怠った場合に，申告・納付義務の履行を確保するため，一定の制裁を与える仕組みが必要です。このため申告または納付の義務違反に対する行政上の制裁として**加算税**の制度が設けられています（通法65～69）。加算税の種類と概要は以下のとおりです。

(1)　過少申告加算税（通法 65）

　期限内申告書が提出された場合等において，修正申告書の提出または更正があったときに課されるもので，増加した本税額に対し，態様に応じて 5％，10％，15％の割合で賦課されます（通法 65①②）。なお，調査による更正を予知しない一定の場合（通法 65⑤）や正当な理由がある場合（通法 65④一）は，課されません。

(2)　無申告加算税（通法 66）

　申告期限までに納税申告書を提出しないで，期限後申告書の提出または決定があった場合などに課されるもので，納付すべき税額に対して，態様に応じ 5％，10％，15％，20％，25％の割合で賦課されます（通法 66①②④⑥）。

　なお，正当な理由がある場合（通法 66①）や期限内申告をする意思がある一定の場合（通法 66⑦）は，課されません。

(3)　不納付加算税（通法 67）

　源泉徴収等により納付すべき税額を法定納期限までに完納せずに，法定納期限後に納税の告知を受けた場合または納税の告知前に納付した場合に課されるもので，告知に係る税額または法定納期限後告知前に納付した税額に対し，態様に応じ 5％，10％の割合で課されます（通法 67①②）。

　なお，正当な理由がある場合（通法 67①）や期限内納付をする意思がある一定の場合（通法 67③）は，課されません。

(4)　重加算税（通法 68）

　上記（1）から（3）の加算税の要件に該当し，さらに課税標準等または税額等の計算の基礎となるべき事実の全部または一部を隠蔽または仮装していた場合に課されるもので，各加算税の対象となる隠蔽または仮装していた部分に係る本税額に対して，態様に応じ 35％，40％，45％，50％の割合で課されます（通法 68①〜④）。

なお，重加算税は各加算税に代えて課されますので，各加算税に重ねて課されることはありません。

Ⅲ 国税の納付と徴収

1. 国税の納付

(1) 納付の意義

納税義務の成立後，納税者の申告，税務署長の更正・決定などにより，納付すべき税額が確定します。確定した納税義務は，納付によって消滅します。また，納期限までに納付がなかった場合には，督促のうえ，滞納処分が行われ，その配当・充当により，その範囲内で納税義務は消滅します。

(2) 納 期 限

国税を納付すべき期限を**納期限**といい，国税に関する法律の規定による国税を納付すべき本来の納期限を**法定納期限**といいます（通法2八）。

申告納税方式における期限内申告書の提出による納付すべき税額は，その法定納期限までに納付しなければなりません（通法35①）。また，法定納期限を経過した後に確定する期限後申告や修正申告書の提出による納付すべき税額は，その期限後申告書または修正申告書を提出した日が納期限となります（通法35②一）。同じく決定納期限後に確定する更正・決定による納付すべき税額は，その更正通知書または決定通知書が発せられた日の翌日から起算して1か月を経過する日が納期限となります（通法35②二）。

(3) 納付の方式

国税の納付の方式は，申告納税方式の国税は国税に関する法律により，自主納付しなければならず（通法35①），賦課課税方式の国税については税務署長の納税の告知を待って納付（通法36）することとされています。また，自動確定の国税については，「2.源泉徴収」のところで述べるように，原則，

自主納付しなければなりません。

（4）納付の手続

　国税の納付の手段は，金銭による納付を原則とし，それ以外に有価証券である小切手，国債証券の利札による納付等により行うこととされています（通法34①）。また，印紙税などについては，印紙により（通法34②），相続税については税務署長の許可を受けて一定の財産による物納が認められています（通法34③，相法41）。

　その他納付に関する制度としては，次のものがあります。

①口座振替（振替納税）

　納税者が金融機関との契約に基づき，自己の指定した預貯金口座から振替の方法で国税を納付するもの（通法34の2）で，①納付手続の簡素化，②納期限忘れによる滞納発生の未然防止，③納期限内納付よる税務署事務の省力化，がこの制度の趣旨とされています。所得税の確定申告分や予定納税分，個人事業者の消費税確定申告分や中間申告分の納税について多くの納税者が利用しています。

②電子納税（通法34①ただし書き，国税関係法令に係る情報通信技術を活用した行政の推進等に関する省令4，8①）

　以下の方法により，国税の納付手続を自宅等からインターネット経由などで電子的に行うことができます。

　　●登録方式

　　　e-Tax ソフトを利用して，税目，納付金額等の納付情報データ（納付情報登録依頼）を作成し，e-Tax に送信して事前登録し，登録した納付内容に対応する納付区分番号等を取得し，インターネットバンキング，モバイルバンキングまたは ATM で納付区分番号等を入力して納付する方法です。

- 入力方式

　インターネットバンキング等で納付目的コード等を入力して納付する方法で，「申告所得税」，「法人税」，「地方法人税」，「消費税及地方消費税」，「申告所得税及復興特別所得税」，「復興特別法人税」の6税目の納付に限って利用が可能です。

- ダイレクト納付

　インターネットバンキングを経由せず，e-Tax と金融機関のシステムを介して，指定した預貯金口座から即時に納税が完了する方法です。

③納付受託者に対する納付の委託

- コンビニ納付

　国税の納付税額が30万円以下である場合，税務署の職員から交付等されたバーコード付納付書または自宅パソコンで作成した QR コードを基に作成された納付書により，納付受託者として指定されているコンビニエンスストアに納付を委託することができます（通法34の3①一，通規2①一，②）。各種公共料金の支払いと同じ方法です。

- クレジットカード納付

　国税の納付税額が1,000万円未満で，かつ，その者のクレジットカードによって決済することができる金額以下である場合，インターネットを使用して行う納付受託者（クレジット会社）に対する通知を基に，納付受託者（クレジット会社）に納付を委託することができます（通法34の3①二，通規2①二，③）。

- スマホアプリ納付（スマートフォンを使用した決済サービスによる納付）

　令和3（2021）年度税制改正において，国税の納付額が30万円以下であり，かつ，その者が使用する第三者型前払式支払手段による取引等によって決済することができる金額以下である場合，インターネットを使用して行う納付受託者に対する通知を基に，納付受託者に納付を委託することができることとされました（通法34の3①二，通規2①三）。これは令和4（2022）年12月導入予定です。

2. 源泉徴収等

　源泉徴収等による国税については，これを徴収して国に納付する義務が納税義務の 1 つとして規定されています（通法 15 ①）。この源泉徴収等に係る国税とは，源泉徴収に係る所得税（所法 2 四十五，6）と特別徴収による国際観光旅客税（国際観光旅客税法 2 ①七）をいいます（通法 2 二）。

　このうち源泉徴収による所得税を徴収して国に納付しなければならない者を源泉徴収義務者といいます。例えば，給与等の支払いをする者は，**源泉徴収義務者**に該当し，給与等の支払の際に所得税をあらかじめ差し引いて徴収し，納付することとなります（所法 6）。源泉徴収等に係る国税を徴収し納付しなければならない者は，納税義務者とともに納税者とされています（通法 2 五）。

　源泉徴収等による国税は，納税義務の成立と同時に特別の手続を要しないで納付すべき税額が確定する国税であり，例えば，所得税でいえば源泉徴収をすべきものとされている所得の支払いの時に納付すべき税額が成立し，確定します（通法 15 ②③）。源泉徴収義務者は，源泉徴収に係る所得税額を法定納期限（徴収した日の翌月 10 日）までに自主納付しなければならず（所法 181 他），また，国際観光旅客税を特別徴収すべき事業者は，所定の納期限までに徴収した納付すべき税額を自主納付しなければなりません（国際観光旅客税法 16，17）。法定納期限までに納付されない場合は，税務署長は納期限を指定して納税の告知を行うこととなります（通法 36）。なお完納されない場合は，督促がなされ，その後滞納処分の手続がとられます（通法 37，40 他）。

3. 国税の徴収

(1) 徴収の意義

　申告納税方式の国税または自動確定の国税については，その確定した税額が納期限までに納付されない場合は，国は納税者に対して納付を請求し，それでも納付がされない場合は，国は滞納処分により納付を強制的に実現する徴収の手続をとることになります。また，賦課課税方式による国税や源泉徴

収等による国税で法定納期限までに納付されなかった源泉徴収等による国税については，税務署長は，徴収手続の前に，**納税の告知**をしなければなりません。滞納処分ほか徴収手続は国税徴収法に定められ，その目的として，国税の滞納処分その他の徴収に関する手続の執行について必要な事項を定め，私法秩序との調整を図りつつ，国民の納税義務の適正な実現を通じて国税収入を確保することとされています（徴法1）。

(2) 徴収手続の内容

徴収手続は，国税徴収法に規定されていますが，督促の手続までは国税通則法に規定されています。確定した納付すべき税額が納期限までに完納されない場合は，税務署長は納税者に対し納期限から50日以内に**督促状**により納付を督促します（通法37）。督促状を発した日から10日を経過した日までになお完納されない場合は，滞納処分の手続がとられます（通法40）。

督促状発布後の滞納処分に移行した後の流れは以下のとおりです。

①財産調査

財産調査は，後述の差押えの対象となる財産の発見等を行う上で重要なものです。財産調査のための権限として，質問および検査の権限（徴法141），捜索の権限（徴法142）が規定されているほか，さまざまな任意の調査も実施されます。

②差押え

督促後一定期間（督促状を発した日から10日を経過した日まで等）を経過しても完納されないときは，財産の**差押え**を行わなければならないとされています（徴法47①一）。差押えは，滞納者の財産について，処分することを禁止するもので，換価を可能とすることを目的とする手続です。

③換価

換価とは，差押財産等を金銭に換える処分のことであり，差押財産等が，

金銭，債権等以外である場合には，これを売却して金銭に換えることとされています（徴法 89 ①）。売却の方法は公売（入札または競り売り）です（徴法 94）が，例外として随意契約による売却もあります（徴 89 ①，109）。なお，差押財産が金銭であるときは，そのまま充当し（徴 56 ③，129 ②），債権については，取立をすることができます（徴法 67 ①）。

④配当

差押財産等の換価代金は，滞納国税その他の債権に配当し，残余金があれば滞納者に交付します（徴法 129）。

Ⅳ 国税の調査（税務調査）

所得税や法人税等の主な租税は，申告納税制度を採用しており，納税者の申告により納付すべき税額が原則として，確定します。ただし，申告に係る税額の計算が租税法の規定に従っていなかったこと等の場合には，税務署長等の処分により納付すべき税額が確定します（通法 16 ①一）。

つまり，**税務調査**とは，納税者の申告内容が租税法の規定に従って計算されていなかったときや申告がされなかった場合に，納付すべき税額を正しく確定させるための一連の流れの中で，税務署長の処分のために行うものであるといえます。

税務調査は，調査を担当する税務署の職員が行うものが一般的ですが，納税者の属性などにより，国税局の調査担当職員が行う調査もあります。

▌1. 質問検査権

適正な納税申告等がなされない場合には，前述したとおり納付すべき税額等を税務署長が行う更正・決定により確定することになります。そのため，事実や法律関係に係る資料や情報を収集する必要が生じ，国税庁，国税局もしくは税務署の当該職員（以下，当該職員といいます）には，納税者等に質問をし，帳簿書類その他の物件を検査し，または当該物件（その写しを含む）

の提示もしくは提出を求めることができる権限である**質問検査権**が与えられています（通則法74の2，74の3，74の4，74の5，74の6，74の7の2）。

　主な各税についての質問検査権の対象者については，以下のとおりです。

- 所得税　①所得税の納税義務者等（納税義務があると認められる者，確定損失申告書等を提出したものを含む），②支払調書または源泉徴収票，信託の計算書等を提出する義務がある者，③納税義務者等に対し，金銭もしくは物品の給付についての権利義務がある者またはあったと認められる者（通法74の2①一）
- 法人税　①法人，②法人に対し，金銭もしくは物品の給付についての権利義務がある者またはあったと認められる者（通法74の2①二）
- 消費税　①消費税の納税義務者等（納税義務があると認められる者，還付申告書提出者を含む），②納税義務者等に対し，金銭もしくは物品の給付についての権利義務がある者またはあったと認められる者（通法74の2①三）
- 相続税，贈与税　①相続税，贈与税の納税義務者等（納税義務があると認められる者を含む），②相続税法59条に規定する調書を提出した者（提出義務があると認められる者を含む），③納税義務者等に対し，債権もしくは債務を有していたと認められる者または債権もしくは債務を有すると認められる者，④納税義務者等が株主もしくは出資者であったと認められる法人または株主もしくは出資者であると認められる法人，⑤納税義務者等に対し，財産を譲渡したと認められる者または財産を譲渡する義務があると認められる者，⑥納税義務者等から財産を譲り受けたと認められる者または財産を譲り受ける権利があると認められる者，⑦納税義務者等の財産を保管したと認められる者またはその財産を保管すると認められる者（通法74の3①一）

　さらに，国税庁等の当該職員は，国税の調査について必要があるときは，その調査において提出された物件を留め置くことができるとされています（通法74の7）。

　この質問検査権に基づく調査は，いわゆる**任意調査**であって強制調査では

ありませんが，質問に対する不答弁，検査の拒否・妨害等については，刑罰が科されることになっています（通法 128 二，三）。

2. 税務調査の事前手続（事前通知の手続）

　税務署長等は，当該職員に納税義務者に対し実地の調査において質問検査等を行わせる場合には，あらかじめ，その納税義務者に対しその旨，および①実地の調査を開始する日時，②調査を行う場所，③調査の目的，④調査の対象となる税目，⑤調査の対象となる期間，⑥調査の対象となる帳簿書類その他の物件，⑦調査の相手方である納税義務者の氏名および住所または居所，⑧調査を行う当該職員の氏名および所属官署等を通知しなければならないとされています（通法 74 の 9，通令 30 の 4）。

　事前通知の対象者は，各税の納税義務者であり，税理士等の税務代理人がある場合には，その税務代理人も対象になります（通法 74 の 9 ①）。なお，対象となる調査は，「**実地の調査**」であり（通法 74 の 9 ①），納税義務者の事務所等に当該職員が実際に臨場するものが該当します（国税通則法第七章の二関係通達 4-4）。

　事前通知を受けた納税義務者から，合理的な理由を付して，調査を開始する日時または調査を行う場所について変更を求められた場合には，これらの事項について，税務署長等は，納税者と協議するよう努めるとされています（通法 74 の 9 ②）

　また，税務署長等が，調査の相手方である納税義務者の申告もしくは過去の調査結果の内容またはその営む事業内容に関する情報その他国税庁等が保有する情報に鑑み，違法または不当な行為を容易にし，正確な課税標準等または税額等の把握を困難にするおそれその他国税に関する調査の適正な遂行に支障を及ぼすおそれがあると認める場合には，事前通知を要しないとされています（通法 74 の 10）

3. 税務調査の終了手続

　税務署長等は，実地の調査を行った結果，更正決定等をすべきと認められ

ない場合には，納税義務者で当該調査において質問検査等の相手方となった者に対し，その時点において，更正決定等をすべきと認められない旨を書面により通知することとされています（通法74の11①）。更正決定等をすべきと認められる場合には，当該職員は，その調査結果の内容（更正決定等をすべきと認めた額およびその理由を含む）をその納税義務者に説明するとされています（通法74の11②）。

また，実地の調査の終了後（更正決定等をすべきと認められない旨の通知をした後，更正・決定等をした後）においても，当該職員は，新たに得られた情報に照らし非違があると認められるときは，質問検査権等の規定に基づき，更正決定等をすべきと認められない旨の通知を受けたまたは更正決定等を受けた納税義務者に対し，再び質問検査等（再調査）を行うことができるとされています（通法74の11⑤）。

権利救済〜不服審査と租税訴訟〜

1. 不服審査

　行政不服審査法は，行政庁の不当な処分等に対し，国民が簡易迅速かつ公正な手続の下で行政庁に対する不服申立てをできる制度を定め，国民の権利利益の救済を図るとともに行政の適正な運用を確保することを目的として設けられています。一般法たる行政不服審査法に対して，国税に関する処分についての不服申立てについては，処分の大量性，争いの特殊性などの特質を考慮して特別法としての国税通則法に特例規定が設けられています。

(1) 再調査の請求

　国税に関する法律に基づき税務署長等が行った処分（「原処分」といい，原処分を行った税務署長などを「原処分庁」といいます）に不服がある場合に，その処分の取消し等の不服を申し立てる制度として，3か月以内に，処分を行った税務署長等に対する**再調査の請求**と，国税不服審判所長に対する審査

請求があり，いずれかを選択して行うことができます（通法 75 ①）。

審査請求を選択せずに再調査の請求をした場合には，再調査の請求をした日の翌日から起算して 3 か月を経過してもその再調査の請求についての決定がないなどの場合を除き（通法 75 ④），再調査の請求についての決定を経た後でなければ，審査請求をすることはできないこととされています（通法 75 ③）。再調査の請求についての決定を経てから，さらに不服がある場合は 1 か月以内に審査請求ができることとされています（通法 75 ③，77 ②）。再調査の請求手続は，原処分庁が審査請求より簡略な手続により迅速に国民の権利利益の救済を図るとともに審査庁の負担の軽減を図ることを目的として設けられたものです。

(2) 審査請求

国税の手続に係る権利救済制度の特色の 1 つとして，**国税不服審判所**が設置されていることがあげられます。国税に関する処分についての**審査請求**は，国税庁長官の処分を除きすべて国税不服審判所が処理します。国税不服審判所は，国税庁の特別の機関として，執行機関である国税局等から分離された機関として設置され（執行機関と裁決機関の分離），適正かつ迅速な事件処理を通じて，納税者の正当な権利利益の救済を図るとともに，税務行政の適正な運営の確保に資することを使命としています。

国税不服審判所は審査請求人と原処分庁の双方の主張を聴き，必要があれば自ら調査を行って，公正な第三者的立場で，裁決を行います。裁決は，行政部内の最終判断で，原処分庁は，これに不服があっても訴訟を提起することはできません（通法 102）。

また，国税不服審判所長は，一定の手続を経て（通法 99），国税庁長官通達に示された法令解釈に拘束されることなく裁決を行うことができます。

国税不服審判所長は，審査請求書が事務所に到達してから裁決をするまでに通常要すべき標準的な期間を定めるように努め，公にしておかなければなりません（通法 77 の 2，平成 28 年 3 月 24 日付で国税不服審判所長が発出した事務運営指針により標準処理期間は 1 年とされ公開されています）。

審査請求の手続き（審理の流れ）は，①審査請求書の提出・収受，②審査請求書の形式審査，③原処分庁からの答弁書の提出，④担当審判官の指定，⑤担当審判官等による調査・審理・合議，⑥議決，⑦裁決となります。調査・審理の間において，原処分庁による意見書の提出，審査請求人による反論書の提出，証拠書類等の提出，書類等の閲覧や写しの交付請求，口頭意見陳述，担当審判官等による質問・検査等，担当審判官等による争点整理等があります。

　なお，**口頭意見陳述**については，申立人は，担当審判官の許可を得て，処分の内容および理由に関し，原処分庁に質問することができます（通法95の2②）。また，審査請求人の手続保障の充実等のため，審査請求人等は，担当審判官に対し，各種証拠書類，職権収集資料等の閲覧または写し等の交付をもとめることができます（通法97の3①）。

　不服申立ては，処分の効力，処分の執行または手続の続行を妨げないとされていますが，差し押さえた財産の滞納処分による換価は，原則，できないこととされています（通法105）。

　裁決には，却下，棄却，取消しおよび変更とありますが（通法98），審査請求人は，裁決があった後の処分になお不服があるときには，裁決があったことを知った日の翌日から6か月以内であれば，原処分の取消しを求めて訴訟提起することができます（通法115①，行訴法14①③）。

2. 租税訴訟〜租税訴訟の流れと留意点〜

　国税の処分に関する訴訟についても，国税通則法第8章第2節（訴訟）および他の国税に関する法律に別段の定めがあるときを除き，行訴法その他一般の行政事件訴訟に関する法律の定めるところによることとされています（通法114）。行訴法は，行政事件に関する訴訟を抗告訴訟，当事者訴訟，民衆訴訟および機関訴訟に分類し（行訴法2），このうち基本的形態である抗告訴訟を，「処分の取消しの訴え」（行訴法3②），「裁決の取消しの訴え」（行訴法3③），「無効等確認の訴え」（行訴法3④），「不作為の違法確認の訴え」（行訴法3⑤），「義務付けの訴え」（行訴法3⑥），「差止めの訴え」（行訴法3⑦）

に区分しています。国税に係る国側が被告となる訴訟は，国税に関する法律に基づく処分の取消を求める取消訴訟が圧倒的な比重を占めています。

　租税関係の取消訴訟については，**不服申立前置主義**がとられ審査請求についての裁決を経た後でなければ訴えを提起できません（通法115①）。また裁決があったことを知った日から6か月を経過したときは，提起できません（行訴法14①）。

　取消訴訟の提起は，処分の効力，処分の執行または手続の続行を妨げないとされていますが（行訴法25①），緊急の必要があるときは，申立てにより，決定をもって執行停止をすることができるとされています（行訴法25②）。なお，取消判決は，第三者に対しても効力を有するとされ（行訴法32），また，処分または裁決を取り消す判決は，処分をした行政庁その他関係行政庁を拘束するとされています（行訴法33①）。

第8章

税務行政・税理士制度

I 税務行政

1. 国税の執行と国税庁の役割

　租税法の執行を行うのは，国税については国税庁であり，地方税について
は原則として，地方自治体です。ここでは国税の税務行政について説明しま
す。

　わが国で，国税についての執行を行うのは国税庁です。国税庁は財務省の
外局に位置づけられる全国組織で，国税庁－国税局－税務署を通じた定員
は，2022年で55,969人となっています。国税庁の使命は，「納税者の自発的
な納税義務の履行を適正かつ円滑に実現する」とされています。そして，遂
行すべき任務として，「内国税の適正かつ公平な賦課及び徴収の実現」，「酒
類業の健全な発達」および「税理士業務の適正な運営の確保」があげられま
す（財務省設置法19条）。

2. 国税庁の組織と具体的な仕事

　国税庁は，①本庁としての国税庁，②課税・徴収実務の具体的な指揮監督
と特に大口・困難な事案を担当する国税局（税務署を指揮監督する部署の他，

大規模法人を調査する調査部や犯則事件を担当する査察部などがあります），③全国に 524 か所あり，納税者からみて一番身近な税務署，という三層構造の組織となっています。

ほかに，国税庁の特別の機関として，審査請求に対する裁決事務に特化した国税不服審判所（同法 22），施設等機関として，税務職員の研修や税務に関するさまざまな研究等を行う税務大学校（財務省組織令 95）などがあります。

以下に，税務署の仕事がイメージしやすい中規模の税務署の組織と仕事を簡単に説明します。

- 総務課…税務署全体の事務の調整，広報，税理士関係事務などを担当しています。
- 管理運営部門…窓口として，来署した納税者からの申告書等の受付，簡易・一般的な相談，申告書・申請書等の用紙の交付，国税の領収，債権管理などの事務を担当しています。

図表 8-1　国税庁の組織図

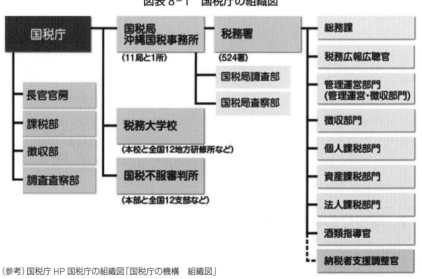

(参考) 国税庁 HP 国税庁の組織図「国税庁の機構　組織図」

- 徴収部門…滞納となった税の納付相談や滞納処分などを担当しています。
- 個人課税部門…所得税や個人事業者の消費税等の税務調査・個別相談等を担当しています。
- 資産課税部門…相続税, 贈与税, 譲渡所得等の税務調査・個別相談等を担当しています。
- 法人税課税部門…法人税, 法人の消費税, 源泉所得税等の税務調査・個別相談等を担当しています。
- 酒類指導官…酒税の税務調査, 個別相談を担当するほか, 酒類の適正な販売管理の確保など, 酒類行政に関するさまざまな仕事を担当しています。

---

column 15　国税庁の最近の取組み

　国税庁の重点として取り組んでいるとみられる事項として,「国税庁レポート2022」では, 以下の6つを掲げています。

(1) 納税者サービスの充実

(2) 事務の効率化の推進と組織基盤の充実

(3) 適正・公平な課税・徴収および納税者の権利救済

(4) 酒税行政の適正な運営

(5) 税理士業務の適正な運営の確保

(6) 実績評価（政策評価）と税務行政の改善

　上記の6つの事項の具体的な個々の施策をみると,

- ICT化の推進（納税者からみた使い勝手のよい仕組みの構築など）として,

　① e-Tax（国税電子申告・納税システム）や国税庁HPの「確定申告書等作成コーナー」など, ICTを活用した申告・納税手段の充実を推進

　②事務処理の電子化など, 事務の簡素化・効率化に向けた不断の見直しを行い, 特に, 所得税の確定申告については, 納税者利便の向上にも資するe-Taxの利用推進などに取り組み

- 各種の国際的な事項への対処として,

①国際的な取引についても租税条約などに基づく外国税務当局との情報交換を行い，課税上問題があると認められる租税回避行為などには厳正に対応
②国際的な情報発信や国際交渉等を通じた海外需要の開拓，地理的表示（GI）の普及拡大等によるブランド化の推進，酒類製造業者等への技術支援や安全性の確保等に取り組み
● 納税者のガバナンスの充実や予測可能性向上のための施策として，
①大企業の経営責任者等と意見交換を行い，税務に関するコーポレートガバナンスの充実を働きかけるとともに，その状況を含め調査必要度が低いと判断された法人の調査事務量をより調査必要度の高い法人へ調査事務量を振り向け
②納税者が自己の経済活動についての税法上の取扱いを事前に予測することが可能となるよう，事前照会や移転価格税制に関する事前確認に対応
など，が掲げられています。

Ⅱ 税理士制度

1. 税理士の役割と業務

税理士は，税務の専門家として，独立した公正な立場において，申告納税制度の理念にそって，納税義務者の信頼にこたえ，租税に関する法令に規定された納税義務の適正な実現を図ることが使命であるとされています（税理士法 1）。

税理士の業務の主なものは次の 3 つです（同法 2 ①）。

● 税務代理（租税に関する申告・申請・請求・不服申立て等についての代理）
● 税務書類の作成（税務に関する申告書・申請書・請求書・不服申立書等の作成）

●税務相談（申告書の作成等に関する税務相談）

加えて，税理士は，租税訴訟において納税者の権利・利益の救済を援助するため，租税に関する事項について，裁判所において，補佐人として，弁護士である訴訟代理人とともに出頭し，陳述をすることができるとされています（同法2の2）。

なお，こうした税理士の業務は，税理士の資格を有していない者が行うことはできず（同法52），行った場合には罰則が科されます（同法59①四）。税理士は以上の業務を独占するという権利を有しているので，厳しい義務も負っています。

2. 税理士の義務

税理士の義務としてはさまざまなものが税理士法に規定されていますが，刑事罰が科される重い義務としては，①脱税のための相談を受けることの禁止（同法36），②名義貸しの禁止（同法37の2），③秘密を守る義務（同法38），④税理士業務が停止処分中の処分違反（同法60三）などがあります。

なお，税理士が上記の刑罰に至らない場合でも税理士法の規定に基づく各種義務に違反したときには，その態様によっては，国税審議会の議決を経て，財務大臣による業務停止等の懲戒処分を受けることになります。

> **column 16** 税理士を取り巻く環境の変化と対応
>
> 令和4（2022）年度の与党税制改正大綱によると，「コロナ後の新しい社会を見据え，税理士の業務環境や納税環境の電子化といった，税理士を取り巻く状況の変化に的確に対応するとともに，多様な人材の確保や，国民・納税者の税理士に対する信頼と納税者利便の向上を図る観点から，税理士制度の見直しを行う。」とされています。そして，令和4（2022）年度税制改正では，主要なものとして以下のような制度改正が行われました。
>
> ●税理士の業務の電子化等の推進
> 　①税理士および税理士法人は，税理士の業務の電子化等を通じて，納税義

務者の利便の向上および税理士の業務の改善進歩を図るよう努めるもの
とする旨の規定が設けられました。

②税理士会および日本税理士会連合会の会則に記載すべき事項に，税理士
の業務の電子化に関する規定を加えることとされました。

- 税理士試験の受験資格について，次のような見直しを行うこととされました。

①会計学に属する科目の受験資格を不要とする。

②大学等において一定の科目を修めた者が得ることができる受験資格につ
いて，その対象となる科目を社会科学に属する科目（改正前：法律学ま
たは経済学）に拡充する。

- 税理士法人制度の見直しについて，税理士法人の業務の範囲に，租税に関
する教育その他知識の普及および啓発の業務，後見人等の地位に就き，他
人の法律行為について代理を行う業務等を加えることとされました。

参考文献

大島隆夫，木村剛志『消費税法の考え方・読み方（五訂版）』税務経理協会，2010 年。

金子宏監修『現代租税法講座 全 4 巻』日本評論社，2017 年。

金子宏『租税法（第 24 版）』弘文堂，2021 年。

国税庁「国税庁レポート 2022」2022 年。

酒井克彦『スタートアップ租税法（第 4 版）』財経詳報社，2021 年。

佐藤英明『スタンダード所得税法（第 3 版）』弘文堂，2022 年。

志場喜徳郎・荒井勇・山下元利・茂串俊『国税通則法精解（平成 31 年改訂)』大蔵財務協会，2019 年。

図子善信『税法概論（19 訂版）』大蔵財務協会，2022 年。

税務大学校『税大講本 国税通則法（令和 4 年度版)』2022 年。

税務大学校『税大講本 国税徴収法（令和 4 年度版)』2022 年。

注解所得税法研究会編『注解所得税法（六訂版）』大蔵財務協会，2019 年。

谷口勢津夫『税法基本講義（第 7 版）』弘文堂，2021 年。

谷口勢津夫・一高龍司・野一色直人・木山泰嗣『基礎から学べる租税法（第 3 版）』弘文堂，2022 年。

土屋重義・沼田博幸・廣木準一・池上健・本田光宏『ベーシック国際租税法』同文舘出版，2015 年。

土屋重義・沼田博幸・廣木準一・下村英紀・池上健『ベーシック租税法（第 2 版）』同文舘出版，2017 年。

中里実・弘中聡浩・渕圭吾・伊藤剛志・吉村政穂編『租税法概説（第 4 版）』有斐閣，2021 年。

中里実・佐藤英明・増井良啓・渋谷雅弘・渕圭吾編「租税判例百選（第 7 版）」（別冊ジュリスト 253 号）有斐閣，2021 年。

増井良啓・宮崎裕子『国際租税法（第 4 版）』東京大学出版会，2019 年。

水野忠恒『大系租税法（第 3 版）』中央経済社，2021 年。

水野忠恒編『テキストブック租税法（第 3 版）』中央経済社，2022 年。

村井正編『入門国際租税法（改訂版）』清文社，2020 年。

吉国二郎・荒井勇・志場喜徳郎『国税徴収法精解（令和 3 年改訂）』大蔵財務協会，2021 年。

渡辺徹也『スタンダード法人税法（第 2 版）』弘文堂，2018 年。

索 引

あ

アウトバウンド課税 ……………………… 187
青色申告制度 ……………………………… 36
青色申告特別控除 ………………………… 36
圧縮記帳 …………………………………… 117

遺産課税方式 ……………………………… 133
遺産取得課税方式 ………………………… 133
一時所得 …………………………………… 46
一律源泉分離課税 ………………………… 33
一括評価金銭債権 ………………………… 120
一括比例配分方式 ………………………… 174
一般に公正妥当と認められる会計処理の基準
……………………………………………… 79
偽りその他不正の行為 …………………… 20
移転価格税制 ……………………………… 208
五分五乗方式 ……………………………… 46
医療費控除 ………………………………… 59
インバウンド課税 ………………………… 187
隠蔽または仮装 ……………………… 20, 229
インボイス方式 …………………………… 178

受取配当等 ………………………………… 84

延納 ………………………………………… 144

大嶋訴訟 ……………………………… 2, 15, 40

か

外国関係会社 ……………………………… 204
外国子会社合算税制 ……………………… 204
外国事業体 ………………………………… 217
外国税額控除 ………………… 67, 186, 196
外国法人 ……………………………… 72, 187
確定した決算 ……………………………… 125
確定申告 …………………………………… 68

加算税 ……………………………………… 228
家事関連費 ………………………………… 51
貸倒れ ……………………………………… 114
貸倒引当金 ………………………………… 119
貸宅地 ……………………………………… 152
家事費 ……………………………………… 51
過少資本税制 ……………………………… 200
課税遺産総額 ……………………………… 140
課税売上高 ………………………………… 167
課税売上割合 ……………………………… 172
課税期間 …………………………………… 167
課税山林所得金額 …………………… 30, 65
課税仕入れ ………………………………… 171
課税事業者 ………………………………… 166
課税総所得金額 ……………………… 30, 65
課税退職所得金額 …………………… 30, 65
課税単位 …………………………………… 28
課税標準 …………………………………… 77
課税物件 …………………………………… 76
課税要件 ………………………………… 8, 12
課税要件法定主義 ………………………… 9
課税要件明確主義 ………………………… 9
課税留保金額 ……………………………… 124
家族単位主義 ……………………………… 28
過大支払利子税制 ………………………… 200
寡婦控除 …………………………………… 61
簡易課税制度 ……………………………… 176
換価 ………………………………………… 235
関税等 ……………………………………… 6
間接外国税額控除 ………………………… 197
間接税 ……………………………………… 5
完全子法人株式等 ………………………… 85
還付所得事業年度 ………………………… 122
管理支配基準 ……………………………… 205
管理支配主義 ……………………………… 49
関連法人株式等 …………………………… 85

期間対応 ……………………………… 50
期限後申告 ……………………… 226
期限内申告 ……………………… 225
基準期間 ………………………… 167
規則 ……………………………… 13
帰属主義 ………………………… 192
帰属所得 ………………………… 24
基礎控除 …………………… 64, 140
寄附金 …………………………… 105
寄附金控除 ……………………… 60
キャピタル・ゲイン …………… 42
給与所得 ………………………… 38
給与所得控除額 ………………… 39
行政不服審査法 ………………… 238
協同組合等 ……………………… 73
居住者 …………………………… 29
居住地国 ………………………… 185
禁反言 …………………………… 19
勤労性所得 ……………………… 31

国別報告書 ……………………… 213
区分記載請求書等保存方式 …… 178
繰越控除 ………………………… 120
繰越控除限度額 ………………… 198
繰越控除対象外国法人税額 …… 198
繰延資産 ………………………… 98
繰戻し還付 ……………………… 120

景気調整機能 …………………… 3
経済活動基準 …………………… 205
経済的帰属説 …………………… 53
経済的二重課税 ………………… 216
欠損金額 ………………………… 120
欠損事業年度 …………………… 122
決定 ……………………………… 227
気配相場のある株式 …………… 152
原価基準法 ……………………… 210
減額更正 ………………………… 227
減価償却資産 …………………… 91
減価償却費 ……………………… 91
原処分 …………………………… 238

原処分庁 ………………………… 238
源泉地国 ………………………… 185
源泉徴収 ………………………… 40
源泉徴収義務者 ………………… 233
源泉徴収等による国税 ………… 233
源泉分離課税方式 ……………… 191
憲法 ……………………………… 12
権利確定主義 …………………… 48

公益法人等 ……………………… 73
恒久的施設 ……………………… 192
恒久的施設帰属所得 …………… 192
公共法人 ………………………… 72
合計所得金額 …………………… 61
交際費等 ………………………… 108
控除限度超過額 ………………… 198
控除対象扶養親族 ……………… 63
控除余裕額 ……………………… 198
更正 ……………………………… 226
更正の請求 ……………………… 227
公的年金等 ……………………… 47
公的年金等控除額 ……………… 47
口頭意見陳述 …………………… 240
後発的事由 ……………………… 228
合法性原則 ……………………… 10
国外関連者 ……………………… 209
国外関連取引 …………………… 209
国外源泉所得 ………… 188, 193, 198
国外支配株主等 ………………… 201
国外所得金額 …………………… 198
告示 ……………………………… 13
国税 ……………………………… 4
国税徴収法 ………………… 20, 234
国税通則法 ………………… 19, 223
国税不服審判所 ………………… 239
国内源泉所得 ………… 76, 187, 188
個人単位主義 …………………… 28
固定資産税評価額 ……………… 152
個別課税方式 …………………… 145
個別対応 ………………………… 50
個別対応方式 …………………… 173

個別評価金銭債権 ……………… 120
固有概念 …………………………… 17

さ

災害関連支出 ……………………… 57
財産税 ……………………………… 5
財産調査 …………………………… 234
財産評価 …………………………… 150
財産評価基本通達 ………………… 150
再調査の請求 ……………………… 239
最適方法ルール …………………… 210
再販売価格基準法 ………………… 209
債務確定主義 ……………………… 81
債務の確定 ………………………… 50
差押え ……………………………… 234
雑所得 ……………………………… 47
雑損控除 …………………………… 57
山林所得 …………………………… 45
山林所得金額 ……………………… 30

仕入税額控除 ……………………… 171
事業基準 …………………………… 205
事業者免税点制度 ………………… 166
事業所得 …………………………… 34
事業主 ……………………………… 54
事業年度 …………………………… 74
事業年度独立の原則 ……………… 120
資金供与者等 ……………………… 201
施行規則 …………………………… 20
施行令 ……………………………… 20
資産勤労結合所得 ………………… 31
資産性所得 ………………………… 31
自主財政主義 ……………………… 11
事前確認 …………………………… 215
事前通知 …………………………… 237
実質所得者課税の原則 ………… 53, 75
実体基準 …………………………… 205
実地の調査 ………………………… 237
質問検査権 ………………………… 236
自動確定の国税 …………………… 225
使途秘匿金 ………………………… 125

使途不明金 ………………………… 124
資本的支出 ………………………… 95
資本等取引 ………………………… 80
資本輸出の中立性（CEN）……… 197
資本輸入の中立性（CIN）……… 197
借地権 ……………………………… 151
借地権割合 ………………………… 151
借用概念 …………………………… 17
収益事業 …………………………… 74
修正申告 …………………………… 226
住宅借入金等特別控除 …………… 67
住宅ローン控除 …………………… 67
収得税 ……………………………… 5
取得費 ……………………………… 43
純資産価額方式 …………………… 153
純損失の金額 ……………………… 56
償却限度額 ………………………… 96
償却超過額 ………………………… 96
償却不足額 ………………………… 96
上場株式 …………………………… 152
上場株式等の配当 ………………… 34
譲渡所得 …………………………… 42
消費税 ……………………………… 5
消費税法 …………………………… 20
消費単位主義 ……………………… 28
条約 ………………………………… 13
省令 ………………………………… 13
条例 ………………………………… 13
所在地国基準 ……………………… 205
所得区分 …………………………… 31
所得控除 …………………………… 57
所得再分配機能 …………………… 3
所得税法 …………………………… 20
所得相応性基準 …………………… 215
所得の帰属 ………………………… 53
人格のない社団等 ………………… 73
信義則 ……………………………… 19
申告納税方式 ……………………… 225
審査請求 …………………………… 239
人的役務の提供 …………………… 195

垂直的公平 ·· 11
推定課税 ·· 214
水平的公平 ·· 10
ストックオプション ···································· 39

税額控除 ·· 67
生活に通常必要でない資産 ························· 55
制限的所得概念 ·· 24
制限納税義務者 ·································· 73, 135
税務行政相互支援条約 ······························ 220
税務調査 ·· 235
政令 ·· 13
節税 ·· 21
接待飲食費 ··· 109
セルフメディケーション税制 ······················ 59
全世界所得課税 ······································· 186
前段階税額控除方式 ·································· 171

増額更正 ··· 227
総合課税 ·· 31
総合課税方式 ···································· 191, 194
総合主義 ··· 193
相互協議 ··· 216
捜索 ··· 234
相次相続控除 ·· 142
総所得金額 ·· 30
総所得金額等 ··· 57
相続時精算課税制度 ·································· 147
相続税の課税価格 ···································· 138
相続税の総額 ·· 140
相続税法 ·· 20
贈与税 ··· 145
遡及立法の禁止 ·· 11
属地主義 ··· 186
組織再編税制 ·· 128
組織再編税制に係る行為計算否認 ········· 21, 132
租税回避 ·· 21
租税公平主義 ··· 10
租税条約 ·· 14, 218
租税特別措置法 ·· 20
租税法律主義 ·· 8

損益通算 ·· 55
損金経理 ·· 93
損金経理要件 ··· 81
損失の金額 ·· 58

た

第三期 ··· 68
対象外国関係会社 ···································· 205
退職給与 ··· 104
退職所得 ·· 41
退職所得金額 ··· 30
退職所得控除額 ··· 41
多国間租税条約 ······························ 14, 218, 220
タックス・ヘイブン対策税制 ····················· 204
脱税 ··· 20
棚卸資産 ·· 89
短期譲渡所得 ··· 43
短期退職手当等 ··· 42
短期売買商品 ··· 88

チェック・ザ・ボックス・ルール ················ 217
地方税 ·· 4
地方税法 ·· 20
中間申告 ··· 126
仲裁手続 ··· 216
超過累進税率 ···································· 65, 140
長期譲渡所得 ··· 43
徴収手続 ··· 234
調整所得金額 ·· 202
直接外国税額控除 ···································· 197
直接税 ·· 5
直間比率 ·· 7

通勤手当 ·· 25
通達 ··· 14

ディスカウント・キャッシュ・フロー法 ···· 209
適格請求書等保存方式 ······························ 178
デジタル課税 ·· 221
手続的保障原則 ·· 10

同業者調査 ……………………… 214
同居老親等 ……………………… 63
同時文書化対象国外関連取引 ……… 213
同時文書化免除国外関連取引 ……… 213
同族会社 ………………………… 75
同族会社の行為計算否認規定 ……… 21, 76
督促状 …………………………… 234
特定外国関係会社 ……………… 204
特定期間 ………………………… 168
特定寄附金 ……………………… 60
特定口座 ………………………… 45
特定公社債等 …………………… 33
特定所得の金額 ………………… 206
特定多国籍企業グループ ……… 213
特定同族会社 …………………… 76
特定扶養親族 …………………… 63
特定役員退職手当等 …………… 42
特別償却限度額 ………………… 100
独立価格比準法 ………………… 209
独立企業間価格 ………………… 209
取引相場のない株式 …………… 153
取引単位営業利益法 …………… 209

な

内国税 …………………………… 6
内国法人 ………………………… 72

二国間租税条約 ………………… 14, 218
任意調査 ………………………… 237
二重課税 ………………………… 185

年末調整 ………………………… 40

納期限 …………………………… 230
納税義務の成立時期 …………… 224
納税申告 ………………………… 225
納税地 …………………………… 75
納税の告知 ……………………… 233
納付 ……………………………… 230

は

配偶者控除 ……………………… 62, 147
配偶者特別控除 ………………… 63
配当 ……………………………… 235
配当還元方式 …………………… 154
配当控除 ………………………… 67
配当所得 ………………………… 33
売買目的有価証券 ……………… 88
倍率方式 ………………………… 151
犯則調査 ………………………… 20
判例 ……………………………… 14

非永住者 ………………………… 29, 188
非課税財産 ……………………… 138, 146
非課税所得 ……………………… 25
非課税取引 ……………………… 164
非関連者基準 …………………… 205
引当金法定主義 ………………… 119
非居住者 ………………………… 29, 187
非支配目的株式等 ……………… 85
彼此流用 ………………………… 199
ひとり親控除 …………………… 61
評価困難無形資産 ……………… 214
評価倍率表 ……………………… 151

夫婦単位主義 …………………… 28
賦課課税方式 …………………… 228
不課税取引 ……………………… 161
負債の利子 ……………………… 33
普通税 …………………………… 5
普通法人 ………………………… 73
復興特別所得税 ………………… 65
物納 ……………………………… 144
不動産所得 ……………………… 37
不服申立前置主義 ……………… 241
部分対象外国関係会社 ………… 205
扶養控除 ………………………… 63
扶養親族 ………………………… 63
フリンジベネフィット ………… 39
文書化 …………………………… 213

文理解釈 ……………………………………… 16

平均課税 ……………………………………… 66
BEPS プロジェクト ……………………… 202
BEPS 防止措置実施条約 ………………… 220
別段の定め …………………………………… 83
弁護士顧問料事件 ……………………… 35, 38
変動所得 ……………………………………… 66

包括的所得概念 ……………………………… 24
包括的租税回避否認規定（GAAR）………… 21
法源 …………………………………………… 12
法人税法 ……………………………………… 20
法定相続人 ………………………………… 140
法定相続分 ………………………………… 140
法定相続分課税方式 ……………………… 133
法定納期限 ………………………………… 230
法的安定性 ……………………………… 8, 16
法的三段論法 ………………………………… 12
法律 …………………………………………… 12
法律的帰属説 ………………………………… 53
法律の優位の原則 …………………………… 9
法律の留保の原則 …………………………… 9
本来の相続財産 …………………………… 137
本来の贈与財産 …………………………… 146

ま

未実現の利得 ………………………………… 24
みなし外国税額控除 ……………………… 197
みなし仕入率 ……………………………… 176
みなし譲渡 …………………………………… 44
みなし相続財産 …………………………… 137

みなし贈与財産 …………………………… 146

無制限納税義務者 ………………… 73, 135
免税事業者 ………………………………… 167
免税取引 …………………………………… 165

目的解釈 ……………………………………… 17
目的税 …………………………………………… 5

や

役員 ………………………………………… 100
役員給与 …………………………………… 100

予測可能性 ……………………………… 8, 16
予定納税基準額 …………………………… 69
予定納税制度 ……………………………… 69

ら

利益分割法 ………………………………… 209
利子所得 ……………………………………… 32
リバースチャージ方式 …………………… 181
流通税 …………………………………………… 5
留保控除額 ………………………………… 124
臨時所得 ……………………………………… 66

類似業種比準方式 ………………………… 153
累積課税方式 ……………………………… 145

老人扶養親族 ………………………………… 63
路線価図 …………………………………… 151
路線価方式 ………………………………… 151

大 正

大判大正 9 年 12 月 27 日大審院民事判決録 26 輯 2087 頁
.... 81

昭 和

最二判昭和 35 年 10 月 7 日民集 14 巻 12 号 2420 頁
.... 33, 84
最大判昭和 36 年 9 月 6 日民集 15 巻 8 号 2047 16
最二判昭和 37 年 8 月 10 日民集 16 巻 8 号 1749 頁 ... 39
東京高判昭和 39 年 12 月 9 日行集 15 巻 12 号 2307 頁
.... 32
最一判昭和 43 年 10 月 31 日訟月 14 巻 12 号 1442 頁
.... 42
奈良地判昭和 43 年 7 月 17 日行集 19 巻 7 号 1221 頁
.... 16
大阪地判昭和 44 年 5 月 24 日税資 56 号 703 頁 115
最三判昭和 46 年 11 月 9 日民集 25 巻 8 号 1120 頁 27
最二判昭和 49 年 3 月 8 日民集 28 巻 2 号 186 頁 ... 48
最一判昭和 50 年 2 月 6 日判時 766 号 30 頁 16
最三判昭和 50 年 5 月 27 日民集 29 巻 5 号 641 頁 ... 43
最二判昭和 53 年 2 月 24 日民集 32 巻 1 号 43 頁 ... 49
福岡高判昭和 54 年 7 月 17 日訟月 25 巻 11 号 2888 頁
.... 35
最二判昭和 56 年 4 月 24 日民集 35 巻 3 号 672 頁 ... 35
横浜地判昭和 57 年 7 月 28 日判タ 480 号 140 頁 ... 155
最二判昭和 58 年 9 月 9 日民集 37 巻 7 号 962 頁 41
最大判昭和 60 年 3 月 27 日民集 39 巻 2 号 247 頁
.... 2, 15, 40
最三判昭和 62 年 10 月 30 日訟月 34 巻 4 号 853 頁 ... 19

平 成

最一判平成 3 年 10 月 17 日訟月 38 巻 5 号 911 頁 ... 65
最三判平成 4 年 12 月 15 日民集 46 巻 9 号 2829 頁 ... 14
東京地判平成 7 年 7 月 20 日行裁例集 46 巻 6・7 号
701 頁 150
東京高判平成 7 年 12 月 13 日行裁例集 46 巻 12 号 1143
頁 150
東京高判平成 8 年 10 月 23 日判時 1612 号 141 頁 113
最三判平成 9 年 9 月 9 日訟月 44 巻 6 号 1009 頁 63
東京高判平成 15 年 9 月 9 日時報 1834 号 28 頁 110
最二判平成 16 年 10 月 29 日刑集 58 巻 7 号 697 頁 ... 82

最一判平成 16 年 12 月 16 日民集 58 巻 9 号 2458 頁
.... 178
最二判平成 16 年 12 月 24 日民集 58 巻 9 号 2637 頁
.... 116
最二判平成 17 年 12 月 19 日民集 59 巻 10 号 2964 頁
.... 199
最一判平成 18 年 4 月 20 日民集 60 巻 4 号 1611 頁 ... 17
東京高判平成 18 年 9 月 14 日判時 1964 号 40 頁 ... 138
最二判平成 19 年 9 月 28 日民集 61 巻 6 号 2486 頁 204
最三判平成 20 年 9 月 16 日民集 62 巻 8 号 2089 頁 ... 95
最一判平成 21 年 10 月 29 日民集 63 巻 8 号 1881 頁
.... 207
東京高判平成 22 年 3 月 24 日訟月 58 巻 2 号 346 頁
.... 110
最三判平成 22 年 7 月 6 日民集 64 巻 5 号 1277 頁 ... 138
最二判平成 22 年 7 月 16 日判時 2097 号 28 頁 150
最三判平成 23 年 2 月 18 日訟月 59 巻 3 号 864 頁 ... 146
最一判平成 23 年 9 月 22 日民集 65 巻 6 号 2756 頁 ... 11
東京高判平成 25 年 3 月 14 日訟月 60 巻 1 号 94 頁 ... 214
東京高判平成 25 年 5 月 29 日裁判所ウェブサイト ... 207
東京高判平成 26 年 2 月 5 日裁判所ウェブサイト ... 218
最二判平成 27 年 7 月 17 日民集 69 巻 5 号 1253 頁 ... 218
最一判平成 28 年 2 月 29 日民集 70 巻 2 号 242 頁 ... 132
最二判平成 28 年 2 月 29 日民集 70 巻 2 号 470 頁 ... 22
大阪高判平成 28 年 7 月 28 日税資 266 号
　　順号 12893 165
最三判平成 29 年 1 月 31 日民集 71 巻 1 号 48 頁 ... 140
東京高判平成 29 年 2 月 23 日税資 267 号
　　順号 12981 104

令 和

東京高判令和元年 12 月 11 日月報 66 巻 5 号 593 頁
.... 132
最三判令和 2 年 3 月 24 日判時 2467 号 3 頁 15
東京地判令和 2 年 9 月 3 日判時 2473 号 18 頁 ... 201
東京地判令和 2 年 11 月 26 日税資 270 号
　　順号 13486 211
東京高判令和 4 年 3 月 10 日裁判所ウェブサイト ... 206
最三判令和 4 年 4 月 19 日裁判所ウェブサイト 151
最一判令和 4 年 4 月 21 日裁判所ウェブサイト
.... 22, 201

著者紹介 （執筆順）

池上　健（いけがみ　たけし）　明治大学専門職大学院会計専門職研究科教授　［はしがき，第3章］

早稲田大学政治経済学部卒業後，国税庁入庁。米国ハーバード・ロースクール国際租税講座修了。旧大蔵省や経済企画庁，インドネシア財務省顧問等を歴任。国税不服審判所本部の部長審判官，仙台国税不服審判所長等を経て現職。

〈主要業績〉　『収用交換等の場合の譲渡所得等の特別控除』（国税不服審判所 裁決等研究事例，2011年）

　　　　　　　『ベーシック国際租税法』（共著，同文舘出版，2015年）

大野　雅人（おおの　まさと）　明治大学専門職大学院グローバル・ビジネス研究科教授　［第1章，第6章］

大阪大学法学部卒業後，国税庁入庁。米国ハーバード大学法学修士（LL.M）

税務署長・国税局部長，在ニューヨーク総領事館領事，国税庁国際調査管理官，同・相互協議室長，法務省民事局民事第一課長，国税庁国際業務課長，筑波大学教授等を経て現職。

〈主要業績〉　『国際課税の理論と実務—73の重要課題—』（共著，大蔵財務協会，2011年）

　　　　　　　『国際課税ルールの新しい理論と実務—ポストBEPSの重要課題—』（中央経済社，2017年）

橘　光伸（たちばな　みつのぶ）　日本大学経済学部／大学院経済学研究科教授　［第2章（Ⅰ–Ⅷ，Ⅹ，Ⅺ）］

東京大学法学部卒業後，国税庁入庁。

税務署長・国税局部長，国税庁消費税室長，同個人課税課長，沖縄国税事務所長，税務大学校副校長，金沢国税局長等を経て現職。

〈主要業績〉　「アメリカにおける租税専門家—制度と責任—」『税研』17号（1988年）

飯島　信幸（いいじま　のぶゆき）　産業能率大学経営学部教授　［第2章（Ⅸ），第7章，第8章］

早稲田大学政治経済学部卒業後，国税庁入庁。

税務署長・国税局部長，国税庁審理室長，法務省司法法制部審査監督課長，国税庁調査課長，内閣官房消費税価格転嫁等対策推進室参事官，名古屋大学教授，広島国税不服審判所長等を経て現職。

〈主要業績〉　「国税事務の現状と当面の課題（10）—資産税—」『税務経理』8005号（1998年）

　　　　　　　『過去の仮装経理に係る「修正の経理」の意義』（国税不服審判所，裁決評釈，2020年）

鈴木　孝直（すずき　たかなお）　明治大学専門職大学院グローバル・ビジネス研究科教授　［第4章］

慶応義塾大学商学部卒業後，国税庁入庁。米国ハーバード・ロースクール国際租税講座修了。

税務署長・国税局部長，OECD租税委員会 Senior Tax Analyst，国税庁調査課長，同・法人課税課長，税務大学校研究部長等を経て現職。

〈主要業績〉　「税務に関するコーポレートガバナンスの充実に向けた取組について」『租税研究』805号（2016年）

　　　　　　　『和英対訳　法人税法』（共著，租税資料館，2003年）

袴田　裕二（はかまた　ゆうじ）　明治大学専門職大学院会計専門職研究科教授　［第5章］

早稲田大学政治経済学部卒業後，国税庁入庁。米国イェール大学経営学修士（MBA）。

東京・大阪国税局等で部長・国際監理官などを務める。和歌山大学経済学部教授，国税庁調整室長，国税不服審判所部長審判官，拓殖大学商学部教授などを経て現職。

〈主要業績〉　「Gregory事件判決について（日米比較の視点から）」『税大ジャーナル』24号（2014年）

　　　　　　　「Gregory事件判決と租税回避否認法理の形成—Gregory事件判決から1950年代まで—」『税大ジャーナル』25号（2015年）

2022 年 8 月 30 日　　初版発行
2024 年11月 15 日　　初版 4 刷発行　　　　　　　　　　略称：基本租税法

基本テキスト租税法

著　者 ⓒ	池 上　　健
	大 野　雅 人
	橘　　　光 伸
	飯 島　信 幸
	鈴 木　孝 直
	袴 田　裕 二
発行者	中 島 豊 彦

発行所　同 文 舘 出 版 株 式 会 社
東京都千代田区神田神保町 1-41　　〒 101-0051
営業（03）3294-1801　　編集（03）3294-1803
振替 00100-8-42935　https://www.dobunkan.co.jp

Printed in Japan 2022　　　　　　　DTP：マーリンクレイン
印刷・製本：三美印刷

ISBN978-4-495-17623-5